张晋藩／著

中国法制史十五讲

Fifteen Lectures on Chinese Legal System History

人民出版社

目 录

中国是世界著名的文明古国,法制的历史经过五千多年的发展而从未中断,无论是某项法律规定,还是某个制度都辗转相承、源流清晰,其连续性、系统性、完整性是其他文明古国所不可比拟的。由于中国古代法制产生于固有的文化土壤之上,因此它的形成与发展都深深打上了国情的烙印,具有独树一帜的法律发展的传统。

民是构成国家的最基本的要素,无民何以为国? 古人对此多有论述。早在《尚书》中便明确提出:"皇祖有训,民可近,不可下,民惟邦本,本固邦宁。"汉兴之时,贾谊从总结秦亡的教训中提出了国以民为本的命题,他说:"闻之于政也,民无不为本也。国以为本,君以为本,吏以为本……此之谓民无不为本也。"后世开明之君与贤良之士对此也多有论述。东汉王符说:"国之所以为国者,以有民也。"南宋朱熹在给《孟子》"民为贵,社稷次之"作注时进一步阐发说:"国以民为本,社稷亦为民而立。"元仁宗说:"民为邦本,无民何以为国。"清末主张变法维新的康有为说:"国之为国,聚民而成之……故一切礼乐政法皆以为民也。"梁启超也说:"国者积民而成,舍民之外,则无有国。"

治法与治吏,两者的统一是中国古代治国的方略。治法是指制定善法,以适应控制社会、管理国家、打击犯罪、安抚百姓的需要。治吏是指选拔和培养良吏执行国家法律,以发挥法律内涵的价值与功能。古人说得好:"吏不良则有法而莫守。"

百年前晚清修律官提出我国古代户婚田土、钱债之法为"固有民法",坚持把符合国情的某些民事法规编入新的民律草案。由于修律时间紧迫等原因,他们对固有民法的论述远不全面。实际从西周至唐代,古代民事法律观念明确民事立法不断发表,宋代以后民事立法更是不断充实。我国古代固有民事法律具有诸多特点:第一,制定法的分散性与民事法律渊源的多样性,包括流行于各地的民事习惯、乡规民约、家法族规、礼俗等。各种民法渊源在协调国、家、个人三者的利益关系中,各展所长,共同为用,弥补了民事制定法的缺失。第二,契约关系体现平等、自由、依法的原则。第三,婚姻继承受宗法支配。第四,民事案件有特定的诉讼程序,既简便,灵活,也严明州县官的司法责任。可见,外国学者所云"中国古代只有刑法,没有民法"的旧说,是违背历史事实的。中国古代法制文明发达很早,其形成过程有特殊的路径和本土化渊源,不可盲目仿效西方法律的发展模式。

作为世界五大法系之一的中华法系,是以汉族为主体,各民族共同缔造的,它凝聚了少数民族的法律智慧,吸纳了少数民族优秀的法文化成果,是各民族的法律文化与法制经验相互交流与吸收的结果。各个少数民族在中华法系的形成和发展过程中,都做出了自己的贡献,而少数民族的习惯法与民间法,同样构成并丰富了中华法系的内涵。在统一多民族的古代中国,经过经济、政治、文化等多方面的推动,形成了多元一体的中华法文化。

第六讲　考课——中国古代职官管理的重要制度

中国古代的职官考课,从战国起迄至清朝,虽代有兴革,但一直沿行不衰,是一种常态化的职官管理制度。从先秦的《上计律》起,到清朝的六法考吏,考课之法一脉相承,成为中国古代行政法体系中的重要组成部分。

第七讲　中国古代监察思想、制度与法律论纲

思想是行为的先导,也是制度与法律的文化基础。中国古代丰富的监察思想,深刻地影响着监察制度与法律的制定及运行。本讲选取历史上五个有代表性的朝代——战国、汉、唐、宋、明,来揭示三者的紧密关系及其运行情形,以期为现代监察法制建设提供历史的经验。

第八讲　中国古代司法文明与当代意义

中国古代司法文明是法制文明的重要组成部分。历代开明的统治者、政治家、思想家都极为重视司法。中国古代司法文明表现为:以人为本是司法文明的重心,公平与引律断罪是司法文明的亮点;执法原情、调解息争是司法文明的人文关怀;"以五声听狱讼"是司法心理学的应用;顺天行罚、顺天理讼是天人合一思想的表达。此外还以注释律学指引司法实践;以司法监察防范法官渎职;等等。古代司法文明以深厚而又优秀的法文化为基础,也反映了中华民族历来求实务实、厚德亲伦、和谐和睦的民族精神,对于完善社会主义法制和改革、改善司法制度有借鉴意义。

第九讲　中国古代司法文化中的人文精神

司法活动应当坚持以人为本的思想在中国古代就已产生,西周确立的"明德慎罚"思想和儒家阐发的"仁政"思想对司法

理论与实践具有深远影响，是中国古代司法中人文精神的集中体现。在司法实践中形成的维护亲情伦理、坚持区别用刑、限制拷讯、矜恤老幼妇残、慎待死刑等一系列体现人文精神的司法原则与制度在汉朝以后不断发展丰富。重新探讨与审视中国古代司法中的人文精神，可以让传统中的积极因素在新的历史条件下更好地得以传承与发扬。

毋庸赘言，中国古代不可能有近代意义的行政法与民法，但不应由此否认中国古代也有调整行政法律关系与民事法律关系的立法，否则中华法系便不可能是独立的法系，并且影响周边国家一千余年之久。可见，不清除西方中心论残余的消极影响，便不能正确评价中华法制文明和传统法文化，也妨碍了从国情出发自主创新地建设法治中国。

中国法制近代化是中国近代社会政治、经济、文化等发展变迁的必然结果，是为了挽救民族危机，改变落后的法制状态而采取的一项重大措施。它以西方法律文化为理论基础，以西方民主法制为目标，因此所制定的法律有些脱离实际而无法实施。

中华法制文明是中华民族摆脱野蛮、走向社会进步的重要标志，是中华民族在悠久的法制实践中所创造的积极成果，体现了中华民族智慧、理性与伟大的创造精神。与世界著名的文明古国相比较，中华法制文明是唯一没有中断的，使它具有系统性、完整性、特殊性与典型性。中华法制文明对周边国家立法建制影响的时间之长、内容之深广，均为世界所少见。

第一讲 中国法律传统

中国是世界著名的文明古国,法制的历史经过五千多年的发展而从未中断,无论是某项法律规定,还是某个制度都辗转相承、源流清晰,其连续性、系统性、完整性是其他文明古国所不可比拟的。由于中国古代法制产生于固有的文化土壤之上,因此它的形成与发展都深深打上了国情的烙印,具有独树一帜的法律发展的传统。

一、封闭的自然地理环境与纵向传承的法律传统

地理环境虽然不是社会发展的决定性因素,

但却是社会存在与发展的必要的和经常的条件之一。直接或间接地影响着社会的经济基础和上层建筑,因而有着不可忽视的意义。这就是为什么恩格斯纂写《爱尔兰史》一书,把地理环境列为第一章的原因。

中国是一个地处东北亚大陆,拥有960万平方公里的内陆性国家。东北亚大陆的地形、气候、土壤条件以及丰富的资源,使得中国很早就跨进了文明历史的门槛。

中华民族是以黄河流域为摇篮发展起来的。这里气候温和,雨量充沛,土质松软,地处平原,具备发展原始农业的良好条件。因此,公元前21世纪左右,活动于黄河流域的先进的夏部落,便在木石器并用的生产工具的基础上发展了原始的农业生产,促进了社会财富的增长,加速了私有财产的形成和阶级的分化,为国家和法律的产生准备了物质前提。

由于中国的南部、东南部有大海阻隔,西南部又有高山的屏障,这在古代的交通条件下是不可逾越的障碍。这种封闭性与自给自足的农业经济结构和专制主义制度推行的闭关锁国政策相结合而更为加强,严重阻碍了中国与周边国家法律文化上的交流,使得中国法律在漫长的发展过程中只能是纵向的传承,而无横向的交流比较和吸收。除此之外,汉唐以来的中华法文化是东方世界最先进的法文化,它是输出的而不是输入的,其影响长久地及于日本、高丽、越南、琉球等国。在主客观条件共同作用下,使得纵向传承成为悠久的法律传统。纵向传承的独立性,也是孤立性,其发展的必然是保守性。

孔夫子在谈到夏、商、周三代礼的沿革关系时曾经说:"殷因于夏礼,其损益可知也;周因于殷礼,其损益可知也。"孔夫子所阐述的三代礼的沿革关系也适用于法的沿革关系。三代以降,秦、汉、魏、晋、唐、宋、元、明、清的国家大法首尾相衔,源流清晰。所传承者历历可数,所发展者也昭然明了。其内在的联系性与发展的连续性都见于典籍记载。

以上可见,封闭的自然地理环境造成了中国法律纵向传承的传统。

中国法律虽然起源早,但发展缓慢,其原因是复杂的,而缺乏法文化的横向交流、比较与吸收,无疑是重要的原因之一。直到 1840 年鸦片战争以后,封闭的环境发生了根本性的变化,中国固有的法文化与西方的法文化开始接触,中国法律的发展与西方先进的法律接轨,宣告了纵向传承的法律传统的结束。

二、农业经济形态与农本主义的法律传统

中华民族是从黄河流域繁衍生息发展起来的。从进入阶级社会起农业便是基本的经济形态,战国时期,法家推行奖励耕战的政策以发展农业作为富国强兵的基础,此后历代王朝都采取以农立国的基本国策。历代思想家、政治家对此也多有论述。《论语·宪问》曾追述说:"禹稷耕而有天下。"《管子》说:"行其田野,视其耕耘,计其农事,而饥饱之国可以知也。"①又说:"所谓兴利者,利农事也;所谓除害者,禁害农事也。"②商鞅变法时明确宣布:"国之所以兴者,农战也。""故治国者,其抟力也,以富国强兵也。""国待农战而安,主待农战而尊。""凡僇(努)力本业,耕织致粟帛多者复其身,事末利及怠而贫者,举以为收孥。"

汉兴以后,推行重农抑商的政策,规定商贾子孙"不得仕宦为吏","不得衣丝乘车"。③ 汉文帝时曾下诏:"农,天下之大本也,民所恃以生也。"④东汉时王符在《潜夫论·务本》中阐述了重本抑末的重要性,他说:"凡为人之大体,莫善于抑末而务本,莫不善于离本而饰末。"曹操在《置屯田令》中还从总结历史经验的角度表达了重本对国家兴衰的价值:"夫定国之术,在于强兵足食。秦人以急农兼天下,孝武以屯田

① 《管子·八观》。
② 《管子·治国》。
③ 《史记·平准书》。
④ 《汉书·文帝纪》。

定西域,此先代之良式也。"①以农立国,重本抑末的国策一直贯穿至清朝。

农业的基本经济形态,以及以农立国的国策,构建了农本主义的法律传统。

在农业立法中,最重要的是土地立法。中国进入阶级社会以后,土地采取国有制,所谓"普天之下,莫非王土"。② 至春秋时期鲁宣公十五年"初税亩",实行履亩而税,标志着国家承认土地的私有权,按土地数量收税。秦统一以后,"令黔首自实田",在全国范围内确认土地的私有权。随着土地私有权的确立,也出现了土地兼并现象,汉武帝时便有"富者田连阡陌,贫者无立锥之地"③的记载。汉以后,晋朝实行占田制,按官品的高下确定占田数量的多少。隋唐实行均田制。唐高祖武德时期的《田令》规定:"诸丁男、中男给田一顷,笃疾、废疾给四十亩,寡妻妾三十亩,若为户者加二十亩。所授之田,十分之二为世业,八为口分。世业之田,身死则承户者便授之,口分则收入官,更以给人。"④唐玄宗开元七年时《田令》规定:"诸给田之制有差,丁男、中男以一顷(中男年十八已上者,亦依丁男给),老男、笃废、疾疾以四十亩,寡妻妾以三十亩,若为户者则减丁之半。田分为二等,一曰永业,一曰口分。丁之田,二为永业,八为口分。"⑤唐初由于隋末农民大起义之后国家掌握大量无主土地,使得均田制得以实施,由此带来了家给人足,社会安定,著名的贞观之治、开元之治实源于此。宋代之后,不立田制,不抑兼并,使得土地流转加快,自耕农与中小地主的数量均有所增加。

与田制密切相联系的,是垦荒法和赋税法。宋时积极推行垦荒政

---

① 《三国志·魏书》。
② 《诗经·小雅·北山》。
③ 《汉书·食货志》。
④ [日]仁井田陞:《唐令拾遗》,栗劲等译,长春出版社1989年版,第540页。
⑤ [日]仁井田陞:《唐令拾遗》,栗劲等译,长春出版社1989年版,第542页。

策,以增加赋税收入和安置流民。法律确认垦荒者享有新垦田的永业权,并以垦荒多少,作为考课地方官吏政绩的标准。明清两代也推行鼓励垦荒的政策,以垦田多少考核官吏,并在刑律中规定了无故荒芜土地的处罚。新垦之田,在一定的年限内免收田赋。

封建国家的赋税以土地税为主,其次是人口税。无论唐朝的租庸调法,还是宋朝的两税法和明朝的一条鞭法,都是以土地税为基础形成的。至清康熙五十二年"滋生人丁,永不加赋",到雍正初年的摊丁入地,最终将人口税纳入土地税中,完成了税法的重大改革。

除此之外,与农业生产密切相关的水利立法也较为发达。汉时已制定了《水令》。唐《杂令》中也有"诸以水溉田,皆从下始"[①]的规定。明、清律中也都有关于兴修水利设施的规定以及损坏水利设施的处罚,如《大清律例·工律》:"凡不修河防及修而失时者,提调官吏各笞五十。……若不修圩岸及修而失时者,笞三十;因而淹没田禾者,笞五十。"

由于农业生产重在使农以时,因此,古代历法也较为发达。早在夏代已经制定出我国最早的适合农业生产需要的历法"夏正"。古书中说"行夏之时",表明夏代历法对后世的影响。商代制定的阴阳历,已有了明确的春夏秋冬之分,并设专官掌管历法。周时,《礼记·月令》中也记载了周天子根据农时和节令发布有关农耕的命令和法律,秦时,第一次颁行了全国统一的历法《颛顼历》。汉代,在历法上的杰出成就是制定了《太初历》。其后,南北朝著名的科学家祖冲之制定了《大明历》。唐代有《戊寅元历》和《大衍历》。元代有《授时历》。明代有《大统历》。清代康熙年间聘请西方传教士制定了《康熙永年历》,并由著名历算家梅文鼎著成《古今历法通考》。综上所述,我国古代历法发源早,内容丰富,具有相当的科学性,在当时世界天文历法史上居于先列。这是和农业起源早,并以农为立国之本的国情分不开的。正因为如此,

---

① [日]仁井田陞:《唐令拾遗》,栗劲等译,长春出版社1989年版,第785页。

法律规定私造时宪历者处以死刑。

此外,为保护耕畜发展畜牧业和保管粮食,早在《秦简秦律》中,便制定了《厩苑律》和《仓律》,并成为此后农业立法的重要内容。

以农立国的国策对于司法也有重要的影响。《礼记·月令》记载:"仲春之月……命有司省囹圄,去桎梏,毋肆掠,止狱讼。……孟夏之月……断薄刑,决小罪,出轻系。……孟秋之月……命有司修法制,缮囹圄,具桎梏,禁止奸,慎罪邪,务搏执。命理瞻伤,察创,视折,审断。决狱讼,必端平。戮有罪,严断刑。……仲秋之月……乃命有司,申严百刑,斩杀必当,毋或枉桡。"

"文物典章,莫备于唐"的唐朝明确规定了务限法,"诉田宅婚姻债负,起十月一日,至三月三十日检校,以外不合。若先有文案,交相侵夺者,不在此例"。① 此令对后世有直接影响,《宋刑统·户婚律》"婚田入务"条规定:"所有论竞田宅、婚姻、债负之类,债负,谓法许征理者。取十月一日以后,许官司受理,至正月三十日住接词状,三月三十日以前断遣须毕,如未毕,具停滞刑狱事由闻奏。如是交相侵夺及诸般词讼,但不干田农人户者,所在官司随时受理断遣,不拘上件月日之限。"元朝在《通制条格》中也记载:"自十月一日受理至三月一日住接词状,事关人众不能结绝,候务开日举行。"《大清律例·刑律·诉讼》"告状不受理"条的条例中规定:"每年自四月初一日至七月三十日,时正农忙,一切民词除谋反、叛逆、盗贼、人命及贪赃坏法等重情,并奸牙、铺户骗劫客货,查有确据者,俱照常受理外,其一应户婚、田土细事,一概不准受理。自八月初一日以后方许听断。若农忙期内受理细事者,该督抚指名题参。"

综上所述,中国古代为推动农业生产,以固国本,以裕民食制定了相当细密的农业立法,而且历时悠久,构成了农本主义的法律传统。

---

① [日]仁井田陞:《唐令拾遗》,栗劲等译,长春出版社1989年版,第788页。

三、重公权轻私权与重刑轻民的法律传统

中国从进入阶级社会建立国家起，便形成了以国王为中心的专制政体。在商周的文献中"予一人"是国王的自称，象征着他所拥有的至高无上的特权地位。有关征伐祭祀等国家活动，都称作"王事"，以示王即国家。

秦统一以后，建立了皇帝制度，从此，专制主义的政治体制一直沿着螺旋上升的轨迹不断强化，直至清朝灭亡。汉儒董仲舒通过"三纲五常"的理论说教构建了一个以皇权为中心的政治与伦理的体系。宋儒更从天理的高度肯定了专制集权的封建秩序。营造了君主专制所需要的思想氛围。

在专制制度下，重公权轻私权，与此相适应的刑法取得了显著的发展，代表了法制发展的状况和水平，而民法的发展则相对弱化，在四千多年的法制历史中竟然没有一篇集中的、单行的民事立法。

在古代文献中，法即是刑，刑即是法，两者不仅在概念上同义，在内涵上也有相通之处。《尔雅·释诂》："刑，常也，法也。"至于法的功能，先秦思想家多有论述，尤其是法家从以法治国的需要出发，对法的功能和作用进行了较为充分的论证。管子从历史进化论的角度阐述了法之所以出现，就在于"法者，所以兴功惧暴也；律者，所以定分止争也"。[①]韩非在论述古代刑法的作用时说："矫上之失，诘下之邪，治乱决缪，绌羡齐非，一民之轨，莫如法；厉官威民，退淫殆，止诈伪，莫如刑。"[②]以法"禁暴止奸"的观点，对整个古代社会有着深远的影响。封建末世的清世宗在遗诏中便说："国家刑罚禁令之设，所以诘奸除暴，惩贪黜邪，以端风俗，以肃官方者也。"[③]

---

① 《管子·七臣七主》。
② 《韩非子·有度》。
③ 《清史稿·刑法志》。

据史书记载:"夏有乱政,而作禹刑;商有乱政,而作汤刑;周有乱政,而作九刑。"①周穆王统治时期又命吕侯制定《吕刑》。上述《禹刑》《汤刑》《九刑》《吕刑》,一脉相承,都是把治"乱政"即维护国家统治,作为制定刑法的动因。后世相继制定的《秦律》《九章律》《魏新律》《晋律》《北齐律》《开皇律》《贞观律》《永徽律》《宋刑统》《大元通制》《大明律》《大清律例》,尽管名称、结构有所变化,内容不断充实,但基本上都是"以刑为主"的刑法典,正如《唐律疏议·名例篇》所说:"律之与法,文虽有殊,其义一也。"可以说中国悠久的立法史最基本的是刑事立法史。

重刑轻民的法律传统的形成,是有多种原因的,但最重要的是专制制度所造成的。在专制主义的政治体制下,统治者以维护君权和国家统治为首要任务,对于民间的财产纠纷则视为"细事""细故",因此着重思考的是制定打击危害君权和国家统治的刑法,以减少各种犯罪;至于民事法律,除国家制定必要的条款外,更多的是赋予形式多样、流行宽广、且具有一定权威性的习惯法以实际的民事调整功能,借以保证社会的有序、国家的安定。

以上可见,"重刑"所造成的刑法的发达状态;至于"轻民"并非完全漠视民事法律的调整作用,而是指刑事与民事在立法比重上有差异,以及统治者对刑法的着眼在于维护公权力,而对民法的着眼点则不过是调整民间细事。

除此之外,在漫长的封建社会,由于自然经济结构占统治地位,商品经济不发达,尤其缺乏法律上的私人平等,因而妨碍了民事法律的发展,以致终封建之世没有出现一部集中的民法典。但这并不等于在封建的法律体系中完全没有民事法律规范。统治阶级对于与其切身利益相关的财产关系,不可能漠不关心。事实上从唐律以来的刑法典中有关户婚、田土、钱债等部分,都含有纯粹的民事法律条文,否则便不能称

_____

① 《左传·昭公六年》。

之为"诸法合体"了。由于各种各样的习惯法、礼俗、家法族规与国家制定法相配合，形成了一个实际起作用的多元的民事法律渊源。自宋以后，随着商品经济的发展，单纯的民事法律条文不断增多，而且具有不断发展的趋势，即使没有西学东渐，输入西方的民法文化，中国本土的民法也会迎来自己的时代。

四、重礼的调整功能，"于礼以为出入"的法律传统

礼是古老中国的一种社会现象。礼不仅起源早，而且贯穿于整个中国古代社会。有关礼的观念与学说是中国传统文化的核心，它影响到社会生活的各个领域，调整着人与人、人与家庭、人与国家甚至人与天地宇宙的关系。礼与法的相互渗透与结合，是中华法制文明最本质的特征。

礼的调整功能，其一，在于"别贵贱"序尊卑。《礼记·乐记》说："礼者，天地之序也……序，故群物皆别。"又说："天地尊卑，君臣定矣，卑高以陈，贵贱位矣。动静有常，大小殊矣，方以类聚，物以群分，则性命不同矣。在天成象，在天成形，如此则礼者天地之别也。"

奉周礼为理想王国的孔子，则从等级名分制度上论证礼的价值。他强调："必也正名乎……名不正则言不顺，言不顺则事不成"[1]。正名的具体要求和标准就是"君君，臣臣，父父，子子"。坚持严格的名分，人类社会才可能运行有序，国家制度才得以建立。

由于礼所强调的是"别""异""差等"，因此，"名位不同，礼亦异数"。[2] 在周朝，自天子、诸侯、大夫、士以至庶人，各有与其等级身份相对应的礼。不仅仅是权利义务关系上的不同，也表现为服饰器用上的差异，而且必须严格遵守，不许僭越，僭越者治罪。鲁大夫季氏不依周

---

[1]　《论语·子路》。
[2]　《左传·庄公十八年》。

礼规定,用八佾乐舞并封禅泰山,尽管当时已经是礼崩乐坏的大动荡时代,孔子仍然发出"是可忍,孰不可忍"的抨击。

根据礼的要求,在国,则君臣贵贱等级森严,上下有节;在家,则父子兄弟夫妇尊卑有序。《礼记·礼运》篇所说"礼义以为纪",不仅表现为"以正君臣",也表现为"以笃父子,以睦兄弟,以和夫妇",借以树立父权的统治下的家长制家庭,而这恰恰是专制制度的社会基础。

荀子对于别贵贱的"别"还作出简明的阐述,他说:"曷谓别?曰:贵贱有等,长幼有差,贫富轻重皆有称者。"由此可见,礼的调整功能,归根结底就是为了建构"尊尊"的金字塔式的政治结构。

其二,"经国家,定社稷"。由于礼是安上治民、体国立政的指导原则,是调整社会关系和国家活动的思想基础,也是维护王权专制的理论教条,因此从周公制礼以后,礼便被视为"国之干也"[①]"国之常也"[②]"王之大经也"[③]。在中国古代的思想家、政治家看来,礼是国家施政的标准,有礼则国家政治有正轨可循,无礼则施政无准,势将导致昏乱。以"吾从周"自誓的孔子便力求"为国以礼",认为"礼之所兴,众之所治也;礼之所废,众之所乱也"[④]。汉时,贾谊在所著《新书》中对于以礼施政作了全面的描述:"道德仁义,非礼不成;教训正俗,非礼不备;分争辨讼,非礼不决;君臣上下,父子兄弟,非礼不定;宦学事师,非礼不亲;班朝治军,莅官行法,非礼威严不行;祷祠祭祀,供给鬼神,非礼不诚不庄。"

在礼的生生不息的漫长演进过程中,已经内化为民族的精神,成为规范行为的指南,评判是非的准绳。这种道德观、政治观表现在法制上便是"于礼以为出入"。

自汉武帝罢黜百家独尊儒术以后,一些大儒通过说经解律等途径,

---

① 《左传·僖公十一年》。
② 《国语·晋语四》。
③ 《左传·昭公十五年》。
④ 《礼记·仲尼燕居》。

不仅使礼指导着法律的制定,有些礼典、礼文直接入律。譬如儒家最为推崇的纲常之礼——君为臣纲,父为子纲,夫为妻纲成为汉及汉以后律典最基本的内容。除此之外,唐律的有些律文都来自礼典。

譬如《名例律》"八议"是《周礼·秋官·小司寇》"八辟"的照搬。《户婚律》"七出三不去"是《大戴礼记·本命》"七去三不去"的移植。也有的律文是礼的原则的演绎。譬如,《名例律》关于"矜老小及疾"的具体规定如下:"诸年七十以上、十五以下及废疾,犯流罪以下收赎;八十以上、十岁以下及笃疾,犯反逆、杀人应死者上请;盗及伤人者亦收赎;九十以上、七岁以下,虽有死罪,不加刑。"显而易见,这是从《周礼》"三赦之法":"一赦曰幼弱,二赦曰老耄,三赦曰蠢愚。"和《礼记》"悼耄不刑","八十、九十曰耄,七年曰悼。悼与耄虽有罪,不加刑焉"演绎而来的。

唐律关于不孝罪之一的"诸祖父母父母在,而子孙别籍、异财者,徒三年","诸子孙违犯教令及供养有缺者,徒二年"是《礼记·内则》"孝子之养老也,乐其心,不违其志,乐其耳目,安其寝处,以其饮食忠养之"和《礼记·曲礼》"父母存,不有私财"的法律化。类似的例子在唐律中是随处可见的。

后人常常以"于礼以为出入"来概括唐律的特点,这不是偶然的。

以斗殴为例,一般"斗殴人者笞四十"。但"诸殴缌麻兄姊,杖一百。小功、大功,各递加一等。尊属者,又各加一等。诸殴兄姊者,徒二年半。伯叔父母、姑、外祖父母,各加一等。诸殴祖父母父母者,斩"。① 由于亲属之间亲疏有别,长幼有序,所以以卑犯尊根据亲等,虽同罪处以不同刑罚,这正是礼所要求的。

从审判实践中,也可发现以礼折狱、弃律从礼的案例。例如,长庆年间,某姑鞭打其媳至死,京兆府断以偿死,刑部尚书柳公绰以礼改判。《册府元龟》记载其事如下:"柳公绰,长庆中为刑部尚书。京兆府有姑

---

①　以上均见《唐律·斗讼律》。

以小过鞭其妇至死,府上其狱,郎中窦某断以偿死,公绰曰:'尊殴卑,非斗也;且其子在,以妻而戮其母,非教也。'竟从公绰所议。"①

又如,敦煌卷子伯2593号记载冯甲在亲丧期间"朝祥暮歌",司法官以礼科断,其判词如下:"父母之丧,三年服制;孝子之志,万古增悲。朝祥暮歌,是亵于礼,以哭止乐,斯慰所怀。诉词既款服终,言讼情依科断。"

以上可见,凡是违礼之罪都要加重处刑。由于"于礼以为出入"是公认的道德高于法律的司法原则,并受到国家的保护,因此司法官宁可不依律,也不可以不循礼。不依律所责者是职务,不循礼所责者是人格。由于唐代科举取士的重要内容是儒家经典,因此唐代官员明礼者多于明法,以礼断案对他们是并不陌生的。

但须指出,礼侧重于预防犯罪,即导民向善,所谓"禁于将然之前";法侧重于惩罚犯罪,即禁人为非,所谓"禁于已然之后"。② 以礼的规范来弥补法律条文的不足。在唐代凡是律无明文的行为,可以参考律疏处理。律疏是以礼为理论基础的,律疏代律,实际是以礼代律。律疏在疏解律意时,或"依礼",或"援礼",使礼进一步渗透于律文当中。

综上所述,可见礼的等差性与法的特权性是一致的,礼法互补,以礼为主导,以法为准绳;以礼为内涵,以法为外貌;以礼移民心于隐微,以法彰善恶于明显;以礼夸张恤民的仁政,以法渲染治世的公平;以礼行法减少推行法律的阻力,以法明礼使礼具有凛人的权威;以礼入法,使法律道德化,法由止恶而兼劝善;以法附礼使道德法律化,出礼而入于刑。凡此种种,都说明了礼法互补可以推动国家机器有效地运转,是中国古代法律最主要的传统。

---

① 《册府元龟》卷616,《刑法部·议谳三》。
② 《汉书·贾谊传》。

五、重以德化民,德法互补的法律传统

在中国古文献中关于德的概念与解释可谓多矣,根据《说文·心部》:"悳,外得于人,内得于己也。从直,从心。"意为把心思摆放正直为德。《左传·成公十六年》记载:"德,谓人之性行。"孔颖达疏曰:"民生厚而德正"。《史记·乐书》也有类似解释:"德者,性之端也。"对此,《淮南子》进而阐明:"得其天性谓之德。"①显然这些是从人性来解释"德"的。但古文献中更多的是从德政的角度对"德"加以诠释。《左传·襄公七年》说:"恤民为德。"《管子·正第四十三》说:"爱民无私曰德。"孔子说:"为政以德,譬如北辰居其所而众星共之。"他更以智、仁、圣、义、中、和为"六德"②《礼记》中还以"善教"③"孝悌"④为德。由此可见,中国古文献中的"德"是有多重含义的,不能以后世的道德完全等同于古时的"德",从而把德简单化世俗化。

至于德的作用在于化民,也就是唤起人们内在的正直的天性,使其知耻,远恶迁善。如同孔子所说"道之以德,齐之以礼,有耻且格"。⑤以德化民的作用,及其概念化,很早便见于文献记载。如:

西汉孝文帝以勤俭持国,力戒奢靡之风,广施善教、善政,史书称赞他:"专务以德化民,是以海内殷富,兴于礼义。"⑥

唐朝更以国家律典的形式,把德礼刑罚说成是本用关系。还借用自然现象的昏晓阳秋比喻此种关系的密切联系和永恒,"德礼为政教之本,刑罚为政教之用,犹昏晓阳秋相须而成者也"。⑦

---

① 《淮南子·齐俗训》。
② 《论语·为政》。
③ 《礼记·内则》。
④ 《礼记·礼运》。
⑤ 《论语·为政》。
⑥ 《史记·孝文本纪》。
⑦ 《唐律疏议·名例疏》。

元朝徽州路达鲁花赤合剌不花以孝悌施政,《新元史》称他为以德化民的循吏:"合剌不花廉平自持,专务以德化民。"①

明世宗嘉靖五年(1526)三月,他在奉天殿测试天下贡士,曾在制诰中提到"英君谊辟,固有专务以德化民而致刑措之效力"②,意为以德化民可以收到刑措的效果。

清朝顺康两朝皇帝均在上谕中表达了以德化民之意。顺治十二年(1655)九月戊辰日,诏曰:"帝王以德化民,以刑辅治。苟律例轻重失宜,官吏舞文出入,政平讼理,其道曷由。朕览谳狱本章,引用每多未惬。其以现行律例缮呈,朕将亲览更定之。"③

康熙二十年(1681)正月戊寅日,谕三法司:"帝王以德化民,以刑弼教,莫不敬慎庶狱,刑期无刑。故谳决之司,所关最重,必听断明允,拟议持平,乃能使民无冤抑,可几刑措之风。近览法司章奏,议决重犯甚多。愚民无知,身陷法网,或由教化未孚,或为饥寒所迫,以致习俗日偷,悍不畏法。每念及此,深为悯恻……"④

如果说以德化民在于内化人性之恶,除此之外还表现为外在的化不良之俗。由于古代中国是政治经济文化发展不平衡的统一多民族的大国,因此流行于各地区的风俗多不相同。其中既有良善的风俗,也有带有荒诞、落后、愚昧的风俗,所谓"百里不同风"。由于各地的风俗不是一朝一夕形成的,因此,历代在以德化民的同时,还注意以德化俗,使妄诞之俗归于理性,邪恶之俗归于良善,务使不义不肖之徒明礼义、知廉耻、使四海同风,同归德化。如同宋人苏辙所说:"帝王之治,必先正风俗。风俗既正,中人以下皆自勉于为善;风俗一败,中人以上皆自弃而为恶。邪正盛衰之源,未必不始于此。"⑤

---

① 《新元史·循吏传·合剌不花》。
② 《明世宗实录》卷62。
③ 《清史稿·世祖本纪》。
④ 《清圣祖实录》卷94,康熙二十年正月辛巳。
⑤ 《续资治通鉴》卷79,《宋纪七十九》。

但是中国古代的政治家思想家，一方面宣扬以德化民，借以彰显其仁政善政，另一方面又在治国理政的实际经验中深深感到社会矛盾的复杂性多样性，只讲德化不足以为治。

明末清初思想家王夫之在《读通鉴论》中从总结历史经验的角度对于纯任德化不足以为治，还须以政治民，力戒矫饰，发表议论。他说："以德化民至矣哉！化者，天事也，天自有其理气，行乎其不容已，物自顺乎其则而不知。圣人之德，非以取则于天也，自修其不容已，而人见为德。人亦非能取则于圣人也，各以其才之大小纯驳，行乎其不容已，而已化矣。故至矣、尚矣，绝乎人而天矣。谓其以德化者，人推本而为之言也；非圣人以之，如以薪炀火，以勺□水，执此而取彼之谓也。夫以德而求化民，则不如以政而治民矣。政者，所以治也。立政之志，本期乎治，以是而治之，持券取偿而得其固然也，则犹诚也。持德而以之化民，则以化民故而饰德，其德伪矣。挟一言一行之循乎道，而取偿于民，顽者侮之，黠者亦饰伪以应之，上下相率以伪，君子之所甚贱，乱败之及，一发而不可收也。"①

清乾隆帝也从施政的经验中认同了王夫之的观点，他在二十二年冬十月壬申谕内外问刑衙门官员："夫驭民之道，不贵刑治而贵以德化。吾君臣不能以德化民，是可愧也。"接着他话锋一转，说："然德所不能化，非刑其何以治之？若徒博宽厚之美名，因循姑息，致奸匪毫无惩儆，谳狱日益繁多，岂所论于刑期无刑之道哉？"最后他严令："将此通行传谕内外问刑衙门知之。"②

可见，以德化民可以使人心向善，纳于正道的规范，但还不足以安民立政、禁暴止邪，推动国家机器的正常运转，而必须辅之以政刑法度。

周灭商后，鉴于商纣王"重刑辟"、失德失民遭致亡国的教训，强调

---

① 《读通鉴论》卷19，《隋文帝（一〇）》。
② 《清高宗实录》卷548，乾隆二十二年十月壬申。

失德者,失民;失民者,亡国亡身,因而形成了"明德慎罚"的治国方略,使德治与法治相互连接,体现了以人为本、重德化、轻刑罚的精神,用刑的目的,不在于"惩人",而在于"弼教"。这可以说是德法互补的第一阶段。至汉代,汉儒董仲舒在宣扬"以德为国"的同时,运用阴阳五行之说解释德与刑的关系,形成了"德主刑辅"的指导原则。德主导了刑罚运行的方向,使刑罚的目的既惩恶又迁善,兼顾法律义务与道德义务的统一。这可以说是德法互补的第二阶段。至唐朝,《唐律疏议》规定:"德礼为政教之本,刑罚为政教之用",明确了二者的本用关系。以"昏晓阳秋"来比喻德法互补关系的内在联系和永恒不变,除依据传统的德法理论外,更借助"天人合一"的自然观加强德法互补互用的政治观、法律观。这可以说是德法互补的第三阶段。德法互补,虽发源于礼乐政刑综合治国的大纲,但随着历史条件的发展变化,各有其时代的特点,体现了社会的发展变化与人们法治思维的进步。

以上可见,以德化民与以法治国是互相连接、互补互用的,是国家治理不可忽视的二柄。法与德的结合减少了法律的滥用,缓和了法条严酷的外貌,便于民众接受;以德化民使民远恶迁善,遏制了犯罪的动机,有利于避免狱讼繁兴、法残刑暴的讼累;德法互补互用,使道德法律化,遵守法律的义务和遵守道德规范的义务相一致,既止恶,而又劝善,使"明刑弼教"的"教"落到了实处。同时,德法互补又使法律道德化,使法律具有稳定性和权威性。

六、重法为治具,立法求实的法律传统

自从管仲提出以法治国的主张以后,历代统治者均以法律作为治世之具,加强立法活动,无论是统一的王朝或者是偏于一隅的地方政权,在立定国家统治之后,便迅速开展立法活动,集数千年立法之经验,形成了立法求实的法律传统。

其一,法与时转,因时立法。早在《管子》书中,便提出法律要"随

时而变"。① 慎到尖锐地指出"守法而不变则衰。"②主持变法的商鞅强调"当时而立法""礼法以时而定，制令各顺其宜"③。"先王当时而立法，度务而制事，法宜其时则治，事适其务故有功。"④韩非在总结法与时变观点的基础上更加概括地提出"法与时转则治，治与世宜则有功。时移而法不易者乱"。⑤

汉时人韦贤说："明主之御世也，遭时为法，因事制宜。"⑥宋人曾巩说："因其所遇之时，所遭之世，而为当世之法。"⑦明张居正也说："法无古今，惟其时之所宜，与民之所安耳。"⑧

以上可见，中国古代法与时转的论者可谓多矣，或为改制制造舆论，或为颁行新法作出辩解。

由于法律是社会上层建筑现象，是随着社会发展与时代变迁而不断地修订和补充的，所以法与时转反映了法律的发展过程和规律性。历代的改革者多以法律的可变性反驳阻碍改革的所谓祖宗成法不可变的保守论调。

其二，因地立法，因势制宜。中国古代是一个疆域辽阔，政治经济文化发展不平衡的大国，因此立法要从实际出发才能收到应有的效果。《周礼》中提出"刑新国用轻典，刑平国用中典，刑乱国用重典"，⑨这说明立法要因地立法，因势制宜。"三国三典"的立法思想对后世影响深远。

其三，因族立法，援俗而治。周公鉴于殷人嗜酒，招致政治腐败，影响国家统治，因此严禁周人群饮，宣布"周人群饮者杀，殷人群饮者姑

---

① 《管子·正世》。
② 《慎子·逸文》。
③ 《商子·更法》。
④ 《商君书·六法》。
⑤ 《韩非子·信度》。
⑥ 《汉书·韦贤传》。
⑦ 马端临撰：《文献通考》卷212，《经籍考》卷39。
⑧ 张居正撰：《张文忠公全集·文集三·辛未会试程策三道》。
⑨ 《周礼卷第九·周官司寇第五》。

为教之"①,这表现了周公的策略思想,也可说是中国最早的因族制宜的立法。由因族制宜进一步发展成援俗而治。管子说法律要"随时而变,因俗而动",②又说"不慕古,不留今,与时变,与俗化"。③

中国古代又是一个统一多民族的国家,历代统治者都很重视民族立法。清朝可以说是集民族立法之大成,提出了"修其教不易其俗,齐其政不易其宜,旷然更始而不惊,靡然向风而自化"的原则,表现出对于少数民族习俗的尊重,有助于加强民族间的团结和巩固统一的多民族国家。

其四,立法审慎,不急于成。由于立法是国家的重要活动,是为百姓树立规矩绳墨和国家运行的基本准则,因此历代开明的政治家都谨慎立法,不急于求成。

唐太宗李世民曾形象地比喻说,法令一出,"若汗出于体,一出而不复也",④所以立法不可不审慎。

著名的《唐律疏议》是永徽二年完成的,距离高祖修《武德律》历时三十三年。《大明律》从吴元年初修到洪武三十年律成,历时三十年。《大清律例》从顺治三年修订《大清律集解附例》起到乾隆五年最后完成,共历时九十余年。可见,著名的成文法典都不是瞬息而就的,都是在总结立法与司法的实践经验的基础上不断充实完善而成的。

其五,法贵简明,使人易知。早在战国时期,奉行法家学说的秦国在立法中便强调贯"明法壹刑",所谓"明法",如同商鞅所说:"圣人为法,必使明白易知。"⑤

东汉末,法令烦琐,即使司法官也不能遍览周知。所以晋朝建立以后,大规模整理汉律,形成了大为简约的《泰始律》,影响了南北朝三百

---

① 《尚书卷第五·周书·酒诰第十二》。
② 《管子卷第十五·正世第四十七》。
③ 《管子卷第十五·正世第四十七》。
④ 《贞观政要卷八·赦令第三十二》。
⑤ 《商君书·定分》。

余年之久。

唐自高祖李渊起便强调立法要简约,使人易知。唐太宗李世民指出:"国家法令,惟须简约,不可一罪作数种条,格式既多,官人不能尽记,更生奸诈。若欲出罪即引轻条,若欲入罪即引重条。"①在修订《贞观律》时,唐太宗明示修律官长孙无忌、房玄龄务要"斟酌古今,除烦去弊"。(《新唐书·刑法志》)所修订的《贞观律》删去高祖《武德律》以来"敕三千余条,为七百条,以为格"。② 作为唐代代表性法典《永徽律》称得上是"捐彼凝脂,孰兹简要"(《资治通鉴》卷一九五)。

明太祖朱元璋曾说:"法贵简当,使人易晓,若条绪繁多,或一事两端,可轻可重,吏得因缘为奸,非法意也"。明末清初,王夫之在《读通鉴论》中从总结历史经验的角度提出"法贵简而能禁,刑贵轻而必行"。③

其六,立法取向公平、公开

中国古代为表示立法的公平公正,常以度量衡器加以比喻。管子说:"尺寸也,绳墨也,规矩也,衡石也,斗斛也,角量也,谓之'法'"④。又说:"法律政令者,吏民规矩绳墨也。"⑤"只有君臣上下贵贱皆从法",才能大治⑥。

韩非说:"法不阿贵,绳不绕曲,法之所加,智者弗能辞,勇者弗敢争,刑过不避大夫,赏善不遗匹夫。"⑦

汉文帝时期,廷尉张释之处理"犯跸案"时强调"法者天子所与天下公共也。今法如此而更重也之,是法不信于民也。……且方其时,上使诛之则已,今已下廷尉,廷尉,天下之平也,一倾,天下用法皆为之轻

---

① 《贞观政要卷八·赦令第三十二》。
② 欧阳修等:《新唐书》卷56,《刑法志》。
③ 王夫之:《读通鉴论》卷22,《玄宗》。
④ 《管子卷第二·七法第六》。
⑤ 《管子卷第十七·七臣七主第五十二》。
⑥ 《管子卷第十五·任法第四十五》。
⑦ 《韩非子卷第二·有度第六》。

重,民安所措手足？惟陛下察之"。张释之关于公平执法、取信于民的意见折服了汉文帝,使他终于表示"廷尉当是也"。①

唐太宗虽贵为天子,但他也公开表示"法者,非朕一人之法,乃天下之法,"凡"人有所犯,一一于法"。②

为了做到公平立法,公正司法,古人强调不得以私废法。慎子说:"法之功莫大于使私不行……今立法而行私,是私与法争,其害甚于无法。"③韩非说:"夫立法令者,以废私也。法令行而私道废矣。私者,所以乱法也。"④

七、重和谐社会、调解息争的法律传统

执法原情力求做到法情允协,减少推行法律的阻力;调解息争重在化解矛盾,减少讼累,两者均期望通过司法促进社会和谐、稳定社会秩序。这样的司法传统体现了中国特有的重情理、敦伦常,对相邻的东方国家极有影响。

中国进入阶级社会以后,在国情因素的影响下,宗法制度覆盖整个社会,伦常关系成为最重要的社会关系。儒家关于人伦的一系列说教,不仅形成了一整套的道德哲学,也缔造了颇具特色的伦理法传统。执法原情的"情"就是体现这种被公认的伦理道德规范的"情理"。至于"原",按《管子》书中解释"原,察也"。所谓执法原请,就是希望司法官在具体案件的处理上,既依法断案,也要考察流行于社会而被广泛认同的情理、人情,做到"法情允协",既减少推行法律的阻力,又宣传了明刑弼教的立法宗旨。唐律之所以被推崇为"于礼以为出入",说到底,也就是执法、准礼、原情而已。在《名公书判清明集》中载有许多执

① 《史记·张释之冯唐列传》。
② 《贞观政要卷五·公平第十六》。
③ 《慎子·逸文》。
④ 《韩非子第十七卷·诡使》。

法原情的案例，如胡石壁在判决中提到"揆之法意，揆之人情"；又如范西塘称"祖宗立法，参之情理，无不曲尽。倘拂情乎，违乎理，不可以为法于后世矣"。

明太祖朱元璋是以厉行法制著称的，有时也针对特定案件屈法原情。例如，洪武八年正月，山阳县民其父有罪当杖，请以身代之。太祖特别谕刑部官："父子之亲，天性也……今此人以身代父、出于至情，朕为孝子屈法，以劝励天下，其释之。"

但原情一般不适用于重大犯罪。

调处息争也是和中国的国情分不开的。在自给自足的自然经济条件下，加上宗法关系的影响。自古就形成了稳定的血缘、地缘关系，使得通过家族、邻里调处息争成为可能。孔子所提倡的"必也使无讼乎"，对于官民都有长久的影响。特别是对以"讼简刑轻"为考课标准的官员说来，更是追求调解息争，"囹圄常空"。

早在汉朝已经有调解和息争讼的史例。据《汉书·循吏传》载，刘矩为县令时，"民有争讼，矩常引之于前，提耳训告，以为忿恚可忍，县官不可入，使归更寻思，讼者感之，辄更罢去"。唐朝礼法结合进入新阶段，司法官多以儒家之礼为依据调解争讼。宋时司法中提倡法理情三者的统一，因而重视调解，称为"和对"。元朝调解结案以后，严定不许再起讼端，违者治罪。至清朝，调解息讼案件的形式已经多样化和规范化，分为州县官堂上调解与宗族邻里的堂外调解两类。调解达成准予甘结，调解不成准予起诉。康熙时，陆陇其任河北灵寿县知县，每审民事案件，则传唤原告、被告到庭，劝导双方说："尔原被（告）非亲即故，非故即邻，平日皆情为至密者，今不过为户婚、田土、钱债细事，一时拂意，不能忍耐，致启讼端。殊不知一讼之兴，未见曲直，而吏有纸张之费，役有饭食之需，证佐之友必须酬劳，往往所费多于所争，且守候公门，费时失业。一经官断，须有输赢，从此乡党变为讼仇，薄产化为乌有，切齿数世，悔之晚矣。"

调解息争的司法传统反映了中华民族重和谐的民族精神。他们在生产生活的斗争中体验到人与人之间只有和睦相处、互相帮助,才能取得生存发展的机会。

　　总括上述,无论是执法原情还是调解息争都有它生成与发展的历史条件,尽管在实践中还存在种种局限性与缺失,却毕竟发展成为古代司法的传统之一,显示了司法对于促进社会和谐的正能量。这在世界司法制度史上也是少有的。

第二讲　民为邦本,本固邦宁

中华民族自建立国家之日始,经历了4000多年没有中断的历史发展过程。中间经过无数次的王朝兴废与治乱更迭,但始终保持着统一多民族的国家的形态,屹立于世界文明古国之林,这不是偶然的。在国家治理方面积累了丰富的经验,而且得到历代智者辗转相承,不断地充实提高,成为治理国家的瑰宝。其中,"民为邦本,本固邦宁"就是一项具有传世价值的最宝贵的经验。

民是构成国家的最基本的要素,无民何以为国?古人对此多有论述。早在《尚书》中便明确提出:"皇祖有训,民可近,不可下,民惟邦本,本固邦宁。"①汉兴之时,贾谊从总结秦亡的教训中提出了国以民为本的命题,他说:"闻之于政也,民无不为本也。国以为本,君以为本,吏以为本……此之谓民无不为本也。"②后世开明之君与贤良之士对此也多有论述。东汉王符说:"国之所以为国者,以有民也。"③南宋朱熹在给《孟子》"民为贵,社稷次之"作注时进一步阐发说:"国以民为本,社稷亦为民而立。"④元仁宗说:"民为邦本,无民何以为国。"⑤清末主张变法维新的康有为说:"国之为国,聚民而成之……故一切礼乐政法皆以为民也。"⑥梁启超也说:"国者积民而成,舍民之外,则无有国。"⑦

民之所以成为国家的构成元素和最重要的实体,就在于民是社会物质生产的承担者,社会由此得以延续和发展,国家由此得以存在,政治和思想上层建筑由此得以确立。没有民的社会性生产,国家也就不复存在。

民又是国家赋税的提供者,赋税是国家存在与发展的要素之一,是国家活动的财政保证。马克思说:"国家存在的经济体现就是捐税。"⑧从夏朝立国起,赋税便成为民对国家的一项义务,《史记·夏本纪》记载:"自虞夏时,贡赋备矣。"

民又是国家军队的主要来源,在中国古代,"祀"与"戎"是国家大事,所谓"国之大事,在祀与戎"⑨。没有军队,国家就失去了重要支柱,就无法保卫边疆和实现国家对内与对外的职能。在中国古代,充当军队不仅是民的义务,也是民的权利。

---

① 《十三经注疏·尚书正义·五子之歌》。

② 《新书·大政上》。

③ 《潜夫论·边议》。

④ 《四书章句集注·孟子集注·尽心章句下》。

⑤ 《元史·仁宗本纪一》。

⑥ 《孟子微·总论》。

⑦ 梁启超:《论近世民族竞争之大势及中国之前途》,载《饮冰室合集·文集之四》,中华书局1989年版,第56页。

⑧ 《马克思恩格斯全集》第1卷,人民出版社1972年版,第181页。

⑨ 《左传·成公十三年》。

民还是国家重大工程的兴建者,无论是修筑水利工程还是修筑城池宫殿,民都是营建者。

凡此种种,都实证了"民为邦本,本固邦宁"的结论。

一、重民在得民心,得民心则国兴

"民为邦本"重民方略的实施,首在于得民心。无数的史实都证明了"得民(心)者昌,失民(心)者亡"。中国第一个阶级王朝夏建立以后,国王禹,为了接近民众,听取民众对于治国理政的建议或其他诉求,制造了五种乐器,有民求见者,可以击(摇)不同的乐器,以便于禹及时接见,成为后世传颂的"五音听治"。据《淮南子》卷十三《氾论训》记载:禹之时,以五音听治,悬钟鼓磬铎,置鼗,以待四方之士,为号曰:"教寡人以道者击鼓,谕寡人以义者击钟,告寡人以事者振铎,语寡人以忧者击磬,有狱讼者摇鼗",就是说夏禹统治天下,为了倾听百姓的呼声与要求,悬挂了五种乐器,凡是向大禹讲解为政之道的可以击鼓;凡是告诉大禹行仁义之事的可以击钟;凡是告诉大禹需解决之事者可以振铎;凡是以忧患相告者可以击磬;凡是向大禹申告狱讼者可以摇鼗。大禹听到不同乐器的声音就知道是何人以何事相告,以便请他觐见。由于来见者多,以至于吃一顿饭竟然有十次接待来访者;沐浴一次竟然束发三次以应对觐见的百姓。所谓"一馈而十起,一沐而三捉发,以劳天下之民"。① 由于禹如此重视民众呼声与要求,因而得到了民众的拥护,稳定了国家的统治,并且顺利地传位于儿子启,启即位后在一段时间内也沿用了"五音听治"的做法,从而巩固了家天下的王朝。

但自夏末代国王桀,"不务德而武伤百姓,百姓弗堪",迫使百姓发

---

① 《淮南子·氾论训》。

出了"时日曷丧,予及汝皆亡"①的愤怒呐喊,终为商朝所灭。这可以说是民心向背决定国家兴亡的第一个史例。

商是一个"邦畿千里"的大国,但是却为"小邦周"所灭,原因就在于,商末代国王纣"重刑辟",实行法外极刑,丧失了民心,使得关键性的牧野之战,"前途倒戈者亿兆夷人"②,赫赫不可一世的商朝瞬间覆亡。胜利者在惊喜之余,深深感觉到民心的向背决定着国家的兴亡。商王曾经自恃拥有"如火如荼"的庞大军队,以为周之寇商不足道也。不料,正是这支军队倒戈相向,使纣王身死国灭。

继起的周朝的执政者周公一再告诫他的兄弟子侄民心的重要。他说:"人无于水监,当于民监"③,"天畏棐忱,民情大可见"④,并且把民心与天命连接起来,借助天命渲染民心的重要性,他说:"民之所欲,天必从之","天视自我民视,天听自我民听。"⑤从周公的立论来看,他重民思想的核心在于重视民心,他的一切施政都归结为得民心。这决定了他所实行的礼乐刑政综合治国的方略,也决定了他所创立的以德主宰刑罚的法律制度,谱写了中国古代法文化史绚丽的一章,后世以德辅刑导源于此。

从周公起,大肆倡导明德、敬德、尚德、成德,他宣扬商之亡在于失德,周之兴在于周人有德,所谓天只赞助有德之人。针对商朝重刑辟、失民心、亡国家的教训,提出了"明德慎罚"的治国方略,"慎罚"旨在保民。由此形成了一系列刑法原则和司法原则,比如,区别用刑,罚当其罪;罪疑从罚、罚疑从赦;以中罚作为司法的准则,开展三刺、三宥、三赦的"听于民"的司法创制;等等。

由于周初立法体现了重民、保民的精神,因此法制兴带来了国兴。

---

① 《十三经注疏·尚书正义·汤誓》。
② 《史记·殷本纪》。
③ 《十三经注疏·尚书正义·酒诰》。
④ 《十三经注疏·尚书正义·康诰》。
⑤ 《十三经注疏·尚书正义·泰誓》。

周初的法制充分彰显了中华民族所创造的法制文明。以德主宰法制建设，可以说是文明古国中所仅有的，其影响至为深远。春秋时，孔子还赞颂以礼乐（德的具体内容）作为指导司法的重要性，他说："礼乐不兴，则刑罚不中；刑罚不中，则民无所措手足。"①

以上可见，周初统治者的一系列主张，把"敬天"落实到"保民"上，民的价值得到了凸显，其所推行的一系列国家治理措施都归结到重民、保民和如何得民心上。在这里，也第一次宣誓了立法与司法的目的不在于刑人，而在于定是非、明曲直，有效地惩治犯罪，保民不受损害。这种刑罚的目的论，对后世影响深远。

除此之外，孔子还论证了君之所以为君，在于得民，失民则君不成其为君，他说："民以君为心，君以民为本"，"心以体全，亦以体伤。君以民存，亦以民亡"。②

春秋战国时期，诸侯称雄，兼并战争连年不绝，为了取得兼并战争的胜利，民的价值进一步受到重视。得民者兴、失民者亡的政治现实丰富了"民为邦本"的思想内涵，如管子说："政之所行，在顺民心；政之所废，在逆民心。"③孟子说："桀纣之失天下者，失其民也；失其民者，失其心也。得天下有道：得其民，斯得天下矣。得其民有道：得其心，斯得民矣。""得民而得天下，失民而失天下，得民而欲无王，不可得矣；失民虽欲保天下，亦不得矣。"④他还提出了一个千古不朽的命题："民为贵，社稷次之，君为轻。"⑤

荀子进一步总结道："用国者，得百姓之力者富，得百姓之死者强，得百姓之誉者荣。三得者具而天下归之，三得者亡而天下去之。"⑥他还将民与君比喻成水与舟的关系，他说："君者，舟也，庶人者，水也；水

①　《论语·子路》。
②　《礼记·缁衣》。
③　《管子·右四维》。
④　《孟子·离娄上》。
⑤　《孟子·尽心下》。
⑥　《荀子·王霸》。

则载舟,水则覆舟。"①故"爱民者强,不爱民者弱"。②

孟荀此论,既是夏商周兴衰之由的历史性总结,也是对于国家治理的要旨——"民为邦本,本固邦宁"的精彩阐发。后世论者,大都仿此,只是增加了时代的烙印而已。唐太宗李世民鉴于隋亡的历史教训,认为"为君之道,必须先存百姓"③,并说"朕每日坐朝,欲出一言,即思此一言于百姓有利益否?所以不敢多言"④。唐德宗时,白居易说:"邦之兴,由得人也;邦之亡,由失人也。"⑤明末思想家黄宗羲说:"天下之治乱,不在一姓之兴亡,而在万民之忧乐。"⑥

二、爱民富民,民安国强

民既为邦之本,因此如何使本固,继而达到邦宁,是历代统治者所关注的焦点之一。为达此目的,论者咸谓爱民则安,富民则强。史载周文王问政于太公曰:"'愿闻为国之大务,欲使主尊人安,为之奈何?'太公曰:'爱民而已。'文王曰:'爱民奈何?'太公曰:'利而勿害,成而勿败,生而勿杀,与而勿夺,乐而勿苦,喜而勿怒。'"⑦祖述文武周公的儒家学派莫不以爱人(民)作为立论与施政的基点。孔子提出"仁者爱人"的主张,荀子说:"故君人者,爱民而安,好士而荣,两者无一焉而亡"⑧,"爱民者强,不爱民者弱"⑨。实行法治的法家也同样主张爱民。商鞅说:"法者所以爱民也,礼者所以便事也。"⑩爱民则民安,使民无

---

① 《荀子·王制》。
② 《荀子·议兵》。
③ 《贞观政要·君道》。
④ 《贞观政要·慎言》。
⑤ 《辩兴亡之由策》。
⑥ 《明夷待访录·原臣》。
⑦ 《六韬·文韬·国务》。
⑧ 《荀子·强国》。
⑨ 《荀子·议兵》。
⑩ 《商君书·更法》。

怨，达到社会和谐的目的。

治理国家的实际经验使爱民之说不断丰富。成书于战国时代的《六韬·文韬国务》说："善为国者，驭民如父母之爱子，如兄之爱弟。见其饥寒则为之忧，见其劳苦则为之悲。赏罚如加于身，赋敛如取己物。此爱民之道也。"三国时期吴国政治家贺邵说："国之兴也，视民如赤子；其亡也，以民为草芥。"①明初，颇有作为的成祖说："民者，国之根本也。根本，欲其安固，不可使之凋敝。是故圣王之于百姓也，恒保之如赤子，未食则先思其饥也，未衣则先思其寒也。民心欲其生也，我则有以遂之；民情恶劳也，我则有以逸之。……薄其税敛而用之，必有其节。如此则教化行而风俗美，天下劝民而民心归。行仁政而天下不治者，未之有也。"②他还说："天之视听皆因于民，能爱人即所以使天。"③

明清之际的思想家唐甄指出："是故君之爱民，当如心之爱身也"④，他对见政不见民的轻视民众的现象进行了批评，他认为，兵、食、度、赏罚四政的根基在民，"国无民，岂有四政！封疆，民固之；府库，民充之；朝廷，民尊之；官职，民养之，奈何见政不见民也！"⑤

但是爱民并不是空发议论，而在于利民、惠民、富民。汉刘安认为："治国有常，而利民为本。"⑥明成祖说："朕惟事天以诚敬为本，爱民以实惠为先。《书》曰：'惟天惠民'，又曰：'安民则惠'。"⑦

历代开明之君不仅倡导爱民，而且还实行养民、利民、富民的政策措施，使民既富，进而带来国强的后果。孔子说："百姓足，君孰与不足？百姓不足，君孰与足？"⑧即强调只有百姓富裕才能使国家富强。

---

① 《三国志·吴书·贺邵传》。
② 《明太宗实录》卷92，永乐七年五月壬申朔。
③ 《明太宗实录》卷27，永乐二年春正月癸卯朔。
④ 《潜书·明鉴》。
⑤ 《潜书·明鉴》。
⑥ 《淮南子·氾论训》。
⑦ 周桂钿主编：《中国传统政治哲学》，河北人民出版社2007年版，第311页。
⑧ 《论语·颜渊》。

孟子也以富民作为养民之要着,他说:"是故明君制民之产,必使仰足以事父母,俯足以畜妻子,乐岁终身饱,凶年免于死亡。"①他还说:"民之为道也,有恒产者有恒心,无恒产者无恒心。苟无恒心,放辟邪侈,无不为己。及陷乎罪,然后从而刑之,是罔民也。焉有仁人在位,罔民而可为也?是故贤君必恭俭礼下,取于民有制。"②

法家爱民之说最后也落实到富民上,认为富民是爱民之一端。管仲说:"凡治国之道,必先富民。民富则易治也,民贫则难治也。奚以知其然也?民富则安乡重家,安乡重家则敬上畏罪,敬上畏罪则易治也。民贫则危乡轻家,危乡轻家则敢凌上犯禁,凌上犯禁则难治也。故治国常富,而乱国常贫。是以善为国者,必先富民,然后治之。"③他还说:"民不足,令乃辱;民苦殃,令不行。"④

三国时期,吴国著名军事家陆逊说:"国以民为本,强由民力,财由民出。夫民殷国弱,民瘠国强者,未之有也。"⑤唐初,以"安人宁国"为治国之策的唐太宗说:"凡事皆须务本。国以人为本,人以衣食为本。凡营衣食,以不失时为本。夫不失时者,唯在人君简静乃可致耳。"⑥他还说:"君依于国,国依于民。刻民以奉君,犹割肉以充腹,腹饱而身毙,君富而国亡。"⑦宋人危昭德说:"民者,邦之命脉,欲寿国脉,必厚民生,欲厚民生,必宽民力。"⑧

古人论证富民之道,是和以农立国的国情密切联系在一起的,荀子说:"轻田野之税,平关市之征,省商贾之数,罕兴力役,无夺农时。"⑨孟子还描写了他理想中的富民的田园风光:"五亩之宅,树之以桑,五十

---

① 《孟子·梁惠王上》。
② 《孟子·滕文公上》。
③ 《管子·治国》。
④ 《管子·版法》。
⑤ 《三国志·吴书·陆逊传》。
⑥ 《贞观政要·务农》。
⑦ 《资治通鉴·唐纪八》,高祖武德九年。
⑧ 《宋史·危昭德传》。
⑨ 《荀子·富国》。

者可以衣帛矣。鸡豚狗彘之畜,无失其时,七十者可以食肉矣。百亩之田,勿夺其时,数口之家可以无饥矣。""不违农时,谷不可胜食也。数罟不入洿池,鱼鳖不可胜食也。斧斤以时入山林,材木不可胜用也。谷与鱼鳖不可胜食,材木不可胜用,是使民养生丧死无憾也。"而"养生丧死无憾",被视为"王道之始"。①

为了养民、富民,历代统治者制定了一系列民生立法:

其一,保护自然生态平衡。《逸周书·大聚解》记载:"旦闻禹之禁:春三月山林不登斧,以成草木之长;夏三月川泽不入网罟,以成鱼鳖之长。"出土的云梦秦简更以确切的资料证明了秦法对于自然生态的保护。《秦律·田律》规定:"春二月,毋敢伐材木山林及雍(壅)隄水。不夏月,毋敢夜草为灰,取生荔、麛□(卵)鷇,毋□□□□□毒鱼鳖,置穽罔(网),到七月而纵之。"②其意就是:春天二月,不准到山林伐木,不准堵塞水道。不到夏季,不准烧草为肥料,不准采摘刚发芽的植物,或捉取野兽、鸟卵和幼鸟,不准毒杀鱼鳖,不准设置捕捉鸟兽的陷阱和网罟,到七月解除禁令。《唐律疏议》中,此类立法所在多有:"诸部内有旱涝霜雹虫蝗为害之处,主司应言不言及妄言者,杖七十"③;"诸部内田畴荒芜者,以十分论,一分笞三十,一分加一等,罪止徒一年。户主犯者,亦计所荒芜五分论,一分笞三十,一分加一等"④;"诸不修堤防及修而失时者,主司杖七十;毁害人家,漂失财物者,坐赃论减五等……"⑤;"诸失火及非时烧田野者笞五十……"⑥;"诸弃毁官私器物及毁伐树木、稼穑者,准盗论。"⑦

上述立法的着眼点和出发点是保护和发展农业生产的需要,立法

---

① 《孟子·梁惠王上》。
② 睡虎地秦墓竹简整理小组编:《睡虎地秦墓竹简》,文物出版社 1990 年版,第 20 页。
③ 《唐律疏议·户婚》,"不言及妄言部内旱涝霜虫"条。
④ 《唐律疏议·户婚》,"部内田畴荒芜"条。
⑤ 《唐律疏议·杂律》,"失时不修堤防"条。
⑥ 《唐律疏议·杂律》,"非时烧田野"条。
⑦ 《唐律疏议·杂律》,"弃毁器物稼穑"条。

者或许没有意识到保护自然生态平衡的长远意义和价值,但我们今天看来,中华民族的先人是何等的睿智和富于远见。

其二,田土均之,民富国强。从"普天之下莫非王土",到鲁宣公十五年"初税亩",再到李悝"尽地力之教"和商鞅"开阡陌封疆"令,都是先秦有关土地的立法。汉初为了抑制土地兼并,董仲舒首倡"限民名田,以澹不足"①的主张,汉统治者也屡颁"限田"和"抑兼并"的诏令。汉以后,土地立法进一步规范化,成为中国古代法律体系的核心内容。最具代表性的是北朝以来至隋唐进一步制度化的、法律化的"均田法"。根据唐《均田令》,社会各色人等都取得了土地的所有权。武德七年(624)颁布均田令如下:"诸丁男、中男给田一顷,笃疾、废疾给四十亩,寡妻妾三十亩,若为户者加二十亩。所授之田,十分之二为世业,八为口分。世业之田,身死则承户者便授之,口分则收入官,更以给人。狭乡授田,减宽乡之半,其地有薄厚,岁一易者,倍授之。宽乡三易者,不倍授。"②

至开元二十五年(737),根据推行均田的经验,进一步修订颁行均田令:"诸丁男给永业田二十亩,口分田八十亩,其中男年十八以上亦依丁男给。老男、笃疾、废疾、各给口分田四十亩,寡妻妾各给口分田三十亩。先有永业者,通充口分之数。黄、小、中、丁男女及老男、笃疾、废疾、寡妻妾当户者,各给永业田二十亩,口分田二十亩。应给宽乡,并依所定数。若狭乡新受者,减宽乡口分之半。其给口分田者,易田则倍给(宽乡三易以上者,仍依乡法易给)。"③永业田可以传子孙,"不在收授之限,即子孙犯除名者,所承之地亦不追"。口分田,本人死后还官。州县内"受田悉足者为宽乡,不足者为狭乡"。④

---

① 《汉书·食货志》(上)。
② [日]仁井田陞:《唐令拾遗·田令》武德七年,栗劲、霍存福等编译,长春出版社1989年版,第540页。
③ [日]仁井田陞:《唐令拾遗·田令》开元二十五年,栗劲、霍存福等编译,长春出版社1989年版,第542页。
④ [日]仁井田陞:《唐令拾遗·田令》开元二十五年,栗劲、霍存福等编译,长春出版社1989年版,第550页。

此外，"诸以工商为业者，永业、口分田各减半给之。在狭乡者并不给"；①"道士给田三十亩，女官二十亩，僧尼受具戒准此"；②"杂户者，依令，老免进丁受田，依百姓例。官户受田，减百姓口分之半"。③

收授田地有固定日期，"每年起十月一日里正预校勘造簿，历十一月，县令总集应退、应受之人，对共给授，十二月内毕"。④

"良口"除依法分得永业、口分田外，还可以分得园宅地，"三口以下给一亩，每三口加一亩。贱口五口给一亩，每五口加一亩，并不入永业、口分之限"。⑤

贵族高官可依勋爵和官品获得永业田。"凡官人及勋爵，授永业田"，其具体数额是："亲王百顷，职事官正一品六十顷，郡王及职事官从一品各五十顷，国公若职事官正二品各四十顷，郡公若职事官从二品各三十五顷，县公若职事官正三品各二十五顷，职事官从三品二十顷，侯若职事官正四品各十四顷，伯若职事官从四品十一顷，子若职事官正五品各八顷，男若职事官从五品各五顷。上柱国（武官最高勋级）三十顷，柱国二十五顷，上护军二十顷，护军十五顷，上轻车都尉十顷，轻车都尉七顷，上骑都尉六顷，骑都卫四顷，骁骑尉、飞骑尉各八十亩，云骑尉、武骑尉各六十亩。"⑥此外，还有临时赏赐的赐田。

不仅如此，京都文武职事官还可以依品级分得京城百里内不同数

① ［日］仁井田陞：《唐令拾遗·田令》开元二十五年，栗劲、霍存福等编译，长春出版社1989年版，第562页。
② ［日］仁井田陞：《唐令拾遗·田令》开元二十五年，栗劲、霍存福等编译，长春出版社1989年版，第568页。
③ ［日］仁井田陞：《唐令拾遗·田令》开元二十五年，栗劲、霍存福等编译，长春出版社1989年版，第569页。
④ ［日］仁井田陞：《唐令拾遗·田令》开元二十五年，栗劲、霍存福等编译，长春出版社1989年版，第566页。
⑤ ［日］仁井田陞：《唐令拾遗·田令》开元二十五年，栗劲、霍存福等编译，长春出版社1989年版，第558页。
⑥ ［日］仁井田陞：《唐令拾遗·田令》开元二十五年，栗劲、霍存福等编译，长春出版社1989年版，第548页。

量的职分田,"一品十二顷,二品十顷,三品九顷……九品二顷"。① 在外诸州及都护府、亲王府官人的职分田,"二品十二顷,三品十顷,四品八顷……九品二顷五十亩"。②

至于充作各级官府办公费用的公廨田,在京诸司由二十六顷至二顷,在外诸司由四十顷至一顷。③

均田法是一项伟大的创造,它的价值和积极作用就是:

1. 作为农业立国的国家,土地是最重要的生产资料,根据《均田令》由国家将土地分配给农民,使广大农民及其他诸色人等获得了稳定的、相对持久的谋生手段,从根本上解决了民生问题。

2.《均田令》所达到的积极效果是均富,农民不仅获得口分田,而且还获得了永业田,从而刺激了他们精心经营土地的积极性,使丰产获得保障,在此基础上达到富足。

3. 无论官民和各色人等,都依法获得土地,官与民所获土地总体上是公平、公正的。但是由于封建时代是以等级为特征的,所以官民分得土地的亩数是有等差的,由于奴婢还可以依良丁授田,使官僚贵族之家获得了较多的土地。在贯彻《均田令》的过程中,也存在着强占农民土地的现象,唐令明确规定:"诸亲王出藩者,给地一顷。作园,若城内无可开拓者,于近城便给。如无官田,取百姓地充,其他给好地替。"④

均田法的实施确实达到了富民的效果,史书说"商旅野次,无复盗贼,图圄常空,马牛布野,外户不闭。又频致丰稔,米斗三四钱。行旅自京师至于岭表,自山东至于沧海,皆不赍粮,取给于路。又山东村落,行

---

① [日]仁井田陞:《唐令拾遗·田令》开元二十五年,栗劲、霍存福等编译,长春出版社1989年版,第575页。

② [日]仁井田陞:《唐令拾遗·田令》开元二十五年,栗劲、霍存福等编译,长春出版社1989年版,第577页。

③ [日]仁井田陞:《唐令拾遗·田令》开元二十五年,栗劲、霍存福等编译,长春出版社1989年版,第572、573页。

④ [日]仁井田陞:《唐令拾遗·田令》开元二十五年,栗劲、霍存福等编译,长春出版社1989年版,第584页。

客经过者，必厚加供待，或发时有赠遗……"①史书的记载难免有溢美之词，但从中可以看到百姓的富足，社会的和谐与安定，以及"天下帖然"，"人人自安"②的盛世。

由于民富，唐朝的府库充盈、边疆巩固、国力强盛，无论典章制度、文化艺术都达到了成熟形态，其影响远播海外，成为世界上最著名的强盛国家。历史雄辩地说明了只有民富才能国强，只有藏富于民才是国家固本之策。清初，唐甄特别论证了藏富于民的重要性，他说："夫富在编户，不在府库。若编户空虚，虽府库之财积如丘山，实为贫国，不可为国矣。"③

以上可见，田土均之的法令取得了民富国强的效果，贞观之治、开元之治都缘于均田法的实施。安史之乱以后，藩镇割据、战乱频仍，均田制遭到严重破坏，民生凋敝，唐朝随之走上了下坡路。这从另一面证明了爱民富民，民安国强。战国时慎到说得好："善为国者，移谋身之心而谋国，移富国之术而富民，移保子孙之志而保治，移求爵禄之意而求义，则不劳而化理成矣。"④

其三，轻徭薄赋，疏民困，利民生。捐税是国家存在的一种形态，因此夏朝立国之后"贡赋备矣"⑤。夏商周时期，庶民是农业生产的主要承担者，需要从土地收益中向官府缴纳田赋，据《孟子·滕文公上》记载："夏后氏五十而贡，殷人七十而助，周人百亩而彻，其实皆什一也。"西周推行什一实物租赋制度，即"大率民得其九，公取其一"⑥，"耕百亩者，彻取十亩以为赋"⑦。公元前594年，鲁国实行《初税亩》，具体田赋

---

① 《贞观政要·政体》。
② 《贞观政要·奢纵》。
③ 《潜书·存言》。
④ 《慎子·逸文》。
⑤ 《史记·夏本纪》。
⑥ 《四书章句集注·论语集注·颜渊》。
⑦ 《十三经注疏·春秋左传正义·昭公二十三年至三十二年》。

标准是:"公田之法,十足其一;今又履其余亩,复十取一。"①

秦时,农民租种土地,须交"泰半之赋"②,而"一岁屯戍,一岁力役,三十倍于古;田租口赋,盐铁之利,二十倍于古"③,以致"男子力耕不足粮饷,女子纺绩不足衣服。竭天下之资财以奉其政,犹未足以澹其欲也"。④ 终于招致农民大起义,二世而亡。这说明赋税的轻重关系到国家的兴亡。历史的教训使后来的统治者注重轻徭薄赋以纾民困,以利民生,维持社会的稳定和国家的兴盛。

汉高帝时实行"什五税一"的"轻田租"政策;文帝时改为三十税一,还曾因自然灾害一度下令减免"田租之半";景帝以后三十税一遂成定制,出现了文景之治的盛世,通行两汉三百余年。

唐朝在均田制的基础上实行租庸调的税法,凡授田者,每丁每年向国家纳粟二石或稻三斛,为"租",亦即田赋。每年每丁劳役二十天,闰年加两天,如不服役,可用绢或布代替,一天折绢三尺,或布三尺七寸五分,为"庸",亦即百姓对国家应负的劳役。每年纳绢或绫二丈,加绵三两,不产绢之地交纳布二丈五尺和麻三斤,为"调",亦即国家对家庭手工业产品的征课,实为户口税。由此可见,每丁每年向国家缴纳的赋税是很低的,是和均田法相适应的,收到了纾民困、利民生的效果。随着均田制的破坏,租庸调法也难以实行,此后根据社会生产的实际状况以及国家的需要,赋税制度不断进行改革,如唐后期的两税法,宋神宗时的青苗法、方田均税法,明神宗时的"一条鞭法"。

清康熙帝即位后,为巩固国家统治,自元年至四十四年(1662—1705)蠲免钱粮九千余万两。特别是康熙五十一年(1712)宣布全国的赋税额以康熙五十年为准,"有名人丁,永为定数,嗣后所生人丁,免其

---

① 《十三经注疏·春秋左传正义·昭公二十三年至三十二年》。
② 《汉书·食货志》(上)。
③ 《汉书·食货志》(上)。
④ 《汉书·食货志》(上)。

加增钱粮"①,即"盛世滋丁,永不加赋"。这既表现了康熙朝经济的发达与财富的大量积累,同时也是一项最切实的利民之举,刺激了人口的增长和农业的丰稔。雍正朝,在"圣世滋丁,永不加赋"的基础上,实行摊丁入地,废除了行之已久的人丁税,进一步增加了农民的实际收入,成为康雍乾盛世的标志之一。

以上可见,赋税立法也是中国古代法律体系中的重要内容,它是因时而变的,一般的规律是新王朝建立伊始,为了稳定统治基础,实行与民休息的政策,轻徭薄赋便是此项政策的核心内容。由此成为一个王朝复兴的原因之一。及至王朝后期多因政治腐败、官吏贪污,加重了百姓的赋税负担,使民不堪命。明末之所以爆发全国性的农民大起义,原因之一就在于已经极为繁重的苛捐杂税之外,更加三饷加派,使民不聊生,终于激起民变。历史的经验证明,轻徭薄赋可以纾解民困,有利民生,使社会安定,民富国强;反之,横征暴敛,使民不堪,往往是一个王朝衰亡的重要诱因。

三、富则教之,明刑弼教

历代政治家、思想家不仅从历史的镜鉴中总结了重民、富民对于国家强盛的重要性,更重视教民,特别是在民衣食足之后,强调富而教之。孔子在回答冉有"既富矣,又何加焉"的提问时,明确回答说:"教之。"②在孔子看来,民众在解决衣食温饱之后,迫切需要的是进行教化,使之明礼义、重廉耻、远罪恶、知是非、近善良、敦乡里、识大体、爱国家,能够自觉地进行内省,约束自己的行为,符合礼义廉耻的圣训和法律的规范,从而有利于奠定国家富强的社会基础。反之,富而不教,以致为富不仁、巧取豪夺、讹诈取财,是足以败坏风俗、紊乱社会秩序,虽

---

① 《清圣祖仁皇帝实录》卷249,康熙五十一年二月二十九日。
② 《论语·子路》。

富但无助于国家富强,反而成为社会的消极因素。管子说:"仓廪实而知礼节,衣食足而知荣辱。"①但知礼节、知荣辱不是简单由富裕生活中自然生成的,还需要"教"。富民、教民是"民为邦本"这个链条上的两个重要环节。

历代对于富而教之的论述可谓多矣。《尚书·舜典》提出对民的"敬敷五教"②之说,据孔颖达疏:五教即为父义、母慈、兄友、弟恭、子孝。《尚书·武成》在歌颂周武王的功绩时,也有"重民五教,惟食丧祭"③之语。主张"善政"的孟子认为"善政"与"善教"不可分,"善教"有助于得民心,成为弘扬"善政"的重要手段,他说:"仁言不如仁声之入人深也,善政不如善教之得民也。善政,民畏之;善教,民爱之。善政得民财,善教得民心。"④他同时主张:"教之不改而后诛之。"⑤荀子也说:"不教而诛,则刑繁而邪不胜。"⑥东汉王符提出:"人君之治,莫大于道,莫盛于德,莫美于教,莫神于化。"⑦他还说:"明王之养民也,忧之劳之,教之诲之,慎微防萌,以断其邪。"⑧他总结说:"是故上圣不务治民事而务治民心。"⑨晚清主张改良政体的思想家也以开民智为首要任务,以构建改良政治的群众性基础,康有为说:"民智愈开者,则其国势愈强。"⑩严复说:"贫民无富国,弱民无强国,乱民无治国。"⑪

中国古代的法典蕴含着重德礼、慎刑罚;遵伦常、讲忠孝;重诚信、远诈伪;重和谐、求和睦的民族精神。由此,思想家提出"明刑"可以

---

① 《管子·牧民》。
② 《十三经注疏·尚书正义·舜典》。
③ 《十三经注疏·尚书正义·武成》。
④ 《孟子·尽心上》。
⑤ 《孟子·万章下》。
⑥ 《荀子·富国》。
⑦ 《潜夫论·德化》。
⑧ 《潜夫论·浮侈》。
⑨ 《潜夫论·德化》。
⑩ 《日本变政考》。
⑪ 严复:《原强》,《直报》(天津)1895年3月。另载严复著,徐锡麟校:《严侯官文集·原强》,作新译书局,光绪二十九年版,第51—52页。

"弼教",也就是通过彰显法律的内容,使民了解它所蕴含的必须遵守的强制性规范,从而表明法律非以刑人为目的,而以使民远恶迁善为目的,达到明刑弼教、以刑辅教的目的。这就是为什么周初伟大的政治家、思想家周公旦强调以礼乐主宰刑罚、使刑罚得中的重要原因。法家主张"以法为教""以吏为师"①,所以提出"法莫如显"②,其目的也在于使民知法,既可以远离犯罪,又可以借法保护其自身的权益。商鞅说:"天下之吏民无不知法者。吏明知民知法令也,故吏不敢以非法遇民,民不敢犯法以干法官也。"③韩非子说:"一民之轨,莫如法。厉官威民,退淫殆,止诈伪,莫如刑。"④正是由于法具有止恶劝善的功能,并非一味以刑人为目的,因此守法者如沐春风,违法者如履薄冰。

汉儒传承了以礼乐主宰刑罚的传统,形成了德主刑辅的指导原则,贾谊说:"礼者禁于将然之前,而法者禁于已然之后。"⑤董仲舒还借助阴阳五行之说,大肆鼓吹"大德小刑",以德化民、教民,使民不敢为非、不触法禁。

至唐代,唐高祖李渊在制定《武德律》时指出了法律的作用就在于"禁暴惩奸,弘风阐化,安民立政,莫此为先"⑥。特别是唐代最具代表性的法典《唐律疏议》开宗明义便宣布"德礼为政教之本,刑罚为政教之用,犹昏晓阳秋相须而成者也"⑦。阐明了教化为先,刑焉其后,明刑弼教的真谛。著名的文学大家韩愈也表达了类似的观点,他说:"德礼为先而辅以政刑。"⑧宋理学家朱熹对此作了进一步的阐发,他说:"政刑能使民远罪而已,德礼之效,则有以使民日迁善而不自知。"⑨他还

---

① 《韩非子·五蠹》。
② 《韩非子·难三》。
③ 《商君书·定分》。
④ 《韩非子·有度》。
⑤ 《汉书·贾谊传》。
⑥ 《旧唐书·刑法志》。
⑦ 《唐律疏议·名例》。
⑧ 《韩愈集·外集·潮州请置乡校牒》。
⑨ 《四书章句集注·论语集注·为政》。

说:"'为政以德',不是欲以德去为政,亦不是块然全无所作为,但德修于己而人自感化。"①清人评价唐律"一准乎礼,以礼为出入,得古今之平"②,表达了后人对于传统法律所具有的教化功能的理解。

明初,太祖朱元璋力矫元末法纪败坏、人不畏法,肆意为恶的积弊,以严刑治国。他手订的《大诰》收集了严刑惩治犯罪的案例,意在教民"趋吉避凶"之道。自洪武三十年(1380)《大明律》成,他昭告天下:"明礼以导民,定律以绳顽。"③"明礼以导民"旨在使民遵守礼的规范,按礼行事,提高内省的自觉,融入"弘风阐化"纲常名教的主流。"定律以绳顽"旨在于运用法律打击奸顽,惩治犯罪,以维护社会的安定与国家的纲纪。明太祖还有意识地对某些案件屈法伸情,借以表达明刑弼教之意。例一,"民父以诬逮,其子诉于刑部,法司坐以越诉,太祖曰:'子诉父枉,出于至情,不可罪。'"例二,"有子犯法,父贿求免者,御史欲并论父。太祖曰:'子论死,父救之,情也,但论其子,赦其父。'"④例三,"山阳民,父得罪当杖,子请代。上曰:'朕为孝子屈法。'"⑤

从明德慎罚到德主刑辅,德礼为本,刑罚为用,再到明礼导民,定律绳顽,是贯穿中国古代两千余年的一个传统。它产生于以人为本的基础之上,是人本主义的具体体现。凡是认真贯彻实施者则国兴,慢而废弃者则国亡。这是一条历史规律。"以德化民"的"化"与"明刑弼教"的"教"二者具有相通性,目的都在于"导民向善",使民远离犯罪。由此形成了德法互补、互用的法律结构和二元的社会控制手段,这在世界司法制度史上是少有的。

---

① 《朱子语类·论语五·为政篇上》。
② 《四库全书总目提要·唐律疏义解》。
③ 《大明律·序》。
④ 《明史·刑法志》(一)。
⑤ 《明史纪事本末·开国规模》。

四、以德化民、以法治国

在中国古文献中，关于德的概念与解释可谓多矣。根据《说文·心部》："悳，外得于人，内得于己也。从直，从心。"意为把心思摆放正直为德。《左传·成公十六年》记载："德，谓人之性行。"孔颖达疏"民生厚而德正"。《史记·乐书》也有类似解释："德者，性之端也。"对此，《淮南子》进而阐明："得其天性谓之德。"①除从人性解释"德"外，古文献中更多的是从德政的角度对"德"加以诠释。《左传·襄公七年》说："恤民为德。"《管子·正》说："爱民无私曰德。"孔子更以智、仁、圣、义、中、和为"六德"②《礼记》中还以"善教"③、"孝悌"④为德。由此可见，所谓以德化民就在于唤起民的内在的正直的天性，使之趋向于孝悌和孔子说所的六德。

三国时，魏国博士马照说三皇五帝时已经施行以德化民："'太上立德'，谓三皇五帝之世以德化民。"⑤

西汉孝文帝以勤俭持国，力戒奢靡之风，广施善教、善政，史书称赞他："专务以德化民，是以海内殷富，兴于礼义。"⑥

唐朝更以国家律典的形式，把德礼刑罚说成是本用关系。还借用自然现象的"昏晓阳秋"比喻此种关系的密切联系和永恒。

元朝徽州路达鲁花赤合剌不花以孝悌施政，《新元史》称他为以德化民的循吏："合剌不花廉平自持，专务以德化民。"⑦

明世宗嘉靖五年（1526）三月，他在奉天殿测试天下贡士，曾在制

---

① 《淮南子·齐俗训》。
② 《论语·为政》。
③ 《礼记·内则》。
④ 《礼记·礼运》。
⑤ 《三国志·魏书·高贵乡公髦》。
⑥ 《史记·孝文本纪》。
⑦ 《新元史·循吏传·合剌不花》。

诰中提到"英君谊辟,固有专务以德化民而致刑措之效力"①,意为以德化民可以收到刑措的效果。

清朝顺康两朝皇帝均在上谕中表达了以德化民之意。顺治十二年(1655)九月戊辰日,诏曰:"帝王以德化民,以刑辅治。苟律例轻重失宜,官吏舞文出入,政平讼理,其道曷由。朕览谳狱本章,引用每多未惬。其以现行律例缮呈,朕将亲览更定之。"②

康熙二十年(1681)正月戊寅日,谕三法司:"帝王以德化民,以刑弼教,莫不敬慎庶狱,刑期无刑。故谳决之司,所关最重,必听断明允,拟议持平,乃能使民无冤抑,可几刑措之风。近览法司章奏,议决重犯甚多。愚民无知,身陷法网,或由教化未孚,或为饥寒所迫,以致习俗日偷,恬不畏法。每念及此,深为悯恻……"③

由于古代中国是政治经济文化发展不平衡的统一多民族的大国,因此流行于各地区的风俗多不相同。其中既有良善的风俗,也有带有荒诞、落后、愚昧的风俗,所谓"百里不同风"。由于各地的风俗不是一朝一夕形成的,因此,历代在以德化民的同时,还注意以德化俗,使妄诞之俗归于理性、邪恶之俗归于良善,务使不义不肖之徒明礼义、知廉耻,使四海同风、同归德化。如同宋人苏辙所说:"帝王之治,必先正风俗。风俗既正,中人以下皆自勉为为善;风俗一败,中人以上皆自弃而为恶。邪正盛衰之源,未必不始于此。"④

但是,开明的思想家、政治家在肯定以德化民的同时,也指出它在治国理政、禁暴惩奸方面的不足。明末清初思想家王夫之在《读通鉴论》中从总结历史经验的角度对于纯任德化不足以致治进行阐述,他说:"以德化民至矣哉!化者,天事也,天自有其理气,行乎其不容已,物自顺乎其则而不知。圣人之德,非以取则于天也,自修其不容已,而

---

① 《明世宗实录》卷62。
② 《清史稿·世祖本纪》。
③ 《清圣祖实录》卷94,康熙二十年正月辛巳。
④ 《续资治通鉴·宋纪七十九》。

人见为德。人亦非能取则于圣人也，各以其才之大小纯驳，行乎其不容已，而已化矣。故至矣、尚矣，绝乎人而天矣。谓其以德化者，人推本而为之言也；非圣人以之，如以薪炀火，以勺□水，执此而取彼之谓也。夫以德而求化民，则不如以政而治民矣。政者，所以治也。立政之志，本期乎治，以是而治之，持券取偿而得其固然也，则犹诚也。持德而以之化民，则以化民故而饰德，其德伪矣。挟一言一行之循乎道，而取偿于民，顽者侮之，黠者亦饰伪以应之，上下相率以伪，君子之所甚贱，乱败之及，一发而不可收也。"①

清乾隆帝也从施政的经验中认同了王夫之的观点，他在二十二年冬十月壬申谕内外问刑衙门官员："夫驭民之道，不贵刑治而贵以德化。吾君臣不能以德化民，是可愧也。然德所不能化，非刑其何以治之？若徒博宽厚之美名，因循姑息，致奸匪毫无惩儆，谳狱日益繁多，岂所论于刑期无刑之道哉？将此通行传谕内外问刑衙门知之。"②

可见，以德化民虽使人心向善，纳于正道的规范，但还不足以安民立政、禁暴止邪，推动国家机器正常运转，而必须辅之以政刑法度。管子早在公元前6世纪便提出了以法治国的主张，而且他对以法治国的效果表示了很大的信心，他说："治国使众莫如法，禁淫止暴莫如刑。"③他还说："威不两措，政不二门。以法治国，则举措而已。"④此论对后世影响深远，历代统治者都奉行"法为治国之具"的主张。这不是偶然的，因为法是国家机关组织与活动的依据；是确认尊卑贵贱等级秩序的规范；是维持社会生产，以利民生，以敷国用的手段；是打击犯罪，惩治奸邪，维持社会与国家安定的重要力量；还是保持国家纲纪，宣示教化的一种形式。所以论者咸谓"国不可一日无法"。无论是统一中国的汉族皇帝，还是入主中国的少数民族的领袖，为了确立稳定的国家统

---

① 《读通鉴论·隋文帝》（一〇）。
② 《清高宗实录》卷548，乾隆二十二年十月壬申。
③ 《管子·明法解》。
④ 《管子·明法》。

治,都积极进行立法建制。西周初期,政治环境仍然十分凶险,周公摄政后,"一年救乱,二年克殷,三年践奄,四年建侯卫,五年营成周,六年制礼作乐,七年致政"。① 在致政成王中,也包括制定的《九刑》,即周初大法。如同鲁季文子所记述的那样,"毁则为贼,掩贼为藏,窃贿为盗,盗器为奸。主藏之名,赖奸之用,为大凶德,有常无赦! 在《九刑》不忘"。②

先秦时期,在立法上已经提出了对后世极有影响的原则,尽管这些原则还处于初期的不成熟、不稳定的阶段。其一,立法以时,韩非说:"法与时转则治"③。其二,立法以势,所谓"刑新国用轻典,刑平国用中典,刑乱国用重典"④。其三,立法以族、以俗,《尚书·酒诰》说:周人"群饮,汝勿佚,尽执拘以归于周,予其杀",商人群饮,"勿庸杀之,姑惟教之"。对于因俗立法,商鞅有一段精彩的论述,他说:"圣人之为国也,观俗立法则治,察国事本则宜。不观时俗,不察国本,则其法立而民乱,事剧而功寡。"⑤其四,立法要在明分、去私,商鞅说:"立法明分,而不以私害法则治。"⑥慎到进一步论证了立法行私之害,他说:"法之功,莫大于使私不行……今立法而行私,是私与法争,其乱甚于无法。"⑦韩非对于慎到的理论做了进一步的阐发,他说:法律的作用就在于"平不夷,矫不直"⑧,所以"夫立法令者,以废私也。法令行而私道废矣。私者,所以乱法也"⑨。

正是由于法律具有治国的功能,历代皇帝都亲掌国家立法。史载

---

① 《尚书·大传》。
② 《左传·文公十八年》。
③ 《韩非子·心度》。
④ 《周礼·秋官·大司寇》。
⑤ 《商君书·算地》。
⑥ 《商君书·修权》。
⑦ 《慎子·逸文》。
⑧ 《韩非子·外储说右下》。
⑨ 《韩非子·诡使》。

北魏孝文帝鉴于"律令不具,奸吏用法,致有轻重",①不仅多次修律,而且亲自执笔定拟:"孝文用夏变俗,其于律令,至躬自下笔,凡有疑义,亲临决之,后世称焉。"②

1644 年清朝入关以后,尽管面对兵戈未息,民族矛盾十分尖锐的环境,但也以《大明律》为蓝本,于顺治四年(1647)颁布《大清律集解附例》,以示新朝有法。

除立法外,司法也是一代法制的基本内容。由于司法是国家的重要活动,不仅关系到当事人的生命财产,更会影响到社会的稳定与国家的巩固。因此,自中华民族立国之日始,统治者便十分重视司法的公平、公正。《诗经·召南·甘棠》记载了召公经常到群众中剖决争讼,无论侯伯庶民,一体公断。由于他断案时坐在甘棠树下,所以百姓怀念他,作《甘棠》之诗:"蔽芾甘棠,勿翦勿伐,召伯所茇。蔽芾甘棠,勿翦勿败,召伯所憩。蔽芾甘棠,勿翦勿拜,召伯所说。"周公还公开称赞苏公能够施用"中罚"公平司法,见《尚书·康诰》。

由于"法者,天下之程式也,万事之仪表也"③,因此以法约束权力,公平司法,"君臣上下贵贱皆从法",才称得上是"大治"。④ 商鞅在秦国变法时以斩钉截铁的语气宣布:"言不中法者,不听也;行不中法者,不高也;事不中法者,不为也。"⑤韩非更以明白的语言表达了援法断罪的司法公平主张,他说:"法不阿贵,绳不绕曲,法之所加,智者弗能辞,勇者弗敢争,刑过不避大夫,赏善不遗匹夫。"⑥在史书中公平司法的君臣都名标青史。如汉文帝时期,张释之处理"犯跸案"时强调"法者天子所与天下公共也。今法如此而更重之,是法不信于民也。且方其时,上使立诛之则已。今既下廷尉,廷尉,天下之平也,一倾而天下用法皆

---

① 《魏书·刑罚志》。
② 程树德:《九朝律考·后魏律考序》,中华书局 2003 年版,第 333 页。
③ 《管子·明法解》。
④ 《管子·任法》。
⑤ 《商君书·君臣》。
⑥ 《韩非子·有度》。

为轻重,民安所措其手足? 唯陛下察之"①。张释之义正词严地谏诤,使文帝折服,表示"廷尉当是也"。

从晋朝起,援法断罪不仅法律化而且强调司法官的责任。著名的《唐律疏议》规定:"诸断罪皆须具引律令格式正文,违者笞三十。"②直到今天,秉公司法的清官形象仍然受到民众的爱戴,仍然活跃在戏曲舞台上。韩非所说"国无常强,无常弱。奉法者强则国强,奉法者弱则国弱"。③ 既是他对于他所处时代的国家发展大势的敏锐观察,也是贯穿于古今社会的一项法制经验。

除司法重公平外,对于鳏寡孤独、老幼妇残、笃疾废疾者,实行恤刑的原则;对于死刑待决犯,实行复审制度,都表现了司法中的重视人命的人本主义和刑罚中的人道主义。至于汉以来对调解息讼的重视,也表现了重民、爱民的法律意识。

需要指出,在法家提倡以法治国的主张中也包含了以法治民的内容。在这一点上与孔子所说的"安上治民,莫善于礼"④不同,着眼于更直接、更有效地强制规范人们的行为或给予违法犯罪者以制裁,以利于社会秩序的稳定和国家的安宁。管子说:"法律政令者,吏民规矩绳墨也"⑤,"和民一众,不知法不可"。为了以法治民,法家强调首先须使民知法。商鞅变法时,做到了"妇人婴儿皆言商君之法"⑥,"故天下之吏民,无不知法者"。⑦

韩非子传承早期法家的法治思想,并且设计了他理想中的法治国:"境内之民,其言谈者必轨于法,动作者归之于功,为勇者尽之于军。

① 《史记·张释之冯唐列传》。
② 《唐律疏议·断狱》,"断罪不具引律令格式"条。
③ 《韩非子·有度》。
④ 《孝经·广要道》。
⑤ 《管子·七主七臣》。
⑥ 《战国策·秦策一》。
⑦ 《商君书·定分》。

是故无事则国富，有事则兵强……"①

以上可见，以德化民与以法治国是互相连接、互补互用的，是国家治理不可忽视的二柄。法与德的结合减少了法律的滥用，缓和了法条严酷的外貌，便于民众接受；以德化民使民远恶迁善，遏制了犯罪的动机，有利于避免狱讼繁兴、法残刑暴的讼累；德法互补互用，使道德法律化，遵守法律的义务和遵守道德规范的义务相一致，既止恶，而又劝善，使"明刑弼教"的"教"落到了实处。同时，德法互补又使法律道德化，使法律具有稳定性和权威性。自周初提出"明德慎罚"直到清亡，历时两千余年，一直在法制建设中实行"德主刑辅"的指导原则绝非偶然。今天在强调依法治国的同时，又提出以德治国，是有着充分的史鉴作为依据的，同时也是现实的统治经验的升华。

总括上述，"民为邦本，本固邦宁"是中国古代治理国家的重心所在，也是治国理政最重要的历史经验总结。为了巩固国本，历代实行了一系列的重民、爱民、养民、富民、教民、使民等政策措施。尽管世易时移，但其中仍有超越时空的合理因素。这是中华民族的古圣先贤历经岁月，艰难缔造的，是遗留给其子孙的丰厚的遗产。在建设社会主义法治中国的今天，非常需要优秀的中华传统法文化的支持，尤需借鉴国家治理方面经过历史锤炼的宝贵经验，珍视中华民族古圣先贤给我们的赐予。

---

①　《韩非子·五蠹》。

第三讲　治法与治吏

治法与治吏,两者的统一是中国古代治国的方略。治法是指制定善法,以适应控制社会、管理国家、打击犯罪、安抚百姓的需要。治吏是指选拔和培养良吏执行国家法律,以发挥法律内涵的价值与功能。古人说得好:"吏不良则有法而莫守。"至于官吏,马克思曾说:"政府当局的存在正是通过它的官员、军队、行政机关、法官表现出来的。"①说明官吏是推动国家机器运转的必要条件。因此随着中国古代国家的形成,治法与治吏便都应运而生,并在不断总结经验的基础上制度化、法律化,并上升为理论。

---

① 《马克思恩格斯全集》第6卷,人民出版社2006年版,第320页。

《周礼·天官冢宰》说:"大宰之职,掌建邦之六典,以佐王治邦国:一曰治典,以经邦国,以治官府,以纪万民;二曰教典,以安邦国,以教官府,以扰万民;三曰礼典,以和邦国,以统百官,以谐万民;四曰政典,以平邦国,以正百官,以均万民;五曰刑典,以诘邦国,以刑百官,以纠万民;六曰事典,以富邦国,以任百官,以生万民。"《周礼》虽然成书晚于西周,但所记载者当有史迹可寻。

另据《尚书·舜典》,为使百官"纳于百揆,不致废弃"事业,故而实行官吏"三载考绩"之制,以"黜陟幽明"。按孔颖达疏,即"退其幽者,升进其明者"。三载考绩之法显系后人的假托,但由此却可以看出有官必有课,即治人的历史端倪。

至春秋战国时期,治法与治人之说论者蜂起,尤其集中于二者的相互关系,这不是偶然的。春秋战国是社会转型的大变动时期,这个变动是由于铁制生产工具的广泛应用,社会生产力迅速提高所引起的。新开垦出的土地,归开垦者所有,以致私田的数量不断增多,而且经营远较公田出色。在这个过程中土地国有制逐渐瓦解、地方经济迅速发展。与此相适应的诸侯国势力不断扩大。周初"诸侯并列,王室独尊"的局面,和"王臣公、公臣大夫、大夫臣士"的等级制度遭到彻底破坏,礼乐征伐不再自天子出,而自诸侯出、自卿大夫出。列国之间展开了以扩张领土、掠夺财富为目的的无休止的兼并战争。过去调整等级秩序的"礼",也在赤裸裸的权力之争中丧失了约束力。为适应社会的转型,法律也发生了重大变革,法律成为新兴地主阶级进行社会改革的根据,又是巩固改革成果、维护新兴地主阶级权力的手段。特别是以法律明赏罚、辨是非,成为获取兼并战争胜利的重要因素。不仅使夏商以来的神权法思想受到进一步冲击,即使是周初确立的"刑不上大夫、礼不下庶人"的立法原则也失去了权威。总的趋势是礼治思想衰微,法治思想兴起,法家学说成为显学,各国成文法不断制定和公布。在这样的历史背景下,具有新的时代烙印的法治思想兴起,制定善法良法的治法言论和行动充斥于列国之中。

此外,由于官僚制度取代了世卿制度,因此治人即治吏也成为思想家视野中的重要对象。治法与治人之间的相互关系,何者为本,何者为用,如何发挥二者相辅相成的作用,也成为历代思想家们关注与论辩的焦点,构成了诸说并存,法律思想绚丽多彩的景象。其理论的导向与价值的判断,对后世有着深远的影响,其学说的先导性及其在实践中所产生的作用具有跨越时空的价值,对于完善当前的社会主义法制建设也有借鉴之处。

一、治法为本

进入春秋战国以后在社会的大转型与兼并战争的激烈进行中,为了确认正在形成中的新的生产关系和社会结构,调整由于宗法等级制度的松弛而形成的政治体制,巩固新势力已经获取但尚不巩固的权力,由此而凸显了与社会大转型相适应的变革中的法律的作用。思想家们尤其是法家对此进行了充分的论证。慎子说:"治国无法则乱。"① 商鞅说"国皆有法"②,"言不中法者,不听也;行不中法者,不高也;事不中法者,不为也"③。韩非还描述了他理想的"法治国"中的图景:"无书简之文,以法为教;无生王之语,以吏为师;无私剑之捍,以斩首为勇。是境内之民,其言谈者必轨于法,动作者归之于功,为勇者尽之于军,是故无事则国富,有事则兵强……"④他还以简明的语言阐明了执法的状况对于国家兴衰的重要影响,说:"国无常强,无常弱,奉法者强则国强,奉法者弱则国弱。"⑤墨家的墨子也说:"虽至士之为将相者,皆有法,虽至百工从事者,亦皆有法。"⑥

---

① 《慎子·逸文》。
② 《商君书·画策》。
③ 《商君书·君臣》。
④ 《韩非子·五蠹》。
⑤ 《韩非子·有度》。
⑥ 《墨子·法仪》。

特别需要提出的是荀子的治法观,荀子是战国时期儒家学派的主要代表。其学虽以儒家学说为主,但是战国末期社会形势的变迁,百家异说的文化环境使他形成了由儒兼法、介于儒法之间的新的儒学思想,成为继孔孟之后特色鲜明、影响深远的儒家学派的代表人物。他既隆礼又重法,把法与礼会通成为一体。他说:"明礼义以化之,起法正以治之,重刑罚以禁之。"①为后世引礼入法、礼法合流的封建法制的形成,提供了理论先导。荀子认为"治之经,礼与刑"②"故非礼,是无法也"。③ 但在礼法关系上主张以礼为本,"礼者,法之大分,类之纲纪也"。④ 而"法者,治之端也"。⑤ 礼与法在治国、理政、驭民、育人方面,各有其效用。"隆礼尊贤而王,重法爱民而霸。"⑥"隆礼至法则国有常。"⑦

历代思想家认为法律虽为国家制定,但亦有良法、善法与恶法之分。作为良法善法,其标志之一:立法应循变协时,与客观形势的发展相对应。

早在《尚书·吕刑》中便有"刑罚世轻世重"的记载。《周礼·秋官司寇》进一步提出根据不同形势制定和适用不同的法典。"一曰刑新国用轻典;二曰刑平国用中典;三曰刑乱国用重典。"主张变法改制的法家更强调法因时势而变的可变性。慎到说:"守法而不变则衰。"⑧商鞅说:"礼法以时而定,制令各顺其宜。"⑨他还说:"圣人之为国也,观俗立法则治,察国事本则宜。""不观时俗,不察国本,则其法立而民乱。"⑩

---

① 《荀子·君道》。
② 《荀子·成相》。
③ 《荀子·修身》。
④ 《荀子·劝学》。
⑤ 《荀子·君道》。
⑥ 《荀子·强国》。
⑦ 《荀子·君道》。
⑧ 《慎子·逸文》。
⑨ 《商君书·更法》。
⑩ 《商君书·算地》。

韩非在总结历史经验和传承前人观点的基础上作出总结性的概括,他说:"故治民无常,唯治为法。法与时转则治,治与世宜则有功……时移而治之不易者乱,能治众而禁不变者削。故圣人之治民也,法与时移,而禁与能变。"①"圣人不期修古,不法常可。"②法家的法与时转、因势而立法的观点,反映了进化的历史观和以经验为基础的实证精神。因其所立之法符合社会国家的发展需要,可以称之为良法。但根据特定的时空而立之法不是一成不变的。法从实际需要而制定,又根据实际的变动而删修,这就是所谓循变协时的法律发展的轨迹。

上述法家的观点对后世影响深远。例如,汉时人韦贤说:"明主之御世也,遭时为法,因事制宜。"③唐人马总说:"不必法古,苟周于事;不必循常,法度制令各因其宜。"④宋人曾巩说:"因其所遇之时,所遭之世,而为当世之法。"⑤叶适说:"因时施智,观世立法。"⑥明人张居正说"法无古今,惟其时之所宜与民之所安耳","法制无常,近民为要;古今异势,便俗为宜。"⑦清康熙帝说:"自古帝王治天下之道,因革损益,期于尽善,原无数百年不敝之法。"⑧至清朝末期国势衰微、民族危机日渐深重,变法之声日益尘上,论者多援法家旧说。如龚自珍说:"自古及今,法无不改,势无不积,事例无不变迁,风气无不移易。"⑨魏源说:"天下无数百年不弊之法,无穷极不变之法。"⑩冯桂芬说:"法苟不善,虽古先吾斥之;法苟善,虽弈貊吾师之。"⑪康有为说:"圣人之为治法也,随

---

① 《韩非子·心度》。
② 《韩非子·五蠹》。
③ 《汉书·韦贤传》。
④ (唐)马总:《意林·淮南子》。
⑤ (宋)曾巩:《〈战国策〉目录序》。
⑥ (宋)叶适:《民事》。
⑦ (明)张居正:《辛未会试程表》。
⑧ (清)爱新觉罗·玄烨:《清圣祖圣教·圣治》。
⑨ (清)龚自珍:《上大学士书》。
⑩ (清)魏源:《筹鹾篇》。
⑪ (清)冯桂芬:《校邠庐抗议》。

时而变义,时移而法亦移。"①梁启超说:"法者,天下之公器也;变者,天下之公理也。"②

需要指出法家虽然主张"法与时转"的可变性,但与此同时也认为法律制定之后应保持相对的稳定性,反对数变。韩非子指出:"法莫如一而固,使民知之。"③"治大国而数变法,则民苦之。"④他甚至尖锐地指出:"法禁易变,号令数下者,可亡也。"⑤后世持此论者亦颇多,如唐人吴兢说:"法令不可数变,数变则烦。"⑥宋人欧阳修说:"言多变则不信,令频改则难从。"⑦

其标志之二:立法为公,一断于法。

代表新兴地主阶级利益的法家,为了在大变动大转型的历史关头打破垄断国家权力的世卿制度,争取合法的政治地位,反对儒家"刑不上大夫,礼不下庶人"的特权法律观,强调立法为公,一断于法。为了说明法律的公平公正,管子借助度量衡器以相比拟,他说:"尺寸也,绳墨也,规矩也,衡石也;斗斛也,角量也,谓之法。"⑧又说:"法律政令者,吏民规矩绳墨也"⑨,"君臣上下贵贱皆从法","不为君欲变其令,令尊于君"⑩。《管子》一书,是战国中期齐国法家托名管仲而成的,但其中的主要思想无疑和管仲有着渊源关系。早期法家慎到也说:"有权衡者,不可欺以轻重。有尺寸者,不可差以长短。有法度者,不可巧以诈伪",又说:"法者,所以齐天下之动,至公大定之制也"⑪,"官不私亲,

---

① (清)康有为:《日本书月志序》。
② 梁启超:《变法通议·论不变法之害》。
③ 《韩非子·五蠹》。
④ 《韩非子·解老》。
⑤ 《韩非子·亡征》。
⑥ 吴兢:《贞观政要》。
⑦ (宋)欧阳修:《准诏言事上书》。
⑧ 《管子·七法》。
⑨ 《管子·七主七臣》。
⑩ 《管子·任法》。
⑪ 《慎子·逸文》。

法不遗爱,上下无事,唯法所在"①。商鞅更以明确的语言宣布:"法者,国之权衡也"②,"刑无等级,自卿相将军以至大夫庶人,有不从王令、犯国禁、乱上制者,罪死不赦"③。

商鞅和慎到还论证了不得以私害法,否则将贻害无穷。商鞅说:"立法明分,而不以私害法则治。"④慎到说:"法之功莫大使私不行","有法而行私,谓之不法","今立法而行私,是私与法争,其乱甚于无法……法立则私议不行……事断于法,是国之大道也。"⑤

立法为公还表现为不分等级一体依功过行赏罚,韩非说:"刑过不避大夫,赏善不遗匹夫",只有以功行赏论罚,才能做到"法之所加,智者弗能辞,勇者弗敢争"⑥。无论赏与罚都要依法进行,韩非还说:"赏存乎慎法,而罚加乎奸令者也。"⑦又说:"法不阿贵,绳不尧曲,……刑过不避大臣,赏善不遗匹夫。"⑧商鞅变法时凡"僇(努)力本业,耕织致粟帛多者复其身;事末利及怠而贫者,举以为收孥"⑨,"宗室非有军功论,不得为属籍"⑩。他特别强调赏信罚必,说:"民信其赏,则事功成;信其刑,则奸无端。"⑪史书说:"商君治秦,法令至行,公平无私,罚不讳强大,赏不私亲近,法及太子,黥劓其傅(指公子虔等)。"⑫

由于立法为公,因而获得民众的支持,具有极大的权威性。商鞅还宣布法令颁布之后"损益一字以上,罪死不赦"⑬。

---

① 《慎子·君臣》。
② 《商君书·修权》。
③ 《商君书·壹刑》。
④ 《商君书·修权》。
⑤ 《慎子·逸文》。
⑥ 《韩非子·有度》。
⑦ 《韩非子·定法》。
⑧ 《韩非子·有度》。
⑨ 《史记·商君列传》。
⑩ 《史记·商君列传》。
⑪ 《商君书·修权》。
⑫ 《战国策·秦第一》。
⑬ 《商君书·定分》。

其标志之三：法布于众，使民知之。

春秋战国以前为便于贵族们垄断法律知识，临事议政，任意恣行，故法律不向社会公布，处于秘密状态。春秋以来经过新兴地主阶级代言人的斗争，终于在一些国家打破了旧传统，公布了成文法。这个过程由郑、晋开其端，各国尾随其后。迄至法家活跃于政治舞台时，尚距革除旧传统相去不远，故而法家一再主张公开法律，布之于民。商鞅说："圣人为民法，必使之明白易知，愚智遍能知之。"①以至"妇人婴儿皆言商君之法"②。由于"万民皆知所避就"③，故"更不敢以非法遇民，民不敢犯法以干法官"④，"于是法大用，秦人治"⑤。

韩非也论证法律公开性的必要，他说："法者，编著之图籍，设之于官府，而布之于百姓者也……故法莫如显……是以明主言法，则境内卑贱莫不闻知也。"⑥此外他还提出公布于民的法律既要统一，也要保持相对的稳定，否则民无所适从。因此韩非又说："法莫如一而固，使民知之。"⑦"言无二贵，法不两适，故言行不轨于法令者必禁。"⑧他举韩国申不害"不一其宪令"所造成的弊端，作为史鉴："晋之法故未息，而韩之新法又生，先君之令未收，而后君之令又下。申不害不擅其法，不一其宪令，则奸多。"⑨

法家坚持公开法律布之于民，表现了他们对所制之法是否符合民意，具有充分的信心。如慎子所说："法非从天下，非从地出，发于人间，合乎人心而已。"⑩商鞅说："圣人为法，必使之明白易知"，"不观时

---

① 《商君书·定分》。
② 《战国策·秦策一》。
③ 《商君书·定分》。
④ 《商君书·定分》。
⑤ 《史记·秦本纪》。
⑥ 《韩非子·难三》。
⑦ 《韩非子·五蠹》。
⑧ 《韩非子·问辩》。
⑨ 《韩非子·定法》。
⑩ 《慎子·逸文》。

俗,不察国本,则其法立而民乱。"①

公开法律使民易知,后世的思想家与立法者多沿此绪,或论诸舆论、或据以立法。西汉《淮南子》说:"法生于义,义生于众适;众适合于人心,此治之要也。"②宋苏轼说:"以至祥之法晓天下,使天下明知其所避。"③

历代思想家与开明之士为使公布于民的法律简而易知,以便于遵守,都谆谆告诫立法者务要体恤此意。

唐贞观初年,太宗鉴于隋末法令滋彰、人难尽悉;因而以法条简约易知、保持稳定为立法原则,他命令长孙无忌、房玄龄等修律官,"斟酌今古,除烦去弊"④。因此所修订的《贞观律》确实是封建法典中较为简约宽平、明白易知的。史载贞观十一年(637)正月删去武德以来"敕三千余条,为七百条,以为格"⑤。

明初,还在吴元年十月,李善长等议拟律令时,朱元璋便指出:"法贵简当,使人易晓,若条绪繁多,或一事两端,可轻可重,吏得因缘为奸,非法意也。"⑥《明史·刑法志》说:"大抵明律视唐简覈。"《大明律》制定后,朱元璋唯"恐小民不能周知(大明律)命大理卿周祯等制定《律令直解》"作为官方的解律之作。

明末清初,王夫之从总结历史经验中得出结论:"法贵简而能禁,刑贵轻而必行。"⑦

春秋战国时期关于制善法以治国的法家学说对后世亦颇有影响。宋王安石说:"立善法于天下,则天下治;立善法于一国,则一国治。"⑧

① 《商君书·算地》。
② 《淮南子·主术训》。
③ (宋)苏轼:《御试重巽申命论》。
④ 《旧唐书·刑法志》。
⑤ 《新唐书·刑法志》。
⑥ 《明史·刑法志一》。
⑦ (清)王夫之:《读通鉴论》卷22。
⑧ (宋)王安石:《周公》。

宋杨时也说:"为政必立善法,俾可以垂久而传远。"①近人梁启超还认为:"立法善者,中人之性可以贤,中人之才可以智,不善者反是。"②

以上可见,古今的历史都雄辩地证明了,制定与社会发展相契合而又公平公正公开反映民众基本利益的法律称得上是良法、善法,这确实是关系到国家兴衰命运的大事。正因为如此,作为国家最高统治者的皇帝或亲自组织大臣立法,或亲自笔削立法初稿,以示慎重。例如:北魏孝文帝鉴于"律令不具,奸吏用法,致有轻重"③,不仅多次修律,而且亲自执笔定拟,史书说:"孝文用夏变俗,其于律令,至躬自下笔,凡有疑义,亲临决之,后世称焉。"④明朝《大明律》修订后,修律官刘惟谦在《进大明律表》中也说:"每一篇成,辄缮书上奏揭于西庑之壁,(太祖)亲御翰墨为之裁定。"由此,可以进一步说明治法为国之本。

二、治人为用

治人(吏)之说兴起于官僚制度形成之后。儒法二家各从不同的角度加以阐述,既有共同性也有差异性。但以法家之说对后世影响较大。

管子说:"吏者,民之所悬命也。"⑤"人主之设官置吏也,非徒尊其身,厚奉之而已也,使之奉主之法,行主之令,以治百姓而诛盗贼也。"⑥

韩非说:"吏者,民之本纲者也,故圣人治吏不治民。"⑦韩非此论对后世极有影响,后世所谓明主率皆先治吏而后通过吏再治民,成为一种

---

① 杨时:《河南程氏粹言·论政》。
② 梁启超:《论变法不知本原之害》。
③ 《魏书·刑罚志》。
④ 程树德:《九朝律考·后魏律考序》。
⑤ 《管子·明法解》。
⑥ 《管子·明法解》。
⑦ 《韩非子·外储说右下》。

范式。汉人荀悦说："在上者，能不止下为善，不纵下为恶，则国治矣。"①元人张养浩说："治民如治目，拔触之则益昏；治吏如治齿牙，剔漱之则益利。"②

需要指出，荀况对于吏的治国作用做出了充分的论证。他根据孔子所说"为政在人"③，"其人存，则其政举，其人亡，则其政息"④的立论，并以史为据说明即使有了良法，还得靠吏来掌握和贯彻，否则便成一纸具文。他说："羿之法非亡也，而羿不世中；禹之法犹存，而夏不世王。故法不能独立、类不能自行，得其人则存；失其人则亡，法者，治之端也；君子者，治之原也。故有君子，则法虽省，足以徧矣；无君子，则法虽具，失先后之施，不能应世之变，足以乱矣。"⑤

治人之法首重选吏，管子说："选贤论才而待之以法。"⑥韩非也说："明主之吏，宰相必起于州部，猛将必发于卒伍。"⑦荀况更详加论证尚贤使能的任官原则，他说："先王明礼义以壹之，致忠信以爱之，尚贤使能以次之，爵服庆赏以重申之。"⑧"无德不贵，无能不官，无功不赏"⑨，只有"论德而定次，量能而受官"，才能使人"各得其所宜"⑩。宋司马光在《资治通鉴》中总结说："政以得贤为本，治以去秽为务。"⑪

1975年湖北云梦出土的《睡虎地秦墓竹简》，记述了公元前4世纪左右所载的"为吏之道"其中说："审民能，以任吏"，而在《置吏律》《军爵律》《效律》等单行法规和《法律答问》中，也具体规定了官吏的荐举、

① 荀悦《申鉴·政体》。
② （元）张养浩：《牧民忠告·御下》。
③ 《礼记·中庸》。
④ 《礼记·中庸》。
⑤ 《荀子·君道》。
⑥ 《管子·君臣上》。
⑦ 《韩非子·显学》。
⑧ 《荀子·富国》。
⑨ 《荀子·王制》。
⑩ 《荀子·君道》。
⑪ 《资治通鉴》卷49。

任免、考核和惩奖。凡政绩优异者受赏,恶劣或在考核中不合格者,本人惩处,荐举人和上级官吏也要负连带罪责。

在"为吏之道"中还提出了一套封建官吏应遵循的行为规范:"凡为吏之道,必精洁正直,慎谨坚固,审悉毋私,微密籤(纤)察,安静毋苛,审当赏罚。"并将这些原则要求具体概括为"五善""五失"。

所谓"五善":"一曰中(忠)信敬上,二曰精(清)廉毋谤,三曰举事审当,四曰喜为善行,五曰龚(恭)敬多让。"所谓"五失";"一曰夸以迣,二曰贵以大,三曰擅裂(制)割,四曰犯上弗智(知)害,五曰贱士而贵货贝。"又说:"一曰见民桌(倨)敖(傲),二曰不安其丵(朝),三曰居官善取,四曰受令不偻,五曰安家室忘官府。"又说:"一曰不察所亲,不察所亲则怨数至;二曰不智(知)所使,不智(知)所使则以权衡求利;三曰兴事不当,兴事不当则伤指;四曰善言隋(惰)行,[善言惰行]则士母所比;五曰非上,[非上则]身及于死。"(方括号中的字是笔者据上下文意与句式加的)这里列举的所谓"失",远远超出了五点,只不过把它以五点为一组分组加以概括。"为吏之道"所列举的善与失,当然有其时代和阶级的标准。

秦始皇统一六国后,在全国范围内推行统一的任免官吏制度,不仅在当时有效地加强了国家的统治,而且对整个封建社会任官制度的发展,都产生了一定的影响。

如果说法有善法、恶法之分,吏也有良吏、恶吏之别。根据秦简"明法律令"为"良吏","不明法律令"为"恶吏"。吏如违法失职则以法制裁,商鞅说:"守法守职之吏有不行王法者,罪死不赦,刑及三族。"[1]荀况说:"百吏畏法循绳,然后国常不乱。"[2]韩非说:"人臣循令而从事,案法而治官。"[3]据《史记·秦始皇本纪》:"三十四年,适治狱吏,不直者,筑长城及南越地。"

---

[1] 《商君书·壹刑》。
[2] 《荀子·王霸》。
[3] 《韩非子·孤愤》。

根据法家提出的"法之不行,自上犯之"①的论点,后世无论执法与吏治首要责在大吏。宋杨万里说:"用法自大吏始,而后天下心服。"②明人吕坤说:"吏治无良,未有不自大吏始者。我洁已而后责人之廉,我爱民而后责人之薄,我秉公而后责人之私,我勤政而后责人之慢。"③清圣祖康熙帝也说:"大吏廉洁,小吏则自然效法。"④

综上可见,如果说治法为国之本,那么治吏就是为国之用,只有本用结合,法吏统一才能达到国治民安。

需要指出:治人与人治是两个不同的概念,不可以混淆。治人主要是通过各种途径、各种方式提高官的素质,使其能够正确适用法律,发挥法律的治世功能。而人治主要是指贤人政治,是官治,其最终归宿是君治,是将国家的治理寄托于少数圣君贤相身上。治人的目的是通过治吏达到吏治。而人治必然发展为君治,这是封建专制制度所决定的,其弊害也无穷。慎到说:"君人者,舍法而以身治,则诛赏夺予从君心出矣。然则受赏者虽当,望多无穷;受罚者虽当,望轻无已。君舍法而以心裁轻重,则是同功而殊赏,同罪而殊罚矣。怨之所由生也。"⑤韩非也说:"释法术而任心治,尧舜不能正一国;去规矩而妄意度,奚仲不能成一轮;废尺寸而差短长,王尔不能半中。使中主守法术,拙匠执规矩尺寸,则万不失矣。"⑥

三、治法与治人的统一

治法与治人的对象与内涵的价值虽有不同,但皆为治国之所需,不可偏废。仅有治法而无治人,无法实现法的功能与价值取向;仅有治人

① 《史记·商君列传》。
② 杨万里:《驭吏》上。
③ 吕坤:《明职》。
④ 《清实录·圣祖皇帝实录》。
⑤ 《慎子·逸文》。
⑥ 《韩非子·用人》。

而无治法则行事无据,必致淆乱政事。历代开明之君皆以治法与治人密切配合相辅相成为治国方略。以治法辅以治人论者可谓多矣,而以荀子最为著名。他在《君道》篇中非常清晰地论述了治人与治法的关系。他说:"有乱君,无乱国;有治人,无治法。……故法不能独立,类不能自行,得其人则存,失其人则亡。……不知法之义,而正法之数者,虽博,临事必乱。故明主急得其人,而暗主急得其埶。急得其人,则身佚而国治,功大而名美,上可以王,下可以霸;不急得其人,而忽得其埶,则身劳而国乱,功废而名辱,社稷必危。"荀子所说:"法不能独立,……得其人则存,失其人则亡。"实际已经为有治人无治法一语做了注释。

不仅如此,荀况在论及可以为"王"的四个条件时,列于首位的是法治,"其法治,其佐贤,其民愿,其俗美,四者齐"则可以"王"。① 他所强调的是隆礼重法,而不是隆礼废法。任何一个时代的国家在制定法律之后,都需要官吏执行,否则法律只是具文,无法走向生活。古今中外概莫能外。荀况只是强调了执法之吏的作用而发出的"有治人无治法",不能由此得出荀况只讲人治不讲法治的结论。宋人陈亮在《陈亮集》"人法"文中说得极为透彻:"法当以人而行,不当使法之自行。天下不可以无法也,法必待人而后行者也。然尝思之,法固不可无,而人亦不可少。闻以人行法矣,未闻使法之自行也。立法于此,而非人不行,此天下之正法也。"②明熊廷弼也以明确的语言说:"虽有其法,而苟无其人,与无法同。"③

明末清初黄宗羲从强调法的作用出发,提出有治法而后有治人,他说:"即论者谓有治人无治法,吾以谓有治法而后有治人。自非法之法桎梏天下人之手足,即有能治之人,终不胜其牵挽嫌疑之顾盼,有所设施,亦就其分之所得,安于苟简,而不能有度外之功名。使先王之法而在,莫不有法外之意存乎其间。其人是也,则可以无不行之意;其人非

---

① 《荀子·王霸》。
② 黄宗羲:《明夷待访录·原法》。
③ 《明经世文编》卷481。

也,亦不至深刻罗网,反害天下。故曰有治法而后有治人。"近人梁启超沿袭黄宗羲的观点,进而得出结论:"荀卿有治人无治法一言,误尽天下,遂使吾中华数千年,国为无法之国,民为无法之民。"①如前所述,荀况并非割裂法与人的内在联系,他关于"法"的论述多于"人"的论述,只是在如何发挥法的功能时强调了人的作用而已。认为荀况是纯粹的人治论者既扭曲了荀况的原意,也不符合中国法制历史的实际。后世思想家政治家在论及治法与治人关系时均持两者的统一论,从无单纯任法或单纯任人之说。唐代白居易说:"虽有贞观之法,苟无贞观之吏,欲其行善,不亦难乎?"②宋代王安石也说:"守天下之法者,莫如吏。"③明末清初,卓越的思想家王夫之在《读通鉴论》中提出:"任人任法,皆言治也。"④但是"任人而废法,是治道之蠹也"⑤,"非法何以齐之"⑥。任法而废人也是"治之弊也","未足以治天下"⑦。结论就是任人与任法相结合,"择人而授之以法,使之遵焉"⑧。晚清修律大臣沈家本说:"法之善者仍在有用法之人,苟非其人,徒法而已"⑨,"大抵用法者得其人,法即严厉,亦能施其仁于法之中;用法者失其人,法即宽平亦能逞其暴于法之外"⑩。

五四运动时期,共产主义者先驱李大钊,全面地、有现实针对性地阐述了法治与人治的统一关系,他说:"国之存也,存于法,……国而一日离于法,则丧厥权威。"⑪但"若惩人治之弊,而专任法律,与监法治之

---

① 《梁启超文集》卷20,"论立法权"。
② 《长庆集》卷48。
③ 《翰林学士除三司使》。
④ 《读通鉴论》卷3子。
⑤ 《读通鉴论》卷10。
⑥ 《读通鉴论》卷4。
⑦ 《读通鉴论》卷10。
⑧ 《读通鉴论》卷10。
⑨ 《寄簃文存·书明大诰后》。
⑩ 《历代刑法考·刑制总考·唐》。
⑪ 《民彝与政治》,《民彝》1916年5月15日创刊号。

弊,而纯恃英雄,厥失维均,未易轩轾。"①他一方面强调:"溯本穷源,以杀迷信人治之根性,……盖此性不除终难以运用立宪政体于美满之境"②;另一方面又阐明了"法律死物也,苟无人以持之,不能以自行",故"宜取自用其才而能适法之人"③。

治法与治人的统一结合,经过历史的检验,证明了它是一个成熟的治国方略。二者结合好的王朝多为盛世,如汉文景之治、唐贞观之治既有善法又有良吏,相得益彰,造就了少有的盛世。二者悖谬的王朝多为衰世,如秦任用酷吏恣意违法,隋末宪章遐弃,不以官人违法为意,结果不旋踵而亡,成为历史上著名的两个短命王朝。西方古代的哲人在治法与治吏的统一性上,与中国古代思想家有异曲同工之处。主张贤人政治的柏拉图也写有《法律篇》,要求统治者必须根据宗教教义和法律来进行统治。而主张"法治"的亚里士多德却也承认"如果既是贤良为政,那就不会乱法"④。可见治法与治人相统一的观点,反映了治国理政的一般性规律。

改革开放以来,我国社会主义法制建设取得了举世瞩目的进步,无法可依的时代早已成为历史的过去,但是从目前法制运行的实际看,治法颇有余,治人则不足,法虽为善法、良法,但吏却不尽如人意,以致未能充分发挥法律的价值与功能,某种程度上损害了法律的权威。中国古代治法与治吏相统一,二者并重,并使之有机配合相辅相成,不仅是一项成熟的治国理政的经验,而且也反映了中华民族的智慧,它是超越时空界限的,值得我们认真研究、体察。发挥历史的借鉴作用,是中华民族子孙应尽的天职。

---

① 《民彝与政治》,《民彝》1916 年 5 月 15 日创刊号。
② 《民彝与政治》,《民彝》1916 年 5 月 15 日创刊号。
③ 《民彝与政治》,《民彝》1916 年 5 月 15 日创刊号。
④ 亚里士多德:《政治学》,商务印书馆 1965 年版,第 119 页。

第四讲 固有民法论

　　百年前晚清修律官提出我国古代户婚田土、钱债之法为"固有民法"，坚持把符合国情的某些民事法规编入新的民律草案中，实在难能可贵。由于修律时间紧迫等原因，他们对固有民法的论述远不全面。实际从西周至唐代，古代民事法律观念明确民事立法不断发展，宋代以后民事立法更是不断充实，这证明我国古代固有民事法律具有诸多特点：第一，制定法的分散性与民事法律渊源的多样性，包括流行于各地的民事习惯、乡规民约、家法族规、礼俗等。各种民法渊源在协调国、家、个人三者的利益关系中，各展所长，共同为用，弥补了民事制定法的缺失。第二，契约关系体现平等、自由、依法的原则。第三，婚姻继承受宗法支配。第四，民事案件有特定的诉讼程序，既简便，灵活，又严明州县官的司法责任，又赋予其审判上的权变。可见，外国学者所云"中国古代只有刑法，没有民法"的旧说，是违背历史事实的。中国古代法制文明发达很早，其形成过程有特殊的路径和本土化渊源，不可盲目仿效西方法律的发展模式。

一、晚清修律大臣的固有民法论

宣统三年（1911）九月初五日，修订法律大臣俞廉三等在《奏呈编辑民律前三编草案告成折》中说："吾国民法，虽古无专书，然其概要，备详周礼地官司市以质剂，结信而止讼。郑注质剂，谓两书一札而别之，言保物要还。又质人掌稽市之书契，同其度量，壹其纯制，巡而考之，是为担保物权之始。又媒氏掌万民之判，凡娶判妻入子者皆书之，是为婚姻契约之始。又秋官司约之治民、治地、治功、治挈诸约，郑注谓治者，理其相抵冒上下之差。大率不外租挈、经界、功事、往来等项，实即登记之权舆。其他散隶六典者，尚难缕举，特不尽属法司，为不同耳。汉兴去古未远，九章旧第户居其一，厥后渐更增益，令甲以下流派滋繁，风习相沿，因革可溯。徒以尸素之俦，鄙夷文法，茅茨之士，罔知诵言，遂令古府旧藏，随代散佚。贞观准开皇之旧，凡户婚钱债田土等事，摭取入律，宋以后因之，至今未替，此为中国固有民法之明证。"[①]

以上是百年前清朝修订法律大臣俞廉三及法律馆内参与起草民律的法学家（其中不乏熟悉近代资产阶级民法的留学生）之共同认识。在西学笼罩一切文化领域，而中法又遭到西人百般诟病的背景下，坚持此种观点实属不易。折中提到的"固有民法"是指产生于中华土壤上具有本土化特点的民事法律而言，强调"固有"一词，一者与近代资产

---

① 故宫博物院明清史档案部编：《清末筹备立宪档案史料》下册，中华书局 1979 年版，第 911—912 页。

阶级民法划清界限,再者凸显中国古代民事法律的特点与价值。在四千余年的中国法制历史上,虽无近代民法的概念,但却有与近代民法某些原则与内容相通的规范。这些规范纳入户婚田土钱债诸门,亦即俞氏所谓"固有民法"。

不仅如此,在起草近代民事法律草案之际,提出中国"固有民法",意在节取符合中国国情的某些民事法律的规定编入新的民律草案之中。此点在光绪三十三年五月民政部奏章中表达得十分清楚:"中国律例民刑不分……历代律文户婚诸条实近民法……国家(清朝)损益明制,户婚分列七目,共八十二条,较为完密。第散见杂出于刑律之中,以视各国列为法典之一者,犹有轻重之殊,因时制宜,折衷至当。非增删旧律别著专条,不足以昭整齐画一。"①俞氏等所云"中国固有的民法,虽无专书",亦即指中国古代无独立的民法典而言,但他又不厌其烦地概述中国古代民事法律的基本方面,用以证明"此为中国固有民法之明证"的结论。俞氏等人对于中国固有民法的论述远不全面,而且修律时间的紧迫也限制了广泛地收集资料和深入地研究。但他们的固有民法观基本符合中国法制史中中国民法史的实际,他们的见识与魄力使百年后的学子油然而生亲近之心。

如果说中国古代没有近代资产阶级性质的民法,无疑是正确的,且属于赘言。但如认为中国四千年的文明社会没有民事法律则是违背历史事实的,是在重复外国学者所云"中国古代只有刑法,没有民法"的旧说。古今中外任何一个国家都不可能只有一种法——刑法,而没有调整与统治者及整个社会成员切身利益攸关的财产关系的法律。

二、封建社会前期民事法律观念与立法状况

中国是法制文明起源很早的国家。至西周中期以后,随着土地所

---

① 故宫博物院明清史档案部编:《清末筹备立宪档案史料》下册,中华书局 1979 年版,第 911—912 页。

有制由国有向私有的过渡,出现了土地买卖、转让、租赁等一系列民事法律行为,在此过程中,逐渐产生了全新的民事法律观念。土地作为最主要的财产,其转让不仅受到双方当事人的极端重视,经常铸铭文于鼎以记其事,鼎为国家重器,铸铭文于鼎以记其财产转移的民事法律行为,突出地显示了对所有权的重视。土地所有权的转移,虽属贵族间私人的行为,但有时国家也参与其事,以至周王要派出官吏监督,以保证其合法性。如共王时期铜器《五祀卫鼎》中,记载了裘卫以田四田交换邦君厉田五田,得到厉的认可,并有官员、证人参加,裘卫为使此项交换合法化,保护通过交换获得的"田五田"的所有权,铸鼎记述交换的全部过程。

这一时期也出现了因侵犯他人财产权而受到官府责令赔偿的民事诉讼记录,《曶鼎》铭文就是一例。根据曶鼎铭文,小贵族匡季于荒年抢去另一贵族曶十秭禾,曶控于东宫,由东宫判决匡季以"田七田,人五夫"作为赔偿,并铸鼎以记其事。

随着早期民事法律行为的经验积累,逐渐上升为一般调整意义的民事法律规范,《秦简》仓律、效律、金布律、牛羊课、军功爵律及《法律答问》中均有民事法律的规定,内容涉及所有权的取得与消灭、侵权赔偿、不当得利、债权债务关系、孳息、时效等。虽然粗疏简略,但仍不失为早期民法形态,体现了民事法律观念的进步。

唐朝是封建盛世,文物典章莫备于唐,民事法律观念得到进一步充实,并以立法的形式表现出来,多见于《名律例》《户婚律》《厩库律》《诈伪律》《杂律》及户令、田令、关市令、厩牧令、杂令、服制令、丧葬令及各种相关的格、式、诏、敕。除此之外,礼也被唐人认为是重要的民事法律渊源,从贞观朝起对礼不断进行增损修改,至开元朝颁布《开元礼》,"由是五礼之文始备,而后世用之,虽小有损益,不能过也"。礼涉及民事方面的有祭祀、册封、仪仗、丧葬、婚姻、家庭、继承、买卖等。而从现存的大量分家、放良、放妻、遗嘱等契约文书中可以发现,惯例不仅是民事法律渊源之一,而且其应用程度与地位不断上升,成为唐后期民事法律发展的一个特点。这和安史之乱以后,国家立法渐趋停顿的形势不无关系。唐朝在民事权利主体方面,严格区分良贱身份的界限不许逾越。奴婢隶属主人,无户籍,完全失去独立人格,成为一种物品。所谓"奴婢贱人,律比畜产"①,"奴婢同于资财",《唐律疏议》规定:"诸监临主守,以官奴婢及畜产私自借,若借人及借之者,笞五十;计庸重者,以受所监临财物论。驿驴,加一等。"②

对于所有权的取得,唐律根据不同情况作出了明确区分。有些物品实行先占原则。《唐律疏议·贼盗律》规定:"诸山野之物,已加功力刈伐积聚而辄取者,各以盗论。"疏议曰:"'山野之物',谓草、木、药、石之类,有人已加功力,或刈伐,或积累,而辄取者;'各以盗论',谓各准积聚之处时价计赃,依盗法科罪。"

此外,于他人地内得宿藏物与本主中分,隐而不送者,计合还主不分,坐赃论减三等。对于阑遗物与漂流物的所有权归宿,唐律规定如下:"诸得阑遗物,皆送随近县,在市得者送市司,其金吾各在两京巡察,得者送金吾卫。所得之物,皆悬于门外,有主识认者,检验记,责保还之。虽未有案记,但证据灼然可验者,亦准此。其经三十日,无主识此者,收掌,仍录物色目,榜村坊门,经一周年无人认者,没官录账,申省听处分。没入之后,物犹见在,主来识认,证据分明者,还之。"③"诸官私阑遗马、驴、骡、牛、驴、羊等,直有官印,更无私记者,送官牧。若无官印及虽有官印复有私记者,经一年无主识认,即印入官,勿破本印,并送随近牧,别群牧放。若有失杂畜者,令赴牧识认,检实印作'还'字付主。其诸州镇等所得阑遗畜,亦仰当界内访主,若经二季无主认,并当处出卖。先卖充传驿,得价入官。后有主识认,勘当知实,还其价。"④

"诸公私竹木,为瀑水漂失,有能接得者,并积于岸上,明立标版,

---

① 《唐律疏议·名例律》,"诸官户、部曲官私奴婢有犯"条,中华书局1983年版。
② 《唐律疏议·厩库律》,"监主借官奴畜产"条,中华书局1983年版。
③ 唐《捕亡令》。
④ 唐《厩牧令》。

于随近官司申牒,有主识认者,江河五分赏二分,余水五分赏一分,限三十日,无主认者,入所得人。"①

唐代与农业社会和家族主义思想相关的典权亦有所发展,但受均田制的限制,口分田所有权在国家,一般禁止以口分田出典,开元二十五年(737)田令:"诸田不得贴赁及质,违者财没不追,地还本主。若从远役、外任,无人守业者,听贴赁及质,其官人永业田及赐田,欲卖及贴赁者,皆不在禁限。"②均田制废弛后,土地流转已成事实,土地出典不可阻挡,唐穆宗长庆元年(821)敕令强调:"应天下典人庄田园店,便合祗承户税。本主赎日,不得更引令式,依私契征理以组织贫人。"意为典人庄田者应承担原主的户税,承认了庄田出典的合法性。

除土地外,庄宅、园林、店铺、碾硙等不动产出典是不受限制的。唐宪宗元和八年(813)再次下敕,对庄宅等"一任贴典货卖"③。

典权的设立,要求制作文书,并须有官人、牙人、业主、四邻同署文契④,否则无效。典权的期限最长为30年,过30年不予保护。⑤

唐代私有经济和城市商业都进入了新的阶段,与此相适应民事上债的关系迅速发展,出现买卖、租赁、借贷、雇佣、质押等各种形式的契约。唐律中已有若干调整债务关系的条文。如在借贷契约中规定月利息率,不得过三分,"积日虽多,不得过一倍"。取息过律被视为"为政之弊,莫过于此",因此从汉代起便列为一种罪名。但如"负债违契不偿,一匹以上、违二十日,笞二十,二十日加一等,罪止杖六十。三十匹加二等,百匹,又加二等。各令备偿"。律疏曰:"负债者,谓非出举之物,依令合理者;或欠负公私财物,乃违约乖期不偿者……三十匹加二

① 《唐令拾遗·杂令》。
② 《文苑英华》卷426,中华书局1996年版。
③ 《旧唐书·宪宗本纪》,中华书局1975年版。
④ 《五代会要》卷26,上海古籍出版社1978年版。
⑤ 《唐会要》卷85,中华书局1975年版。

等,谓负三十匹物,违二十日笞四十,百日不偿,合杖八十。百匹又加三等,谓负百匹之物,违契满二十日,杖七十,百日不偿,合徒一年。"

债的担保亦较为盛行。唐开元二十五年(737)令规定,"诸公私以财物出举者,任以私契,官不为理……家资尽者,役身折酬"。如"负债者逃亡,保人代偿"①。

私债虽然是私人行为,但必然涉及当事人双方之间、当事人与社会之间的利害关系,所以官府进行必要的干预,《唐律疏议·杂律》"负债强牵财物"条规定:"诸负债不告官司而强牵财物过本契者,坐赃论。"律疏曰:"谓公私债负,违契不偿,应牵掣者,皆告官司听断。若不告官司而强牵掣财物,若奴婢、畜产,过本契者,坐赃论。"

唐代凡买卖田地房宅、奴婢、牛马等必须立契,称为"市券"。《唐六典·太府寺·京都诸市令》规定:"凡卖买奴婢、牛马,用本司本部公验以立券。"《唐律疏议·杂律》规定:"诸买奴婢、马牛、驼、骡、驴,已过价,不立市券,过三日笞三十;卖者,减一等。立券之后,有旧病者三日内听悔,无病欺市如法,违者笞四十。"疏议曰:"买奴婢、马牛、驼、骡、驴等,依令并立市券。……若有病欺,不受悔者,亦笞四十",即买卖已讫,而市司不时过券者,一日笞三十,一日加一等,罪止杖一百,主管官吏不验证契券,也要负法律责任。

在买卖契约中,卖主的担保责任进一步法律化。一为瑕疵担保,《唐律疏议·杂律》规定:"(买奴婢、马牛、骡驴)立券之后,有旧病者,三日内听悔,无病欺者,市如法,违者笞四十。"二为违约担保,唐文书中载有"若先悔者,出绢五匹"。

租佃契约虽不如买卖契约发展,但仍见于文献记载和实物凭证。如吐鲁番文书中发现隋大业年间的租佃契约,以及唐高宗龙朔三年与武则天天授二年的两件租佃契约,表明尽管在隋唐均田制下,民间仍然存在着租佃关系。

---

① 《宋刑统》卷26,《受寄财物辄费用门》引唐《杂令》,中华书局1984年版。

正如诚实信用是民事法律的共通原则一样。《唐律疏议·杂律》还强调市场流通的商品必须讲求诚信标准。规定："诸造器用之物及绢布之属，有行滥、短狭而卖者，各杖六十。"注曰："不审谓之行，不真谓之滥，即造横刀及箭簇用柔铁者，亦为滥。"疏义进一步解释说："行滥，谓器用之物不审不真；短狭，谓绢匹不充四十尺，布端不满五十尺。幅阔不充一尺八寸之属而卖，各杖六十。故礼云'物勒工名，以考其诚，功有不当，必行其罪。'其行滥之物没官，短狭之物还主。"

唐代依契约所生之债有因当事人意志的变更，有因债的清偿、抵消或免除而消灭。

三、宋以后民事立法的不断充实

宋初实行不抑兼并的土地政策，刺激了私有土地的流通与转让加快，中小地主和自耕农的数量明显增加，农业经济取得了显著的成就，由此带动了手工业的发展，促进了商业的繁荣与对外贸易的扩大，商业城市不断涌现。商贸的发展带动了民事法律关系与法律规范的新发展。宋代的基本法典是《宋刑统》，"终有宋之世用之不改"。从对《宋刑统》与唐律的比较中可以发现，民事立法较之唐律大为扩充，涉及所有权、债、财产继承、婚姻嫁娶、检校析财等十几个方面，内容广泛、条文细密。其中户绝资产、死商钱物、典卖指当论竞物业、婚田入务等，均为唐律所未见。

作为《宋刑统》补充的编例、编敕中也有关于民事法律方面的规定。见于《名公书判清明集》中，所引"按法""准法""在法"的民事法律条款不下七十余条。例如：

诸典卖田宅，已印契而诉亩步不同者，止以契内四至为定；其理年限者，以印契之日为始，或交业在印契日后者，以交业日为始。

应交易田宅，过三年而论有利债负准折，官司并不得受理。

应交易田宅,并要离业,虽割零典买,亦不得自佃赁。

诸祖父母、父母已亡,而典卖众分田宅私辄费用者,准分法追还,令原典卖人还价。即典卖满十年者免追,止偿其价,过十年典卖人死,或已二十年,各不在论理之限。

诸理诉田宅,而契要不明,过二十年,钱主或业主死者,不得受理。

诸典田宅者,皆为合同契,钱、业主各收其一。

分财产满三年而诉不平,又遗嘱满十年而诉者,不得受理。

交易诸盗及重叠之类,钱主知情者,钱没官,自首及不知情者,理还。犯人偿不足,知情牙保均备。

又诸典卖田宅投印收税者,即当官推割,开收税租。

诸无子孙,听养同宗昭穆相当者。

立嗣合从祖父母、父母之命,若一家尽绝,则从亲族尊长之意。

诸已绝之家而立继绝子孙,谓近亲尊长命继者,于绝家财产,若无在室、归宗、出嫁诸女,以全户三分给一分,余将没官。

异姓三岁以下,并听收养,即从其姓,听养子之家申官附籍,依亲子孙法。

宋代商品经济的发展与私有财产的法律保护的加强,使继承法显著发展,尤以女子继承权的规定为细密。凡未嫁者称为在室女,已嫁者称为出嫁女,出嫁之后因故(如夫亡、被出、和离等原因)又返回父母家者,为归宗女。由于宗法制度下以男子为中心的宗祧继承是继承法的核心,也是财产继承的先决条件,无论在室女、出嫁女、归宗女均无宗祧继承权。但户绝之家在室女可以继承全部家产。《宋刑统》卷一二"户绝资产"条规定如下:

诸身丧户绝者,所有部曲、客女、奴婢、店宅、资财,并命近亲(亲,依本服,不以出降)转易货卖,将营葬事及量营功德之外,余财并与女(户虽同,资产先别者,亦准此)。

养女的财产继承权与亲女同,见以下判例:今解汝霖只有幼女、孙女,并系在室,照户绝法均分,各不在三千贯以上。……七姑虽本姓郑,汝霖生前自行收养,与亲女同。①

归宗女"还归父母家后户绝者,并同在室女例"②。哲宗元符元年(1098)重申归宗女与在室女均分户绝财产,但作出新的调整:户绝财产达到1000贯以上者,内以一分给出嫁诸女。若只有归宗女者,则只能继承户绝资产的三分之二,表明归宗女的财产继承权已有所削弱。后归宗女的户绝财产继承权进一步下降,只能继承在室女对户绝财产承份额的一半:"户绝财产尽给在室诸女,而归宗女减半。"③

户绝之家经近亲尊长命继之后,命继子也可继承绝户部分财产,但份额少于在室女与归宗女。"准法:诸已绝之家而立继绝子孙,谓近亲尊长命继者,于绝家财产,若只有在室诸女,即以全户四分之一给之,若又有归宗诸女,给五分之一,其在室并归宗女即以所得四分,依户绝法给之。止有归宗诸女,依户绝法给外,即以其余减半给之,余没官。"④

根据以上规定,户绝之家只有在室女和命继子时,在室女可得遗产的四分之三。只有归宗女和命继子时,归宗女可得遗产的一半,命继子继承余下一半的二分之一,其余部分没官。同时有在室女、归宗女及命继子时,在室女和归宗女共得遗产五分之四。在共得的五分之四中,在室女可获三分之二,归宗女获三分之一。根据这一规定,户绝财产在1000贯以上者,即使有在室女、归宗女承分,出嫁女也能继承部分遗产。户绝财产在3000贯以上,出嫁女只能继承三分之一,并得至2000贯止;若达2万贯以上,则需临时具数奏裁增给(在室女及归宗女并不受这一限制)。如果户绝财产不满100贯者,出嫁女可以全部继承,不再受三分之一的限制。说明富户与一般贫户出嫁女的财产继承权是有别的。

户绝之家立有命继子,且无在室女与归宗女时,出嫁女与命继子可

---

① 《名公书判清明集》卷8,《处分孤遗田产》。
② 《宋刑统》卷12,《户婚律·户绝资产》。
③ 《名公书判清明集》卷9,《孤女赎父田》。
④ 《名公书判清明集》卷8,《处分孤遗田产》。

以各继承户绝财产的三分之一。

宋仁宗天圣四年《户绝条贯》规定，户绝之家无在室女及归宗女时，"即给与出嫁亲姑姊妹侄一分"。①

出嫁女只有在父家户绝，被继承人未立遗嘱，且无在室女继承时，才有一定的财产继承权。《户绝资产》规定："自今后，如百姓及诸色人死绝无男，空[室]有女已出嫁者，令文合得资产。"但"其间如有心怀觊望，孝道不全，与夫合谋有所侵夺者，委所在长吏严加礼察，如有此色，不在给与之限"。

后又补充规定：出嫁女只能继承户绝资产中的"店宅、畜产、资财"中的三分之一，而且"均与近亲承佃"，无权继承田产。至元符元年（1098）八月，又颁新规："户绝财产均给在室及归宗女，千贯以上者，内以一分给出嫁诸女；止有归宗诸女者，三分中给二分外，余一分中以一半给出嫁诸女，不满二百贯给一百贯，不满一百贯全给；止有出嫁诸女者，不满三百贯给一百贯，不满一百贯亦全给，三百贯以上三分中给一分，已上给出嫁诸女并至二千贯止，若及二万贯以上，临时具数奏裁增给。"②对于寡妇的继承权，《宋刑统》卷一二《户婚律·卑幼私用财》规定："寡妻妾无男者，承夫分，若夫兄弟皆亡，同一子之分。"寡妻妾守志虽可承夫分产，但必须为夫家立继，以继承夫家的宗祧和财产，立继子孙才是真正的财产继承人。寡妻如果改嫁，不得将夫家财产带走，而由子孙继承。

寡妻若有幼子并承分得夫家田产后，如携子改嫁，此承分田产的主人是其子。若子死，寡妻及后夫均无所有权，此田产即作户绝没官。寡妻即使在夫家"守志"，也无权典卖夫家田产，寡妻若原有子或有养子，若子已成年，与儿子共同享有对家产的处分权："交易田宅，自有正条。母在，则合令其母为契首。兄弟未分析，则合令兄弟同共成契。"③母子共同成契之法，一是防范寡母私自典卖田产，二是防范子孙擅自典卖田

---

① 《宋会要辑稿·食货》，中华书局 1957 年版。
② 《续资治通鉴长编》卷 501。
③ 《名公书判清明集》卷 9，《母在与兄弟有分》。

产。表明寡妇对家庭财产有一定的处置权。寡妇无子孙而招后夫者，前夫田产须经官登记，可暂据有不超过 5000 贯的前夫田产，有用益权，无处分权。寡妇身死或改归后夫家，前夫家产按户绝处置，如前夫有幼子而招后夫者，财产继承人仍是前夫之子。

以上可见宋代商品经济的发展加之义利观念的变化，使得妇女的财产继承权得到法律的充分认定，这在当时世界立法史上也是少有的。

清朝是中国最后一个封建王朝，清代民法也是中国古代民法的最后形态，同时又是向现代民法转型的过渡形态，因而在中国民法史上具有承前启后、继往开来的重要地位。

清代尽管没有制定出一部单一的民法典，但却形成了一个多种形式的民事法律渊源。其中既有制定法，也有习惯法；既有朝廷立法，也有地方法规，共同承担着民事法律的调整任务。

清代的民事制定法散见于《大清律例》《大清会典》《户部则例》《大清通礼》及其他有关部院则例，其中《户部则例》颇类似于民事法律汇编。在地方法规中《省例》《告示》《章程》也含有民事法律规范的内容，如福建的《典卖契式》、江安县的《学田章程》等。

《大清律例》虽为刑法典，但也含有纯粹的民事法律条款，如：分家析产立"分书"已定，不许重分，告词立案不行。卖产立有绝卖文契，不准找赎；文契未载绝卖，可以回赎。父母健在，许令子孙析产者（但不得别籍），听。凡民人争告坟山，应以印契、山地字号亩数等为凭证。无子者，可以选同宗昭穆相当之侄儿继承。定婚应两家情愿，与立婚书，依礼聘嫁；男娶女嫁皆应由父母主婚等等。

正因为如此，晚清修律将《大清律例》中的民事条款分出单独适用，称为《〈大清律例〉民事有效部分》。《大清会典·户部》中，有关田土、户籍、赋役、编丁、现审之中，也含有民事法律的内容。由于户部职掌全国疆土、田亩、户口、财谷之政令，《户部则例》根据形势的变化频频编修，至同治四年修例时，合计修改、新增、删除例文二百五十条，其调整的范围较之《大清律例·户律》宽泛。如户口目中含比丁、族长、继嗣、归宗、奴仆、旗人嫁娶、放出家奴、迷失幼丁、驻防旗兵置产、认买入官人口、民人继嗣、民人奴仆、豁除贱籍、差员禁买人口、募雇在官夫役，入官人口作价。田赋目中含分赏田地、清查营地章程、吐鲁番满营地租、撤佃条款、寺院庄田、存留坟地、买产投税、旗民交产、违禁置买、澳门民夷交易。兵饷目中含营中地租。通例中含严禁官价科买、禁重复典卖、盗卖盗耕。税则目中含审田房词讼等。反映了因"时地异宜"及时修订的灵活性。

《户部则例》中民事条款摘要如下：

民人佃种旗地，地虽易主，佃户仍旧，地主不得无故夺佃增租。如佃户实系拖欠租银，许地主撤地另佃。

顺天、直隶所属旗地，无论京旗、屯居、老圈、自置、俱准旗户、民人互相买卖，照例税契升科。

民人契典旗地回赎期限以二十年为断。如立契已逾例限，即许呈契升科（无论有无回赎字样），不准回赎。在限内者仍准回赎。倘卖主无力回赎，许立绝卖契据，公估找贴一次。若买主不愿找贴，应听别售，归还典价。

湖南永顺等处苗疆田地，只听本处土苗互相买卖，如有汉民希图粮轻，土苗贪得重价，私相买卖者，分别责惩，勒令苗民回赎。失察地方官分别议处。

八旗应行入官房地内有契典者，令该旗查询，原业主如愿回赎，以查丈完结之日起，无论银数多寡，限一年内完交。或请以俸饷扣赎者，数在二百两以下，限一年坐扣；二百两以上至五百两，限二年坐扣；五百两以上至一千两，限三年坐扣；一千两以外，限五年坐扣。如有不敷，准以子侄兄弟及借亲戚俸饷坐扣，仍有不敷，饬令限内完交。核计交扣价银过半，即指交管业。倘逾限不完，房地即行入官，其扣交价银以所得历年租银作抵，抵不足数，仍准找给。不愿回赎者，听。

旗人典卖房地，无论本旗隔旗俱准成交。系出卖令赴左右翼纳税；系出典令各报明该佐领记档，回赎时仍令报明销档。凡典当田房，契载年份统以十年为率，十年限满，原业力不能赎，再予余限一年，令典主呈明该翼，由翼将契纸交旗钤用佐领图记，送翼补税发给本人收执。该参佐领毋得掯勒，自报税后原业不准告找告赎，倘逾一年余限，仍不报税及白契置买房地并老典三五十年遗漏未经纳税者，一经查出，或被人首告，均追价治罪。

凡民间置买田房，于立契之后限一年内呈明纳税，倘有逾限不报者，照例究追。令各督抚刊刻告示饬发所属遍贴城乡，使愚民咸知例禁。民人典当田房，契载年份统以十年为率，限满听赎。如原业主不能赎，听典主投税，过割执业。倘于典契内多载年份，一经发觉，追交税银，照例治罪。如买卖田产将粮额载入印契，即令买主卖主亲赴州县对册推收，随时过割。

旗人告假出外已在该地方落业，编入该省旗籍者，准与该地方民人互相嫁娶。

旗下家奴卖身以前，或已聘未娶，女家并不知情者，女家愿嫁，准娶；不愿者，听其改聘。旗下家奴将女私聘与人，经本主控告审明，未婚者给还本主。已婚者追身价银四十两，无力者，量追一半给主，免其离异。

立继承祧如子已婚而故，无论其媳能否孀守，或子未婚而故，其已聘未娶之媳能以女身守志，或子虽未婚娶，因出兵阵亡揆以勿殇之义，均准予立继。又子虽未婚娶，业已成立当差，年逾二十岁身故者，亦准予立继。若支属内实无昭穆相当为其子可继之人，应仍为其父立继。凡未婚而年在二十岁以下夭亡者，无后在父，自当先尽故子同辈中，按照服制次序为其父立继。如阖族中实无故子同辈可继之人，亦只得为未婚夫亡之子立继，不得重复议继，致滋讼端。

旗人无子者许立同宗昭穆相当之侄承继，先尽同父周亲，次及大功、小功、缌麻、如俱无，方准择立远房同姓。如实无昭穆相当之人，准继异姓亲属。娶具该参、佐领及族长、族人、生父列名画押印甘各结送部，准其过继。若继子不得于所后之亲，听其告官别立。其或择立贤能及所亲爱者，于昭穆伦序不失，不许宗族指以次序告争。如有抱养民间子弟、户下家奴子孙为嗣,或实有同宗而继异姓者,均按律治罪。所养父母有子,所生父母无子,欲还者听。

八旗及外省驻防有乏嗣应行立继者,如系长房长子,不准出继。其长房次子,次房长子果系昭穆相当者,均准其出继。倘长房并无次子,此外,近支亦无应继之人,应以一人承祀两房宗祧,虽长房长子,准照独子之例出继。

义男女婿为所后之亲亲爱者,听其相为依倚,酌给财产。若招婿养老者,仍立同宗应继一人承奉宗祀,财产均分。

乞养异姓义子愿归宗者,不许将所得财产携回本旗。其收养三岁以下遗弃小儿,即从其姓,但不得以无子遂立为嗣。仍酌分财产,不得勒令归宗。

旗人之子随母改适抚养成丁仍归本宗。其有子母不忍分离,两家情愿依倚者,听,仍将本人造入本宗丁册。

民人无子许立同宗昭穆相当之侄为嗣,先尽同父周亲,次及五服之内。如俱无方准择立远房。若继子不得于所后之亲,听其告官别立。其或择立贤能及所亲爱者,于昭穆伦序不失,不许宗族指以次序告争。

此外,在民族立法《理藩院则例》中亦有民事法律条款。如:

奉有明文在蒙古地方居住之民人,租种地亩、赁居房屋,均照原议纳租交价。喀喇沁土默特旗种地民人,不准以所种蒙古地亩折算蒙古赊欠借贷银钱。

喀喇沁土默特旗蒙古地亩,不得典给种地民人。

喀喇沁土默特旗种地民人,不得重价转典民人旧典蒙古地亩。

民人租种蒙古地面,如遇荒年不能全交者,其租息限至次年,新旧一并交纳。如欠至三年不行交纳,即照例将地撤出,归主另行招佃。

民人租种蒙古地亩,拖欠租息未行交纳,遇该蒙古有借欠该民人银钱等债者,即停止利息。若借自商民平人者,仍照例出利,但不得以利作本,利上加利。

民人租种蒙古地亩,如欲回籍,或不愿耕种,即将所欠之租、所赁之房与押契钱文对抵,地归本主。如押契钱数不抵所欠之租,即报明该理事司员、地方官,酌量公平定拟。

蒙古两姓结亲,俱系平人,聘礼应用:马二匹、牛两只、羊二十只,不得多给。违者,将多给之牧畜罚取入官;少给者,勿禁。若聘定之后,其婿病故,将所给牲畜退还男家。其女病故者,退还一半。如女家欲将聘礼退还,男家不愿收回者,听之。

除中央政权制定的民事性质的法律外,地方政权颁布的省例、告示和章程中也含有民事法律规范。例如,《晋政辑要》分为 13 门,在户口、田赋、收成、田地、丁粮、旗地、开垦、牧场等门中,便杂有大量的民事法律条文。再如,乾隆二十五年(1760)《福建省例》中"典卖契式"之例,详细规定了典卖合同契式的规格、写法、主要事项等,要求民间统一遵守,不得违反,并附有契式图作为参照。

《告示》是各级地方官在辖区内发布的书面命令,具有民事法规性质的告示,如,清末句容县令许文浚鉴于该县抵典产业立契的规定不完备引起争讼,因而制定和颁布了《抵典产业立契互执示》,通行全县。

《章程》是州县官府就某种专门问题因时制宜而制定的若干规则。属于民事法规性质的,如光绪十六年(1890)制定的《江安县学田章程》。该章程共 55 条,详细规定了学田的设置、管理、使用、收益及侵吞学田应受的处罚等,是一个单行的民事法规。

以上确凿的法制史实,证明了中国古代民事法律的存在。如果将清朝立法中的民事法律条款加以汇编,其规模也很可观,并不逊于一部民法典。

四、中国古代固有民事法律的特点

(一)制定法的分散性与民事法律渊源的多样性

如前所述由国家制定的民事法律,分散见于行政法律、财经法律、刑事法律及地方立法,而没有集中统一的类似民法典性质的立法,这固然与商品经济的发展程度以及统治者重公权轻私权的认识有关,更重要的是现行社会中存在着各种样式的民事法律渊源,弥补了民事制定法的不足。

1. 流行于各地的民事习惯

在具有四千多年法制文明的中国,因地、因俗而形成了众多的民事习惯,它们辗转相承,适用的范围广泛,具有很强的约束力,也有一定的体系,其中相当部分在国家的认可和支持下,成为民事习惯法。凡为官府所认可的流行于特定地区的地方习惯,具有地方性、稳定性和广泛的适用性。晚清起草民律草案时,曾组织力量对全国的民商事习惯进行调查,反映了立法者对中国古代社会社情的了解和对民事地方习惯价值的认同。《大清民律草案》中第一条即规定:"民事本律所未规定者依习惯法,无习惯法者依法理",这条规定反映了民律起草者对于习惯在调整民事法律关系中的实际作用的重视。民国初年,司法行政部将修订法律馆及各省区司法机关搜罗的民事习惯报告,辑成《中国民事习惯大全》。这部民事习惯汇编,虽以民初的调查为依据,但基本上反映了清代地方民事习惯的概貌。

2. 乡规民约

流行于社会基层的乡规民约大多含有民事法律内容。现存的清代地方护林议约与保护青苗的各种乡规中,以保护山林、维护农业生产为主要内容。此外,对于水、道路、村庙等公有财产均加以保护,禁止村落以外之人侵犯。

乡规民约与村民乃至村落的利益密切相关,无论在遵守或执行上都具有相当的主动性、自觉性。村民也只有在承担乡规民约所规定的义务时,才可能得到某种利益上的回报。

3. 家法、族规

家法族规是适用于宗族、家族内部、调整族属成员之间权利义务关系的法律规范。中国自古以来便盛行聚族而居的传统,大家族分别制

定家法族规,由族长掌握施行。家法族规中的民事部分,主要表现为:

其一,确认宗族成员的身份与行为能力。

根据现有的宗族法的规定:生子三日要告于宗长,取得本宗族籍。满月要行抱见礼,即抱之见于祖庙和宗长。非婚生子女不得入族籍。男性宗族成员年满十六岁,即可参与宗族大事的讨论和宗族之长的选举。这个年龄与国家制定法上的"丁年"是一致的,表示年届十六岁即获得民事上的行为能力。

其二,调整宗族内部的财产关系。

宗族法立足于宗族共同体的利益,往往限制族人对私产的处分权。如劝阻典卖田产。若买卖田产,亲族有优先权,先房亲、本族,后外人,以使产不出族,田不外流。即使兄弟析产也须鸣族立约,按规定析产程序,始足为凭。尤其是重点保护宗族公产,这和国家法律的规定是一致的。乾隆二十一年(1756)定例:"凡子孙盗卖祖遗祀产,至五十亩者,照投献、捏卖祖坟山地例,发边远充军。……其盗卖历久宗祠,一间以下杖七十,每三间加一等,罪止杖一百,徒三年以上。"①地方官在受理此类案件时,一般是迅速决断的。例如,道光朝,太湖水利同知刘鸿翱撰写的《杜盗祭款立碣记》中明白昭示:"丙戌(道光六年),余分守来此,甫下车,即有(洞庭)西山沈氏盗卖祭田一案,立予惩责,追还原物,并给示两山祀堂。"

此外,族人中如发生田土、钱债等项民事争执,须先禀告族长,听凭"公同理论",如无结果,始准告官审理。

4. 礼俗

调整尊卑伦常秩序的礼由来已久,深入到民间称为礼俗。其对民间民事法律关系的调整作用不断加强。无论户婚、田土、债务、继承多与尊卑血缘相关,因此必定要受到礼的规范与调整。依礼调整民事行为,剖解民事纠纷,被看作是优于单纯的依法裁决。在大量的案例档案

---

①　《大清律例》卷9,《户律·田宅·盗卖田宅》。

中,依礼断决并不乏见,许多民事纠纷在经官之前,往往通过各种渠道调处了结,在调处中法、礼、情是兼用的。

需要指出的是,以差等为基本特征的礼,与近现代平等、等价、有偿的民法原则是矛盾的,其所以能够调整民事法律关系,就在于以伦理纲常名教为集中代表的礼,是适用于任何等级、任何地区,具有共同的约束力,被赋予民事一般法的性质;同一等级之内的成员,平等地遵守适用于本等级的礼,从而体现了民法的平等原则。可见,礼的基本精神既调整着纵向的不平等主体间的关系,又调整着横向的平等主体间的关系,使差别原则与共同原则既矛盾又统一。

在多种民事法律渊源之间,首先具有相通互补的一致性。由于国家制定法所规定的民事法律部分,主要是服制、户籍、所有权、债权、婚姻、家庭和继承等,而且较为原则,不可能涵盖某些特殊地区、特殊部门的民事法律关系,从而给习惯法的调整留下了相当宽广的空间。例如,对于村社公共财产、族产的产权认定和继承,以及财产关系的纠纷,习惯法不仅能有效地进行调整,而且容易为民众所接受。此外,对于流行于不同地区的复杂的婚姻关系、继承关系的调整,习惯法更能发挥特殊的作用。这是因为习惯法具有属人、属地的特性,而且反映了历史的延续性和浓厚的亲情、乡情,所以在适用上,较之国家制定法更富有针对性,其效果往往是国家制定法所不及的。

以上说明,各种民法渊源在协调国、家、个人三者的利益关系中,各展所长,共同为用,弥补了民事制定法的缺失。

然而复杂而又不统一的各种民法渊源,也不可避免地存在着矛盾之处,如,少数民族中一夫多妻和一妻多夫的婚姻习惯,虽然与制定法和儒家礼教相违背,但却是悠久的习俗,不得不予以确认。又如,《大清律例·户律·婚姻》"同姓为婚"条规定:"凡同姓为婚者(主婚与男女)各杖六十,离异(妇女归宗,财礼入官)。"这是根据传统的宗法礼制制定的。但是山西、安徽、陕西、直隶、甘肃、湖北等省所辖县份中都流行同姓为婚的习惯,为制定法所难禁,以至迫使官府认可其合法。与此相类似的,《大清律例·户律·婚姻》"尊卑为婚"条:"若娶己之姑舅、两姨姊妹者,杖八十,并离异"也迫于民间习惯禁而不止,最后在附例中不得不规定:"其姑舅、两姨姊妹为婚者,听从民便。"

清朝对于与国法相抵触的民间习惯法,经常明令改正,消弭二者之间的冲突。如,《塔景亭案牍》卷二《通告》中,"独子两祧本有定制"条云:"兄弟之子犹子也,兼祧之法,正以见手足之亲。查律例附纂通行内称乾隆四十八年钦奉特旨准以独子兼承两房宗祧。所以补古礼之缺,济人道之穷,诚千古以来未有之令典等语,是一子兼两房,国家本有定例,三房共一子,祖训犹有明文。"因此对于"近来民间祠规,乃有独子不得兼祧之说",无疑是"离爱情,启争端,违国宪,非所以亲亲也",而应服从于国家的定制。

(二)契约关系体现平等、自由、依法的原则

西周晚期的铜器铭文,已经显示了民间私约的广泛性与合法性。东汉时出土的砖铭中多有"有私约者当律令"的铭文,如《建宁元年马蒡砖铭》:"兄弟九人,从山公买山一丘于五凤里,葬父马卫将,直钱六十万,即日交毕,建宁元年正月合薪大吉,左,有私约者当律令。"①

此铭文清楚地交代了私约的内容,如立券人与受益人,冢地的所在地、价钱以及交易方式。至于"私约者当律令"则是现实社会中民间契约合法性的反映,不是宗教话语。

自唐以迄宋、元,契约中多有"两共对面平章""两和立契"之语,表明契约的订立经过了平等协商与意志的自由表达。唐《杂令》中明确规定:"诸公私以财物出举者,任依私契,官不为理",意为只要无"违法积利,契外掣夺"等情,官府不介入私约的订立。

在清代的契约中更以"两厢情愿"的浅显文字表述签约双方的状态,而且多于契约后附相关法律,以示依法。如乾隆十一年(1746)《山

---

① 殷荪:《中国砖铭》,江苏美术出版社 1999 年版,第 199 页。

阴县孙茂芳叔侄卖田官契》即附有通行的《条约五款》：①

"（一）绝卖者不用此契,止作戤当;戤当者若用此契,竟作绝卖。

（二）契不许请人代写,如卖主一字不识,止许嫡亲兄弟子侄代写。

（三）成交时即投税。该房查明卖主户册,号下注明某年月日卖某人讫。

（四）由帖不许借人戤当,如违者不准告照。

（五）买产即便起业,勿许旧主仍佃,以杜影骗。"

又如,嘉庆六年(1801)《山阴县高兆原兄弟卖田官契》后附以下条款:"（一）凡用此契者,竟作绝卖。

（二）卖主不识字者,许兄弟子侄代书。

（三）成交后即粘契尾于后,验明推收。如违治罚。

（四）契内如有添注涂抹字样者,作捏造论。

（五）房屋间架仍载明空处。

（六）典戤用此契者,须注明年限回赎字样。如不注者,仍作绝卖。"

宋时商品经济有所发展,契约形式开始多样化,在买卖契约中出现了红、白契之分。凡加盖官印之契称为"红契",表示国家确认,不加盖官印之契即民间私约称为"白契",官府亦承认其合法性,但红契的举证效力高于白契。经过官府验契收税称为税契,税契是剖决纠纷的重要依据。南宋淳祐二年(1242)颁发敕令:战后旷土,"凡民有契券,界至分明……随即归还。其有违戾,许民越诉。重罪之"。

清代商品经济的发展和财产关系的日益复杂化,使得私人之间订立契约关系,已成为社会生活中普遍的现象。它所调整的内容十分广泛,买地、租房、雇工、合伙、婚娶、信贷,无一不以契约作为凭证,以表示当事人之间民事法律关系的成立或解除、权利的取得或丧失。尤其是

---

① 张传玺主编:《中国历代契约会编考释》(下),北京大学出版社 1995 年版,第 1466—1467 页。

以土地为标的物的土地买卖、典当、租佃等等,都必须根据法律的规定,订立契约。人们对借助契约来体现和证实自己权利的重要作用,已有充分的认识。正是在这种社会条件下,官府才认定"民间执业,全以契券为凭……盖有契斯有业,失契即失业也"①。

随着契约关系的发展,订立契约的程式也不断规范化,如订立契约须采用官版契纸按其格式书写,以保证契约格式的统一和防止发生伪契。据《写契投税章程》规定:"民间嗣后买卖田房,必须用司印官纸写契。违者作为私契,官不为据。""民间嗣后买卖田房,如不用司印官纸写契,设遇旧业东、亲族人等告发,验明原契年月,系在新章以后,并非司印官纸,即将私契涂销作废;仍命改写官纸,并照例追契价一半入官。"②

清代仍有红契、白契之分,买卖田宅经过税契过割,在契纸上加盖官府红印称为红契,具有较强的法律效力。但民间田宅交易往往不用官版契纸,也不向官府投印税契,这种契纸称为白契。白契虽为法律所不允许,但却是屡禁不止。白契在确立、变更和解除民事关系方面的效力,与红契并无二致,所不同者,白契的举证效力远不如红契。雍正朝曾明确规定:回赎典卖旗地,红契典卖者全价赎回,白契典卖者半价或不给价。表明国家对红契和白契所确认的所有权关系的不同态度。

在奴婢买卖中,红契与白契的差别不仅限于举证效力的不同,也关系到奴婢的身份。乾隆以前,白契所买奴仆视同雇工,除年限久远者外,允许赎身。而红契所买奴婢的社会地位,较之白契所买奴婢尤为低下,其所生子孙永远为奴。正因为依红白契所买奴婢的地位有所差别,一旦有犯,官府也要区别量刑。

白契不限于买卖土地、田宅、奴婢,也适用于租赁、借贷、雇佣、典雇

① 《治浙成规》卷1,《严禁验契推收及大收诸弊以除民累》。
② 殷苏:《中国砖铭》,江苏美术出版社1999年版,第1249页。

妻女等契约关系。清代,对债权的担保,也与商品经济的发展相适应,而较为完善。现存清代契约中所反映的债的担保,主要是财产担保,即以财产作抵押。在债务履行期满之前,作为抵押物的不动产,仍由债务人占有、使用和收益,未经债权人同意不能处分。但债务期限届满后,仍不能偿还者,即以抵押物抵还。例如,康熙四十二年(1703)《休宁县项福生借银文约》①中写明:如到期不能偿还所借银钱,即"将窝下田乙丘二亩七分抵还不误"。

为了保证契约的履行,签订契约时需要负有连带责任的第三人,即"中人"附署。中人在买卖契约中起着介绍引见、说合交易、议定价金的作用。而在借贷、租赁契约中,中人不仅仅是介绍引见,而且还对义务人有督促的责任,以保证契约的履行。如义务人无法履行义务,中人则负有代为履行义务的连带责任。例如,乾隆三十四年(1769)《北京正黄旗那兰泰转典房白契》中,即注明保人须负连带责任:"北京如有亲族人争竞,来路不明,拖欠官银,重复典卖,有中保人一面承管。"除此之外,签约后,如一方当事人反悔,则应承担违约责任,将价金的二分之一,交给官府,作为对违约方的惩罚。现存的许多契约中都有违约担保的内容。例如,顺治十一年(1654)《大兴县王家栋卖房官契》②中言明:"自卖之后,倘有亲族人等并满汉争竞者,有卖主一面承管,两家情愿,各无返悔。如有先悔之人,甘罚白米五石入官公用。"又如,雍正元年(1723)《大兴王景伊转典房官契》③也载有"两家情愿,各无返悔。如有先悔之人,甘罚契内银一半入官公用"的内容。

契约的签名,在清代也已规范化。法律规定家内财产,由父母行使财产处分权。父母俱在时由父亲签名,父亡母在由母子同时签名。例

---

① 张传玺主编:《中国历代契约会编考释》(下),北京大学出版社 1995 年版,第 1569 页。

② 张传玺主编:《中国历代契约会编考释》(下),北京大学出版社 1995 年版,第 1144 页。

③ 张传玺主编:《中国历代契约会编考释》(下),北京大学出版社 1995 年版,第 1501 页。

如，乾隆二年（1737）《镇洋县潘门薛氏母子杜绝田文契》①，后署"立杜绝田契潘门薛氏，同男凤观"。在兄弟叔侄同居共财的情况下，出卖田宅，则由兄弟或叔侄共同在契约上签名。例如，雍正十一年（1733）《休宁县王阿郑等卖山红契》②，叔侄共同署名"立卖契约王阿郑（押），同侄王鼎旭（押）"。雍正六年（1728）《休宁县吴尔仁等卖山红契》③兄弟共同署名"立卖契人吴尔仁（押），同弟吴伯先（押）、吴子敬（押）、吴廷侯（押）"。

以上可见，中国古代的债法发展到清朝，无论规范的内容还是原则，都已相当完备。在中国古代法律中，确有"良贱"之分，位列"贱籍"者，以其身份的特殊，无立约资格，但位列贱籍的，在整个社会构成中所占比重极小，而位列良籍者，则包含绝大部分的社会构成，如官僚地主、农民、手工业者、商人、兵丁等等，凡位列良籍者，如相互缔约，权利义务是平等的，意志是自由的，这是法律所保障的。

（三）婚姻继承受宗法支配

除国家制定法外，家法族规对婚姻继承也有相关规定。在宗族法中，有关婚姻、继承方面的规定，占有较大比重，这是和宗族法的性质分不开的。

关于婚姻缔结。严禁族内通婚，这是不可动摇的宗法原则，通过异姓联姻以扩大本宗族的力量。关于婚龄，各族将流行于该地的习惯引入宗族法，一般男二十，女十六（各地不一）可以婚嫁。

婚姻关系的成立与解除，与国家法律的规定一致，但对出妻，有的宗族法规定要经过族长公议，以示有所限制。

---

① 张传玺主编：《中国历代契约会编考释》（下），北京大学出版社1995年版，第1232—1233页。
② 张传玺主编：《中国历代契约会编考释》（下），北京大学出版社1995年版，第1222页。
③ 张传玺主编：《中国历代契约会编考释》（下），北京大学出版社1995年版，第1210—1211页。

在家法族规中,规范夫妻行为,调整家庭关系也是一个重要的内容。例如,清江南太平县馆田李氏家法"宜室家第三"便有如下规定:"夫妇乃人道之始,万化之基也,相敬如宾,岂容反目。虽夫为妻纲,固当从夫之命,然妻言有理,亦当从其劝谏;如妇人骄悍而挟制其夫,牝鸡司晨,为家之害,当严戒之。戒之不从,有恶行,出之可也。若娶妾,为生子计也。有子不得擅娶。若妻不容妾,其罪在妻,无子与妒均当去。宠妾凌妻,其罪在夫,当以失叙论罚。妾若泼悍无状,当废之。"①

在继承方面,宗祧继承按嫡长子、嫡长孙、嫡次孙、庶长子、庶长孙、庶次子、庶次孙,依次承继。如无嫡庶子孙,无法继承,可以选择族中昭穆相当之人立继,这些都和国法完全一致。除宗祧继承外,财产继承基本上实行诸子均分制,已出嫁之女,不得回父家继承财产。

(四)民事案件有特定的诉讼程序

早在《周礼》中便表现了民刑诉讼的区分。《周礼·秋官·大司寇》载:"以两造禁民讼,入束矢于朝,然后听之",郑玄注云:"讼为以财货相告者",即以财货相争的民事案件。《周礼·秋官·乡士》又云:"辩其狱讼。"疏曰:"辩,别也。狱为争罪,讼为争财。"经过漫长的发展过程,至清代已形成一整套不同于刑事诉讼的民事诉讼制度。

其一,诉讼管辖。

根据清律,一般主体的普通民事案件,均由事犯地方的州县衙门受理。《大清律例·刑律·诉讼·越诉》附例规定:"户婚、田土、钱债、斗殴、赌博等细事,即于事犯地方告理,不得于原告所住之州县呈告。"此条例为雍正六年(1728)订立,其强调之点为"于事犯地方告理",以便于查明事实,收集证据,迅速结案。而刑事案件一般采取原告就被告的原则,不由事犯地方州县管辖。直省客商在异地经商所发生的钱债纠纷,也"止许于所在官司陈告,提问发落"。原被告处于两处州县的民

---

① 《中国法制史资料选编》下,群众出版社1938年版,第1046页。

事案件,采取"听原告就被论(本管)官司告理归结"的刑事诉讼原则,不另做规定,但"(其各该官司自分彼此,或受人财)推故不受理者,罪亦如之。(如上所告)事情轻重,及受财枉法,从重论"。①

如旗民之间发生争控户口、田房案件,旗人由各本旗具呈,民人由该地方官具呈。如该管官审断不公及实有屈抑,而该管官不接呈词者,许其赴部控诉,亦有事系必须送部者,该管官查取确供确据,叙明两造可疑情节,送部查办。② 为了集中办理旗民之间的诉讼,户部专设现审处,"掌听旗民之讼事"③。

其二,审理。

凡告田园、房屋、坟墓、钱、债、婚姻、承继、行账等事,均需交验粘连契券、绘图、注说、婚阄书、行单等。不仅如此,土地纠纷案,要求有地邻;债务纠纷案,要求有中保;婚姻纠纷案,要求有媒证,反映了书证在民事诉讼中的重要价值。

民事案件一般可以调处结案,刑事案件除轻微刑事案件外,不得采用调处结案。

审理民事案件的法律适用,与刑事诉讼案件所要求的必须依律例断结不同,有律例者依律例(根据清代档案依律例断案的比重是较大的)。无律例者,州县官有权选择适当的民事法律渊源断结。在历史悠久、地域广阔、民族众多的中国,存在着复杂多样的习惯,如宗族习惯、村落习惯、行会习惯、行业习惯、少数民族习惯、宗教寺院习惯和秘密社会习惯等等。在这些习惯中,经国家认可,发挥着特殊的社会调整作用,是民事法律渊源的重要形式。例如,《清会典》明确规定,西藏"番民犯罪,仍依其俗论罪,按罪名轻重,以定纳赎多寡,译写定例存驻藏大臣处。凡罪经协尔帮郎仔辖噶布伦剖断后,皆呈驻藏大臣核

---

① 《大清律例》卷30,《刑律·诉讼·越诉》。
② 《大清会典》卷24,第1页。
③ 《大清会典》卷24,第1页。

定"①。又如依情理断案。在民事诉讼中"依情理断案"也不乏见。

例一,《吴中判牍》所载兄弟析产案:该家有七子,其母死后长子将遗产独占,余子告到官府。按律应判七子均分,但知府蒯子范为了照顾二、三房寡嫂守志,遂将遗产先分为七份,长房分得七份之一,其余并为二份,一份由四、五、六、七房兄弟均分,一份归二、三房寡嫂。并判曰:"阿兄不道,难应将伯之呼;群季皆贤,尚有援嫂之意。本县用是嘉尚,而于权(四子名)等有厚望矣。"②在这里,情重于法,司法判决与道德舆论的褒贬相合,其社会效果超过了简单的依法判决。

例二,于县令成龙对江、沈二家因小儿戏嬉发生争吵,告官。依理判决如下:"尔(指江姓)与对门沈寡妇宗氏,以小儿争之微衅,竟欲借此酿成大狱,以破其产,以耗其家,尔何不仁之甚耶! 古人十千买树,十万卜邻。即尔理尽直,彼理尽曲,区区小事,亦不应涉讼。况彼为寡妇,尔则丈夫。""沈宗氏茹苦含辛,抚孤守节,尔一堂堂男子为之邻者,允宜敬其志,钦其节,周恤其不足,原谅其不及","如尔子果有伤者,着即日于三日内抬县检验,由本县出资代为调治,不得犯沈宗氏一草一木,更不得需索沈宗氏一丝一粟。如无伤者,从此了事。"③

再如依礼断案凡是以纲常名教为内涵的礼,称之为"礼教"。而以道德习俗为内涵的礼,称之为"礼俗"。依礼断案,就是以礼教的基本原则和公认的道德规范作为民事判决的依据。

现引陆县令嫁书依礼判决兄弟争产案判词为例:

"尔兄弟名仁而不克成仁,名义而不知为义,以祖宗之微产,伤手足之天良。兄藏万卷全无教弟之心,弟六科,竟有伤兄之意,古云:同田为富,分贝为贫。应羞析荆之田氏,宜学合被之姜公,过勿惮改,思之自明,如再不悔,按律治罪不殆。"④

---

① 《光绪会典》卷 67,《理藩院》。
② 《清朝名吏判牍》。
③ 《清朝名吏判牍》。
④ 《清朝名吏判牍》。

此判词以手足之情为重,以仁义为针砭,借以激发其兄弟愧悔之心,消弭田产之争。

其三,判决、执行与上诉。

民事判决称为"堂断"或"堂谕",大多数是在当事人或监护人、调解人的呈状、保状以及表示悔过、服输、和解的甘结上,作出的批示。如:

"甘结。具甘结人胡瑞今于与甘结事。依奉结得:武宽禀身赖伊耕毁豆子争吵一案,蒙恩审讯完结,身回家安分度日,再不敢争吵滋事,所具甘结是实。

嘉庆十六年六月二十四日

胡瑞(画押)

批:准结。"①

在清代的民事诉讼档案中,经常看到如下的判决词:

"准,从宽免究销案,仍取两造遵允,送查。

钱已清楚,伤已平复,姑准从宽免究,准息销案。

既据吁恳求息,姑准免究销案。

既经处明,即取具遵允送案,以凭查销,勿违。

既经尔等理,两造均已允议,准,据票销案。

如结完案,倘有不符之处,定于重咎。"②等等。

凡属言词简约的判决,多为当堂口头宣告,无须公布和送达当事人,只有备案,留待上司查核。有些判词贴于照壁,以示判决的严肃性。民事案件实行一审终审制,州县判决后,即可执行,既没有专门的执行机构,也没有专门的执行程序,而且无须通禀,或通详上级衙门。例如,田宅、钱债纠纷,于当堂交付钱款或文书契据,双方各自具交状、收状、领状存案,以免日后翻异。如不能当堂交付,在甘结中必须说明交付的

---

① 档案《宝坻县全宗》。
② 见清代司法档案。

具体时间,限期交付。

民事判决的当堂执行,是常见的有效执行方式,对于拒不执行判决者,要"带案讯究",予以笞杖、监禁,以示执行判决的法律责任。如当事人不服州县判决,也可以逐级上控于府、道、省,直至京控,没有审级的限制,但严禁越级上控。

民事案件的上控,如系京控,都察院、步军统领衙门收呈之后,通常发回本省复审,并不送交刑部审理。《大清律例》规定:"至钱债细事,争控地亩,并无罪名可拟各案,仍照例听城坊及地方有司自行审断,毋得概行送部。"①至乾隆三十四年又定例:对于"其仅止户婚、田土细事,则将原呈发还,听其在地方官衙门告理,仍治以越诉之罪",理由就是"外省州县小民,敢以户婚、田土细事来京控诉,必非安分之人,仅将原呈发还,无以示儆。……仍治以越诉之罪"②。

以上可见,诉讼程序简便,审判方式灵活,既严明州县官的司法责任,又赋予其审判上的权变。对于纯民事案件,按民事手段审结。民事附带刑事的综合性案件,其民事部分适用民事手段,其刑事部分适用刑事手段。如"知情受寄,诈匿财产者,杖一百"。③ 但是否责惩,刑责多少,仍由州县官掌握。有时刑责是象征性的,只是作为威胁手段,迫使当事人服从调解或判决。但如案件事涉人伦,严重侵犯了纲常礼教,则要动用刑罚。根据现有的民事案例,即便在处刑的同时,对双方当事人争执的民事部分,仍采用民事手段解决,加笞之后,仍令补偿损失。认为民事案件均采用刑罚手段解决是以偏概全,不符合历史实际的,特别是忽视了刑责往往是针对民事案件所附带的刑事部分。

由于民事诉讼所具有的特殊性和州县官拥有较大的权宜之权,因此清朝建立了比较健全的监督机制。《大清律例》规定:"各省、州、县及有刑名之厅、卫等官,将每月自理案件作何审断与准理、拘提、完结之

---

① 《大清律例》卷30,《刑律·诉讼·越诉》。

② (清)薛允升:《读例存疑》卷39,第983页。

③ 《明公书判清明集》。

月、日逐件登记,按月造册,申送该府、道、司、抚、督查考。""其有隐漏、装饰……轻则记过,重则题参。如该地方官自理词讼,有任意拖延使民朝夕听候,以致废时失业,牵连无辜,小事累及妇女,甚至卖妻鬻子者,该管上司即行题参。若上司徇庇不参,或被人首告,或被科道纠参,将该管各上司一并交与该部从重议处。"①

五、简短的结论

近代以来,西方学者认为中国古代只有刑法没有民法,这种观点限于当时的历史条件和作者的视野,未能得出符合中国法制历史实际的结论,是不足怪的。其实,任何一个国家,任何一个时代,都不可能只有一种法律——刑法,社会关系的复杂性,决定了法律关系的复杂性以及法律调整方式的多样性,如果只存在罪与罚的刑法,那样的社会关系岂不是太简单了? 那样的社会还能存在吗? 作为调整财产关系和身份关系的民事法律,在任何一个文明社会,都是不可或缺的。可见否认中国存在民法的认识,不仅有悖于中国法制历史的实际,也完全违反了法理学的基本观点。中国古代法制文明发达很早,无论立法与司法,都在相当长的时间居于世界的先列,除刑法发达外,行政法律、民事法律、诉讼法律也都达到了很高的成就,不能以有无一部法典来概括一种部门法的有无,中国的法律体系及其形成过程,有其特殊的路径和本土化的渊源,有些不能用西方的法律发展的模式来要求,更不能用近现代的民法观点去衡量中国古代的民事法律,重要的是,深入中国法制历史的实际,进行细致的研究,然后再从中得出应有的结论。

---

① 《大清律例》卷30,《刑律·诉讼·告状不受理》。

第五讲　多元一体法文化

　　作为世界五大法系之一的中华法系,是以汉族为主体,各民族共同缔造的,它凝聚了少数民族的法律智慧,吸纳了少数民族优秀的法文化成果,是各民族的法律文化与法制经验相互交流与吸收的结果。各个少数民族在中华法系的形成和发展过程中,都做出了自己的贡献,而少数民族的习惯法与民间法,同样构成并丰富了中华法系的内涵。在统一多民族的古代中国,经过经济、政治、文化等多方面的推动,形成了多元一体的中华法文化。

　　中华法系作为一个历史悠久的古老的法系,在世界上获得了应有的尊重。早在 20 世纪初期,梁启超第一次从中国学者的角度提出了法系问题,他说:"近世法学者称世界四法系,而吾国与居一焉,其余诸法系,或发生蚤于我,而久已中绝;或今方盛行,而导源甚近。然则我之法系,其最足以自豪于世界也。夫深山大泽,龙蛇生焉,我以数万万神圣之国民,建数千年绵延之帝国,其能有独立伟大之法系,宜也。"[1]民国以来的法制史学者杨鸿烈、陈顾远、程树德、丁元普等,也对中华法系问题多有论述。但从中国统一多民族国家的实际出发,探讨中华法系的论著,尚不多见。1984 年,笔者在《再论中华法系的若干问题》[2]一文中,提出中华法系的特点之一就是融合了以汉民族为主体的各民族的法律意识和法律原则。近年来,笔者在编著《中国少数民族法制通史》的过程中,进一步觉察到中华法系确实凝结了少数民族的法律智慧,值得深入进行研究。这不仅会丰富中华法系的内涵,而且有助于弘扬少数民族固有的法文化,从而更加巩固中华民族大家庭的团结,共同为建设中国特色的社会主义法制做出贡献。

一、中华法系是集各族法律智慧共同缔造的

早在公元前 3 世纪秦并六国便形成了统一的多民族国家,由此,中国的疆域、中国的物质文明和精神文明,便由中华各族共同开发、共同创造,其中也包括中华法制文明的创制。

自上古迄至先秦,是中国各民族融合与统一基业的发端。以华夏族为主干,融入了古史所称东夷、南蛮、西戎、北狄等部族,形成了一个颇具规模的民族共同体。正是由于民族融合的成功,才出现了秦汉时代统一强盛的封建帝国。在这个过程中也开始了各族法律智慧最初的交融。史载:在华夏族创制法律之前,活动在长江流域的三苗,便已开始制定法律,所谓"苗民弗用灵,制以刑,爰始淫为劓、刵、椓、黥,越兹

---

[1] 梁启超:《中国法理学发达史论》,载范忠信选编:《梁启超法学文集》,中国政法大学出版社 2000 年版,第 69 页。

[2] 张晋藩:《再论中华法系的若干问题》,《政法论坛》1984 年第 4 期。

利刑并制,罔差有辞"。① 古文献的记载还得到了地下遗存的证实。三苗活动的地域较之华夏族活动的黄河流域更适于原始的农业耕种,因此很早便出现了财产私有和贫富分化。杜预在注《左传》时指出:"贪财为饕,贪食为餮,是三苗也。"②正是为了压制被剥削者的反抗,出现了最早的刑罚。其后黄帝联合炎帝战败三苗,灭其族而用其刑,使三苗的刑制发展成为整个夏商周三代通行的奴隶制五刑——墨、劓、刖、宫、辟,并沿用至汉初。

自战国末期至秦汉,北方兴起的匈奴族建立了统一的游牧军事政权,并开始制定刑法。史书说:"其法,拔刃尺者死,坐盗者没入其家;有罪小者轧,大者死。狱久者不过十日,一国之囚不过数人。"③这可以说是中华法制文明史上少数民族谱写的最早的法制历史篇章。

西晋末年开始的"五胡内迁",在中华民族的大家庭中,又融入了匈奴、鲜卑、氐、羌、羯等诸民族。至南北朝,一些少数民族相继在广大的中原地区建立了政权,为适应统治广大中原地区的需要,结合本民族的传统,制定了适用范围不同的法律。特别是鲜卑族统治的北魏时期,较为重视法制建设,迅速由习惯法过渡到成文法阶段,并在汉族思想家和律学家的帮助下,以"齐之以法,示之以礼"④为指导思想,终于在太和五年颁布了著名的《太和律》。这部律典既融会了汉、魏、晋以来儒家的法律思想与立法成就,同时也保留了某些元魏旧制,可以说是这个时期游牧民族与农耕民族大融合在法文化上的产物。例如"世祖定律,妇人当刑而孕,产后百日乃决"⑤便体现了儒家人本思想的影响,而这项法律规定对后世的相关立法也起了先验的作用。

---

① 《尚书·吕刑》。
② 《春秋左传正义·文公十八年》。
③ 《史记·匈奴列传》。
④ 《魏书·刑罚志》。
⑤ 程树德:《九朝律考》卷五《后魏律考》(下),中华书局 2003 年版,第 383 页。

北魏以后,经过长期探索,至北齐,立法进入了一个新的发展时期,无论是体例、篇目、罪名、刑制、法例都趋于定型。程树德先生评论说:"南北朝诸律,北优于南,而北朝尤以齐律为最。"①《北齐律》创立的体例、刑制与主要罪名对于隋唐律的传承关系十分明晰:"盖唐律与齐律,篇目虽有分合,而沿其十二篇之旧;刑名虽有增损,而沿其五等之旧;十恶名称,虽有歧出,而沿其重罪十条之旧。"②程氏虽然阐述了北优于南的法律演变的事实,却未能揭示出这一演变的原因。

北优于南的原因之一:其继承并发展了南朝律法,"由它的先驱者传给它,而它便由以出发的特定的思想资料作为前提"。③北朝修律时重用崔浩、高允、熊安生等著名的汉律学家和名儒,经过他们之手传播了先进的汉族法文化,综合了魏晋以来的司法经验,造就了北朝律系统的辉煌成就。以《北齐律》为例,它是在崔昂主持下,由封述、赵彦深、魏政、阳休之、马敬德等一大批律学家共同参与,历时十余年始完成的。它克服了南朝律的繁芜,也不似北周律的刻意仿古,注意了礼律并举,又在罪名与刑制上有所创新,做到了"法令明审,科条简要"④,因而为隋朝所取法。

北优于南的原因之二:北朝统治者进入中原以后,为了适应统治广大汉族地区的需要,开始重视运用法律的手段,积极组织立法活动,并且令"仕门子弟,讲习法令"。历史的事实证明,北朝统治者只有采用被征服者汉族的较为先进的统治方式,接受被征服者的法律文化,才得以稳固其在中原地区的统治,克服游牧民族的积习,抑制私家势力的离心倾向,协调家国关系,巩固专制主义中央集权的政权。如同恩格斯所说,"征服者,在绝大多数情况下,都不得不适应征服后存在的比较高

---

① 程树德:《九朝律考》卷六《北齐律考》序,中华书局 2003 年版,第 391 页。
② 程树德:《九朝律考》卷六《北齐律考》序,中华书局 2003 年版,第 391 页。
③ 恩格斯:《恩格斯致康·施米特》,载《马克思恩格斯选集》第 4 卷,人民出版社 1972 年版,第 485 页。
④ 《隋书·刑法志》。

的'经济状况',他们为被征服者所同化,而且大部分甚至还不得不采用被征服者的语言"。①

北朝从元魏律首开端绪,至北齐律已经蔚然可观,并创制了新的法律形式"格""式"。除此之外,如"八议"论赎范围的明定、十条重罪的法律化与五刑的制度化都为隋唐律及其以后的封建法律的发展奠定了基础。北朝法律系统可以称为我国封建中期法律发展之滥觞。

北优于南的原因之三:南朝在腐朽的士族统治下,以清谈互相标榜,热衷于玄学、佛学,轻视刑名法例之学,法制趋于保守,律学也因之大衰;相反,进入中原地区的北朝少数民族统治者却富于积极进取精神,由游牧文化迅速向封建的农业文化转变,无论经济、政治、法律、思想、文化都保持改革的态势,在传承中原汉族法文化的同时,也从实际出发进行了创新。

正是由于各民族坚持不懈地进行法制的创造和法文化的交流,才有隋唐时期中华法系的成熟与定型。

隋唐时期中国的法律文化、典章制度远播海外,中华法系成为相邻国家和地区的母法。而建立在祖国边陲的吐蕃、突厥、南诏等地方民族政权,各自都有着一套行之有效的法律体系。尽管这些法律带有浓厚的地域色彩,并杂有民族习俗和宗教规条,但是不可否认,它们都包容在中华大法苑中,都是中华法制文明的重要组成部分,都体现了当时这些少数民族对法制的重视、思考和创制。

唐朝统治者对少数民族的法律和习俗持认同态度。《唐律疏议》在处理化外人相犯时提出了这样的原则:"诸化外人,同类相犯者,各依本俗法,异类相犯者,以法律论。"在此条律文的疏议中特别提到:"'化外人'谓蕃夷之国,别立君长者,各有风俗,制法不同。其有同类自相犯者,须问本国之制,依其俗法断之。"②由此开创了在统一多民族

---

① 恩格斯:《反杜林论》,载《马克思恩格斯选集》第 1 卷,人民出版社 1972 年版,第 222 页。
② 《唐律疏议》卷 6,"化外人相犯"条。

国家中,不同的民族在特定条件下可以适用本民族法律的先河。这条规定也从一个侧面反映了各族法律的发展状况,以及在互相交流中不断地得到演进的历史事实。

由于唐朝统治者开明的民族观念和民族政策,使得各民族关系更为和谐,唐太宗曾提到"夷狄亦人耳,其情与中夏不殊。人主患德泽不加,不必猜忌异类。盖德泽洽,四海可使如一家"。① 以致有唐一代,在内附的民族区域建立的羁縻府州县多达 856 个,"羁縻,犹言维系也"。② 在这些羁縻府县中,政权事务由当地少数民族首领经过册封世袭管理,原少数民族的习惯法得以保留,许多民族还制定了地方性的法规。

宋朝是面临民族问题最多的朝代,统治者非常重视运用法律的手段调整与西北番族的关系,制定了《番官法》《番兵法》《番丁法》《茶马法》等法规。在宋朝统治期间,契丹族、党项族、女真族先后崛起,建立了辽、西夏、金等国,分别制定了既吸收中原地区传统法律文化,又具有各民族特色的辽《重熙新定条例》、金《泰和律义》、西夏《天盛改旧新定律令》等。辽金律只保留片段记载,全文已佚。西夏《天盛改旧新定律令》是中国历史上第一部用少数民族文字印行的法典,其详细程度为现存中古法律之最。内容包括刑法、诉讼法、民法、经济法、军事法,多方位地反映了西夏社会生活的各个方面。③

有宋一代既是民族对立纷争时期,也是民族不断融合时期。特别是民族立法呈现出前所未有的发展态势,成为中原汉族法律文化影响下法文化融合的新产物,构成了中华法制文明的特定组成部分,并成为继起的元朝法制建设的历史渊源。

至元朝,建立了以蒙古少数民族为主体、蒙古贵族领导下的全国性

---

① 《资治通鉴》卷 198,贞观二十一年五月。

② 《纲鉴易知录·唐纪》,中华书局 1960 年版。

③ 参见史金波、聂鸿音、白滨译注:《天盛改旧新定律令》,法律出版社 2000 年版,原文献藏于俄国科学院东方研究所圣彼得堡分所。

统一政权。元朝的法制在传承唐宋律、金律并参以国制的基础上，形成了具有某种创新精神和民族特色的一代法制。

其一，在立法思想上充分体现了汉蒙民族法律文化的交融。元世祖即位后，根据"帝中国，当行中国事"，"北方之有夏者，必行汉法，乃可长久"的认识，在即皇帝位的诏书中，明确宣布新王朝的立国原则是："祖述变通"，"稽列圣（祖宗）之洪规，讲前代（中国）之定制"。① 实际上就是构建既能确保蒙古贵族的利益，又大体上与中原封建社会相适应的政权机构与各种制度。为了运用法律手段统治全国的需要，采纳了汉族官僚提出的"遵用汉法""附会汉法"的建议，积极编纂"国之成法"，即以蒙古习惯法为基础，并"援唐宋之故典"、参"辽金之遗制"的元朝法律。以"附会汉法"作为元世祖最具代表性的立法指导思想不是偶然的，在经济、文化、国家管理各方面都落后于汉族的蒙古贵族，为了统治全中国，只能吸收、参用汉族先进的统治方式与法律制度，因此，"附会汉法"是唯一的选择，也是明智的选择。

有元一代代表性的法典《大元通制》，承袭唐宋律五刑、五服、十恶、八议等内容，如同《经世大典·宪典总序》所说："名例者，古律旧文也，五刑、五服、十恶、八议咸在焉。政有沿革，法有变更，是数者之目，弗可改也。"有些则"暗用而明不用，名废而实不废"。② 与此同时，又从元朝统治的实际出发增加了唐宋律所没有的新的条文，如"平反冤狱"。

元朝实行的"祖述"与"变通"相结合，既附会汉法，又参以旧制的立法思想，对于清朝的"参汉酌金"立法思想的形成提供了历史的先验。无论"祖述""变通"还是"参汉酌金"，都是驱动法制落后的少数民族走向进步的历史必由之路。

其二，制定从中央到地方的专门监察法律。元初为了监督汉族官

---

① 《元史·世祖纪》（二）。
② 吴澄：《大元（通制）条例纲目后序》，载《草庐吴文正公全集》卷19。

僚忠于职守,并为克服蒙古贵族官僚的陋习,非常重视监察机关的作用。世祖曾说:"中书朕左手,枢密朕右手,御史台是朕医两手的,此其重台之旨,历世遵其道不变。"①

元朝的监察机关除中央御史台外,还于江南、陕西二地设行御史台,作为地方最高监察机关,标志着监察体制的重大变化,特别是专门性的监察立法取得重大发展。

世祖至元五年,在设置御史台的同时,由侍御史高鸣主持制定《设立宪台格例》,作为御史台行使监察权的基本法律依据。《设立宪台格例》大体分为宪纲与条例两部分。"宪纲"部分规定了御史台的职权范围和地位;"条例"部分包括纠察、纠弹、体究、推纠、体察、纠劾、照刷及罚则等。元世祖之后,《设立宪台格例》仍然遵行不悖,后经不断补充,汇编成《元典章·台纲》。

至元十四年七月设立行御史台后制定《行台体察等例》,规定了行御史台的职掌范围。有权弹劾行中书省、宣慰司及以下诸司官吏奸邪非违。鉴于地方官贪赃枉法、司法黑暗,因此在《行台体察等例》中,属于司法监察的条款竟有十条之多。为避免失察、漏察,其最后一条规定"其余该载不尽,应合纠弹事理,比附已降条画,斟酌彼中事宜就便施行"。

元朝于地方设立按察司作为基层监察机构,充分发挥其职能关系到基层政权的稳定和整个国家的状况,因此,至元六年二月制定《察司体察等例》对提刑按察司的权责作出明确规定,使之奉行有准,考察有据。但由于《察司体察等例》赋予提刑按察司以广泛的监察职权,以致该条例颁布后出现了提刑按察司官员滥用职权,甚而造成种种腐败的现象。为此,至元二十一年八月又制定《禁治察司等例》,进行约束。

至元二十八年,将提刑按察司改为肃政廉访司,制定《廉访司合行条例》,共五条,强调廉访司官委任既重,分临监治不得苛细生事,违者

---

① 叶士奇:《草木子·杂制》,中华书局 1959 年版,第 61—62 页。

以不称职论处。每年年终检校所在监治去处,根据事迹分为称职和不称职,以定奖惩。

元朝监察法的实施,对于维持吏治起了一定的作用。其立法的形式与基本内容,成为明朝监察法《宪纲条例》的范例。

其三,民事诉讼制度取得新的发展。元朝社会经济的发展与各族人民经济往来的增加,发生了大量民事纠纷,"诸民讼之繁,婚田为甚"。① 为了解决日益增多的民事纠纷,在传承宋代民事诉讼制度的基础上,有了新的发展。如扩大了民事诉讼代理的范围,包括致仕官与一般百姓。据《元史·刑法志》:"诸致仕得代官,不得已与齐民讼,许其亲属家人代诉,所司毋侵挠之。"年老笃疾残废等人许令其同居亲属代理诉讼。妇女"若或全家无男子,事有私下不能杜绝,必须赴官陈告,许令宗族亲人代诉,所告是实,依理归结,如虑不实,止罪妇人,不及代诉",如果"寡居无依及虽有子男,别因他故妨碍,事须论诉者,不拘此例"。近人徐朝阳说:"一般人民许与代理诉讼者,盖自元代始。"②

广泛运用司法调解。根据《至元新格》:"储论诉婚姻、家财、日宅、债负,若不系违法重事,并听社长以理谕解,免使妨废农务,烦挠官司。"③调解的方式有民间调解,即由社长负责对邻里间的民事纠纷"以理论解",还有司法机关调解。调解的结果对当事人具有法律效力,诉讼双方一般不得再以同样的事实和理由重新提起诉讼。《元典章》对此有详细记载:"凡告婚姻、田土、家财、债负不违法者,若已拦告,所在官司不许轻易再接诃状归问,如违从廉访司照刷究治。""今后凡告婚姻、寺院有财债负,如原告被论人等自愿告拦休和者,准告之后,再兴讼端,照勘得别无违错事理,不许受状。""今后凡告婚姻、田宅、家财、债负,若自愿告拦,详审别无违法,准告以后,不许妄生词讼,违者治罪。"

---

① 《元典章》卷53,《刑部》(十五)。
② 徐朝阳:《中国诉讼法溯源》,商务印书馆1973年版,第60页。
③ 《通制条格》条十六,《田令》。

元人张养浩说:"亲族之讼宜徐而不宜亟,宜宽而不宜猛,徐则或悟其非,猛则益滋善恶,下其里中开愉之,斯得休矣。"元代调解制度对明清都有明显的影响。

以上可见,元朝虽不是尚法、遵法的朝代,但由于社会进步的推动,在唐宋旧制的基础上仍有所创新,为中华法制文明添写了重要的一笔。

清朝于关外肇基时期便注意吸收明朝先进的法制,建设后金(清)的法制,并在汉臣的帮助下形成了"参汉酌金"的立法路线。

作为第二代金主的皇太极一方面表示:"朕闻国家承天创业,各有制度,不相沿袭……朕缵承基业,岂可改我国之制,而听从他国。"①另一方面,积极吸收汉族法律文化,用以改变满洲旧俗。天聪五年(1631)七月,皇太极在申明谕禁同族嫁娶违者以奸论罪的理由时说:"明与朝鲜皆礼义之邦,故同族从不婚娶。彼亦谓既为人类,若同族嫁娶,与禽兽何异? 是以禁止耳。"②天聪六年(1632)三月皇太极对民间讦告例中"若子告父、妻告夫及同胞兄弟相告,果系反叛逃亡,有异心于上及诸贝勒者,许告,其余不许"的规定解释说:"所以严禁者,以此乃古圣王之成法,故今仿而行之耳。前禁不许乱伦婚娶,亦此意也。"③皇太极所说的"古圣王之成法"就是指以明朝为代表的封建等级伦理的典章制度。

崇德六年(1633)文馆大臣宁完我提出:"《大明会典》虽是好书,我国今日全照他行不得","况《会典》一书,自洪武到今,不知增减改易了几番,何我今日不敢把《会典》打动他一字? 他们必说律令之事非圣人不可定,我等何人,擅敢更议? 此大不通变之言,独不思有一代君臣,必有一代制作"。他明确提出:"参汉酌金,用心筹思,就今日规模,立个《金典》出来。""参汉酌金"以"渐就中国之制","必如此,庶后得了蛮

---

① 《清太宗实录》卷18,天聪八年四月。
② 《清三朝实录采要·太宗》卷2,天聪五年七月庚辰。
③ 《清太宗实录》卷11,天聪六年三月。

子地方不致手忙脚乱"。① "参汉酌金"四字既是皇太极积极吸收明朝法制的概括,又是进一步推行民族法文化融合的指导思想。

综括皇太极统治时期"参汉"的主要成就,表现为仿明会典建立内三院、六部与都察院,并制定了相应的组织条例。此外还使唐律以来的十恶入律,成为关外时期清政权刑法的主体部分。至于"酌金",主要是确认八旗制度,建立蒙古衙门(后改为理藩院),其为与六部平列的管理民族事务的最高机关,又是民族地区重大司法案件的上诉审级。

入关以后,更将参汉酌金的立法路线推行到全国。顺治三年制定的《大清律集解附例》其实是大明律的翻版。随着汉满法文化交流的深化,至乾隆五年修订的《大清律例》,除某些确认满族权益的特殊规定外,实质上已经成为与唐明律相同的正统封建法典,这也是中国封建社会最后一部集大成的封建法典。

除《大清律例》外,五朝会典(康熙、雍正、乾隆、嘉庆、光绪)与各部院则例的制定,成为最为完备的封建行政法体系。特别需要指出的是,清朝作为以少数民族为主体的政权,更注重对少数民族地区进行专门性立法。诸如《理藩院则例》《回疆则列》《西藏章程》《苗疆条例》等等,代表了民族立法的成就,对于稳定统一多民族国家起到了重要的作用。

以上可见,自中华民族进入文明起,在中华大地上便孕育了包括汉族在内的众多的民族。

多元一体法文化:中华法系凝结少数民族的法律智慧

尽管各民族在不同的时代,由于文化、经济、政治发展的差别而处于不同的历史地位,对于缔造中华法系所起的作用也有所不同,但体现中华法制文明内容极其丰富的中华法系是各族共同缔造的,凝聚了各族的法律智慧,是各民族的法律文化与法制经验相互交流与吸收的结果。

----

① 宁完我:《请变通〈大明会典〉设六部通事奏》,载《天聪朝臣工奏议》卷中。

二、少数民族的习惯法、民间法是
中华法文化的组成部分

在悠久的历史长河中，建立地方性的独立政权的少数民族毕竟是少数，而建立全国性政权的少数民族也仅有元、清两朝的蒙古族与满族。绝大部分少数民族依然固守在世代生活的一隅之地，遵循着传统的习俗和共同推崇的权威规则，维持着社会的秩序，调整着生产与生活，使民族的生命得以延续和发展。

这些民族的生产与生活如何有序进行，相互间的矛盾与纠纷如何解决，对财产的侵犯与人身的伤害如何制裁等等，都需要依靠约定俗成的规则，这些规则有些是成文的习惯法，有些是不成文的习俗。这些习惯法与习俗是简单疏陋的，但却世代相传，具有很高的权威与约束力，发挥着对该族内部诸多方面的规范作用，这是我们研究中华法文化所不可忽视的。事实上，国家制定的大法难以覆盖的角落，习惯法、民间法、家族法，或者其他的风俗习惯都对建立与维持一定的秩序发挥了重要的乃至主要的作用。韦伯在论中国传统皇权治理模式时说："出了城墙以外，统辖权威的有效性便大大地减弱，乃至消失。"①这个论断虽然稍嫌绝对，但却揭示了一个现象：在乡土中国，存在着王法难以到达的真空。一般偏僻地域犹且如此，更何况在少数民族聚居的边远地区呢？因此，全面研究中华法文化也需要探究在少数民族地区起实际作用的法律渊源；需要了解少数民族的生活秩序中，法与情、法与理是如何统一的；尤其需要掌握具有共同性的法律意识的生成、发展及其应用。

一个王朝的法制的生命力毕竟是有限的，而内蕴在少数民族心目

---

① ［德］马克斯·韦伯：《儒教与道教》，洪天富译，江苏人民出版社1993年版，第109页。

中的法律意识和法律思想是世代相沿的。以下,以彝族、羌族、苗族、藏族、蒙古族为例加以说明。

处于奴隶社会的大小凉山的彝族,是一个人口众多、历史悠久和拥有古老文化的民族。自秦汉以来,彝族就与中央王朝及周边各民族在政治、经济、文化各领域始终保持着水乳交融的联系。至唐朝,以彝族为主体的南诏政权与唐王朝修好,促进了西南与中原地区的经济和文化交流。彝族的法律文化是在彝族人民长期的社会生活实践中累积而成的,反映了独特的生活经验和法律意识。其主要形式是不成文的习惯法,大多存在于格言和谚语之中,被人们以口耳相传的方式世代承袭,内含彝族的微观秩序,以及婚姻、家庭、继承、契约关系的规范,家支头人据以行使刑赏处罚大权,维持彝族社会的延续和发展。清朝统治时期虽然存在着清政府的官方法、土司法、习惯法等多层次的格局,但彝族传统习惯法仍起着主要的调整作用。在各种法文化相互影响、相互交融的大氛围中,彝族法文化具有了融入中华法文化的可能性。

羌族也是中国古老的民族之一,已故社会学家费孝通曾经指出:"羌人在中华民族形成过程中起的作用似乎和汉人刚好相反,汉族是以接纳为主而日益壮大,羌族却以供应为主,壮大了别的民族,很多民族(包括汉族在内)从羌人中得到血液。"①所以,研究中华民族的历史离不开了解羌族的历史。唐宋以后,羌族多与汉族或其他民族融合,唯有岷江上游的一部分,由于多种原因一直延续至今,成为祖国各民族大家庭中的一员。

秦汉以来,羌族法制基本由三部分构成:一为中央政府的相关立法,二为羌族地方割据政权制定的法律规范,三为习惯法。羌族习惯法是羌人公认并且被视为具有法律约束力的一些习惯、惯例和通行的做法。它是从羌族社会中提炼出来,由羌族成员共同维护、共同遵守的行为准则,违反者要受到处罚。羌族习惯法的内容极为丰富,涉及土司、

---

① 费孝通:《中华民族的多元一体格局》,《北京大学学报》1989 年第 4 期。

刑事、财产、婚姻、家庭、继承、诉讼等诸多方面。其表现形式既有口耳相传的民歌民谣、民间谚语、民间传说等口碑资料,也有石刻碑文、家谱族规、文书契约、诉讼档案等文献资料。在国家制定法还不完善和渗透不到的情况下,起着强有力的调整作用,补救了国家制定法的不足,丰富了中华法文化。

苗族也同华夏族一样具有极为悠久的历史,三苗曾对中华法制文明的萌发起过重要的作用。进入封建社会以后,苗族基本上是按宗支建立自己的社会组织,所谓"立鼓为社",各鼓社均有自己的民主议事制度,并根据古礼和传统习惯制定了规约。从形式上看,既有法规、碑刻、族规、案例,也有"埋岩"(无字碑)、议榔规约、法的传说等。

在苗族法的实际执行中,习惯法是以鼓社强制力保证实现的,这些社会组织有自己的法庭、监狱和执法人员,对危害社会秩序的各类违法犯罪,轻则罚款、罚畜,重的要驱逐出村寨,甚至活埋、沉水和杀人祭祖,这些多在村寨范围内得到执行。

清朝统治中后期,在苗疆立法中准许按照苗族习惯法"苗例",解决人命斗殴一类刑事案件。

乾隆元年(1736)七月,发布上谕进一步明确:"苗民风俗与内地百姓迥别。嗣后苗众一切自相争讼之事,俱照苗例完结,不必绳以官法。至有与兵民及熟苗关涉之案件,隶文官者,仍听文员办理,隶武官者,仍听武弁办理,必秉公酌量,毋得生事扰累。"[1]乾隆二年(1737)闰九月,又"以苗地风俗与内地百姓迥别",谕古州等处苗人"一切自相争讼之事,俱照苗例完结,不治以官法"。[2]

乾隆五年(1740)完成《大清律例》的修订,特附苗疆条例如下:"凡苗夷有犯军、流、徒罪,折枷责之案,仍从外结,抄招送部查核,其罪应论死者,不准外结。亦不准以牛、马、银两抵偿,务按律定拟题结。如有不

---

① 《清高宗实录》卷22,乾隆元年七月辛丑。
② 《清高宗实录》卷52,乾隆二年闰九月丁卯。

肖之员,或隐藏不报或捏改情节,在外完结事,事发之日,交部议处。其一切苗人与苗人自相争讼之事,俱照苗例归结,不必绳以官法,以滋扰累。"①

至乾隆中叶,清廷对原有苗疆条例进行增删。增者如:"苗民伏草捉人,为首斩监候。""凡黔、楚两省相接红苗,彼此仇忿,聚众抢夺者,照抢夺律治罪。人数不及五十名,伤人为首者,枷号两个月;为从者一个月。杀人者斩监候……"②

此外,删除雍正六年"土蛮、瑶、僮、苗蛮居住混杂者,照例议处"之例,因"苗蛮斟得宜,全在随时斟酌变通,若定为成例,恐反有窒碍难行之处,无庸纂入"。

另将雍正六年"苗、倮、蛮户不许带刀出入例"改为"其佩刀跳月之处毋庸禁止"。③《清高宗实录》亦云:"查佩刀本苗人之夙好,而跳月亦自仍其土风,原无碍于政教。"④

从清朝对于苗族习惯法"苗例"的认定,以及《大清律例》所附条例的增删修订中,反映了清朝因俗制宜的民族立法政策,也清楚地说明了汉、苗法文化在交流中的发展过程。

藏族也是一个古老的民族,在漫长的历史发展过程中形成了以古老的苯教法与佛教法相结合的多种形式的藏族法文化。这不仅是藏民族精神财富与物质文化的核心内容,也是中国文化与中华法文化总体覆盖下的重要组成部分。

藏族远古时期就产生了调整氏族和部落之间、氏族与氏族之间、部落与部落之间的人伦道德规范和以原始苯教文化为主要内容的习惯法。

总之,藏族在历史发展中形成了刑事、民事、行政等世俗法律、伦理

---

① 《大清律例》卷37,条例"断狱下·断罪不当"。
② 《大清律例》卷24,条例。
③ 《大清律例》卷19,条例。
④ 《清高宗实录》卷773,三十一年十一月乙酉。

道德法律、宗教法规以及各种部落习惯法。这些法律在中央政府立法的统领下，发挥着重要的调整作用，构成了藏族独具特色的法律文化。

蒙古族是民族大家庭中最重要的成员之一。蒙古族自古就有许多世代相传的"yusun"（蒙古语音译"约孙"），被长期奉行和遵守。"约孙"具有"理""道理"的含义，通常汉译为"习惯"①。元代又译为"体例"②，其义为道理、规矩、缘故，即社会上长期以来形成的习惯法规，③是蒙古族据以评判是非的标准、调整社会关系的准则。其中有些内容随着社会经济的发展以及蒙古国立国后法规的出现，成为蒙古大汗立法的参照和依据，体现为具体的法律条文。"约孙"作为"习惯法"，是蒙古法——"札撒"的主要法律渊源；另一些"约孙"则随时代延续下来，虽然没有成为蒙古汗国的具体的法律条文，但它具有社会调节功能，特别是在社会意识形态领域里占据与法律（札撒条文）同等重要的地位，是蒙古社会实际起作用的"习惯法"。

在清朝，根据因俗而治的政策指导下制定的《蒙古律例》与《理藩院则例》，也对蒙古族固有的习惯法与习俗加以认定。如：承认蒙古固有的盟旗制度；刑事法律中规定的"罚九定数"（即罚马二匹，犍牛二只，乳牛二只，三岁牛二只，两岁牛一只）；司法制度中的入誓制度等。

以上可见，少数民族习惯法与民间法的数量是庞大的，形式是多种多样的，内容涉及社会生活的方方面面，起着重要的调整作用。它们的存在有其必要性与合理性。特别是经过了漫长的岁月，无论是成文的和不成文的习惯法、民间法，都沉积了少数民族的法律意识、法律智慧与法律创造，形成了独具特色的民族法文化。而纷繁多样的少数民族

---

① （明）火源洁：《华夷译语》（上）；载《涵芬楼密籍》第四集，洪武二十二年，明经厂刻本。

② 扎奇斯钦：《蒙古秘史新译并注释》卷九，第二一六节，（台北）联经出版事业公司1979年版，第327页。

③ 参见［英］道森编：《出使蒙古记》，吕浦译，周良霄注，中国社会科学出版社1983年版，第12页。

法文化又都融入以汉族为主体的法文化中,如同涓涓细流之汇入长江一样,就这样最终形成了丰富多彩多元一体的中华法文化。

三、关于多元一体的法文化问题

从中华法制文明的起源来看,除华夏族外,三苗之功不可忽视。而在中华法制文明发展的整个过程中,各少数民族也都做出了自己的贡献。由于各民族发展的状况不同,或者建立了偏安一隅的政权和法制,或者进入中原地区建立更为宽广的政权与法制,或者建立了统一全国的以少数民族为主体的全国性政权与法制。由于中华少数民族之间是开放的,因此各族法文化是相互交流的,经过交流而渐趋于融合,最终丰富了以汉族为主体的中华法文化。可见,无论中华法文化的形成还是发展,都具有多元一体的特性。其所以形成,一是各民族由游牧文化、渔猎文化逐渐向农耕文化过渡,从而为多元一体的法文化奠定了经济基础;二是统一专制主义中央集权的国家体制,为多元一体的法文化提供了政治条件;三是汉族法文化不仅具有先进性和包容性,而且还表现出巨大而长久的凝聚力、融合力和同化力。自夏朝建立以后,中原地区迅速发展成物质文明、精神文明、法制文明最发达的中心地区。经过夏商周三代一千余年的统治,巩固了中原地区汉族的主体地位。各族的法文化成就最终都与以汉族为主体的,以儒家思想为指导的法文化相交融,形成中华法文化。

在这个过程中,一些有作为的政治家、思想家也起了推动作用。例如:北魏孝文帝鉴于"律令不具,奸吏用法,致有轻重"①,不仅多次修律,而且亲自执笔定拟,史书说:"孝文用夏变俗,其于律令,至躬自下笔,凡有疑义,亲临决之,后世称焉。"②他还总结汉以来的统治经验,提

---

① 《魏书·刑罚志》。
② 程树德:《九朝律考》卷五《后魏律考》序,中华书局 2003 年版,第 333 页。

出了"营国之本,礼教为先"①以及"法为治要"②的礼法并用的治国方略。没有孝文帝积极推行汉化的政策,就不可能有北朝的法制建树。

唐朝不仅设置了数百个羁縻州县,而且在《唐律疏议》中规定了"化外人有犯"的专门条款,充分显示了对少数民族法律与习俗的认可,也表现出了作为中央政权统一适用法律的考量。

金世祖在位期间对法律进行了系统修订,完成《大定重修制条》十二卷,一千一百九十条,由于大定以来"尽行中国法"③,这部法典更多地融入了汉法。章宗统治时期金朝社会经济发展、政治稳定、民族融合,儒学本体的汉文化已为女真人普遍接受。章宗彻底推行了汉化政策,他在法制上总结经验,在权衡汉蕃法律杂糅利弊得失的基础上,更多地引进唐宋律,造就了金朝最辉煌的法制文明。

元世祖在汉臣的建议下,在即位诏书中,明确宣布"祖述变通"的治国方略,"祖述"指"稽列圣(祖宗)之洪规","变通"指"讲前代(中国)之定制"。④ 由此而形成了特色鲜明的元朝法律体系。

清朝在民族立法中既坚持因俗制宜的原则,更注意内地化的倾向,以加强法律的统一适用。例如《理藩院则例》中规定办理蒙古案件,蒙古例所未备者,准照大清律办理。蒙古处分例无专条准咨取吏、兵、刑等部则例比照引用,"体察蒙古情形定拟,毋庸会办"。又如蒙古人、汉人在不同地区犯罪的处罚,清初与清中叶的规定也有所不同。清初规定,汉人在蒙古地区犯罪,依大清律办理,蒙古人在汉人辖区犯法,依蒙古例办理,体现了属人主义原则。随着蒙汉混居逐渐普遍,继续适用上述原则已不能达到预期的立法效果,因而进行了调整。乾隆十四年六月上谕:"理藩院奏请更定民人行窃蒙古律文甚是。向来蒙古与民人互相偷窃治罪之案,定例原未周详。蒙古行窃,从重治罪者,盖因蒙古

① 《魏书·任城王云传》。
② 《魏书·高祖纪》。
③ (元)刘祁:《归潜志》卷十二。
④ 《元史·世祖纪》(二)。

居住,并无墙垣防卫,易于被窃,是以从重定拟。若民人在蒙古地方,偷窃蒙古牲畜,其易于行窃,与蒙古何异。现今蒙古偷窃民人牲畜,治以重罪,而民人偷窃蒙古牲畜,从轻杖责发落,殊未平允。况窃匪巧诈,蒙古因见民人治罪甚轻,或贿令民人承认者有之,民人或教令蒙古行窃,而代为承认者有之。凡在蒙古地方行窃之民人,理应照蒙古律治罪。如谓新定例不无过重,则蒙古之窃蒙古,照蒙古例,蒙古之窃汉人,照汉人例,始为允当。但蒙古地方辽阔,部落蕃孳,俱赖牲畜度日,不严加治罪,何所底止。今将汉人之窃汉人,仍照汉人例;汉人之窃蒙古,照蒙古律,则窃盗自必渐少,而立法亦属平允。著照理藩院所奏,将律文更定。即行文沿边驻答界连蒙古地方之督、抚、将军等。令其通行晓谕。嗣后民人有在蒙古地方行窃者。即照现定律文。从重治罪。"①

在统一多民族的古代中国,经过经济、政治、文化各种条件的推动,形成了多元一体的法文化。多元不仅不妨碍一体,而且是构成一体的因子;一体也不否认多元的价值,相反在不同程度上加以认定。多元一体的法文化,符合中国的国情实际,有利于发挥各民族的积极性,从而加强了民族大家庭的和谐,巩固了统一的国家统治。

综括上述,历史雄辩地证明了中华法系是以汉族为主体,各民族共同缔造的,凝聚着少数民族的法律智慧,吸纳了少数民族优秀的法文化成果。尽管不同的民族对中华法系的贡献有所不同,但都反映了其作为中华民族大家庭一员的历史责任。

在世界文明古国中,埃及、巴比伦、波斯、希腊等,由于种种原因,或已失去独立自主的民族生命,或已丧失其固有的文字和文化传统,唯有中国虽然经历了四千多年的历史发展过程,但却始终延续其独立的民族生命。这是和以汉族为代表的先进文化的渗透力、亲和力、凝聚力所形成的统一的中华文化分不开的,它为构建稳定的中华民族提供了精神支柱和思想基础。尽管古代曾经存在过华夏文化中心论的华夷之

---

① 《清高宗实录》卷342,乾隆十四年六月己丑。

辨,但并没有妨碍自秦汉以来中华民族便已形成为稳定的共同体。由于中华各族都繁衍生息在中国固有的土壤之上,因此尽管血缘上有异,居住地域上有别,生产生活方式也有所不同,但却没有形成民族间的隔阂。相反,数千年来,各民族经过不断的迁徙、杂居、通婚、互市,在文化上互相学习,在血统上互相融合,你中有我,我中有你,民族隔阂逐渐消弭,而统一的民族精神则不断地凸显,这种民族精神,早已超越了一种一族的界限。正是各民族的多样性发展,才形成了绚烂多彩的中华文明,才凝聚成厚重的"中华魂"。中华法律作为中华文化的重要组成部分,虽有其源与流、干与枝的关系,但并不妨碍其多样性的统一。考察中华法系,需要进行多方面探索,但无论如何离不开古代中国统一多民族的国情。只有如此,才能把握住中华法系的真实内容,才能理解中华法系何以如此博大精深。

第六讲　考课——中国古代职官管理的重要制度

中国古代的职官考课，从战国起迄至清朝，虽代有兴革，但一直沿行不衰，是一种常态化的职官管理制度。从先秦的《上计律》起，到清朝的六法考吏，考课之法一脉相承，成为中国古代行政法体系中的重要组成部分。

宋朝古文大家苏洵说过："有官必有课，有课必有赏罚。有官而无课，是无官也；有课而无赏罚，是无课也。"①这是他总结中国古代察官治官之法得出的结论。

早在《尚书·舜典》中便提出"三载考绩，三考黜陟幽明"，按照孔颖达疏："黜陟幽明，……退其幽者，……升进其明者"，②以使职

---

① （宋）苏洵：《嘉祐集》卷9，《上皇帝书》，四部丛刊本。
② （清）阮元编：《十三经注疏·尚书正义·舜典》，中华书局1980年版，第132页。

官"纳于百揆"而"无废事也"。① 另据《周礼》,周时已有大计的记载,如"三岁,则大计群吏之治而诛赏之"②。又如,"以听官府之六计,弊群吏之治"③。再如,"岁终,则考其属官之治成而诛赏……及大比六乡四郊之吏"④。《尚书》《周礼》中的记载杂有后世人的附会,因为在世卿制度下考课官吏并没有太多的实际意义。但它却说明了"有官必有课,有课必有奖惩"的史实。

战国时期,官僚制度逐渐取代世卿世禄制度。国王可以自由任免官吏,贵族血缘纽带的政治特权性大为削弱。由国王任免的官吏以玺印为执行政务的权力凭证,以俸禄作为对官吏的酬劳,以上计作为考察官吏政绩的依据。所谓"上计",具体说来就是将一年的赋税预算收入、人口的增殖写在木券上,剖而为二,国君执右券,臣下执左券,年终时由国君亲自考核。考核的结果,优者升,劣者免,有的当场收印夺官,甚至收捕入狱。由于考课注重垦田与赋税,以及刑狱治安等情况,可见它是关系到加强中央集权制度的一项国策。

汉时,已有单行法规《上计律》。"秋冬集课,上计于所属郡国。"⑤上计由丞相府、御史府主持,所谓"考绩功课,简在两府"。⑥ 上计的范围是户口垦田、钱谷入出、盗贼多少等等。汉代考课,一般是每年一小考,称为"常课";三年一大考,称为"大课"。

为了防止偏私,考核均采用会议形式,公开举行评议。主考者可以提出种种问题,受考核者需据政绩实情回答。然后,逐级汇总,由县而

---

① (清)阮元编:《十三经注疏·尚书正义·舜典》,中华书局1980年版,第126页。
② (清)阮元编:《十三经注疏·周礼注疏·天官冢宰·大宰》,中华书局1980年版,第650页。
③ (清)阮元编:《十三经注疏·周礼注疏·天官冢宰·小宰》,中华书局1980年版,第654页。
④ (清)阮元编:《十三经注疏·周礼注疏·地官司徒·小司徒》,中华书局1980年版,第713页。
⑤ (南朝宋)范晔:《后汉书·百官五》志二十八,中华书局1965年版,第3622—3623页。
⑥ (汉)班固:《汉书·薛宣传》卷83,中华书局1964年版,第3391页。

郡,由郡而朝廷两府(东汉则为尚书台三公曹),最后是丞相(东汉是尚书令或录尚书事)总其成上奏天子。汉代把官吏考核当作国家大事对待,因此,天子接受上计,常于每年的正月初一群臣朝贺时举行,有时也在封泰山、祀明堂时"受计",以示郑重。考课之后,根据政绩,赏有增秩(增加俸禄)、迁官(升官)、赐爵(以20等爵位,分别功之大小以赏之);罚有降俸、贬职、免官。违法犯罪者依法治罪。赵广汉为阳翟令,"以治行尤异,升京辅都尉,守京兆尹"①。黄霸为颍川太守,"户口岁增,治为天下第一。征守京兆尹,秩二千石"②。

汉代考课具有以下特点:

其一,以政绩为根据,反对"累日以取贵,积久以致官"③的论资排辈做法。

其二,因考课而降职的官员,如日后有功仍可升迁,不以一事定终身。

其三,基层司法官员由中央司法官廷尉负责考课,趋向于专门化。

晋朝是法制建设成绩斐然的朝代。《晋律》是对两汉旧律进行总结的成果,又是援法断罪法律化司法改革时代的成果。晋律学上承汉魏、下启隋唐,许多注释达到了规范化的水平。正是在此基础上,考课法取得了显著的进步。泰始四年(268)六月,杜预奉命制作考课法,正式宣布:"郡国守相三载一巡行属县,必以春,此古者所以述职宣风展义也。见长吏,观风俗,协礼律,考度量,存问耆老,亲见百年。录囚徒,理冤枉,详察政刑得失,知百姓所患苦。无有远近,便若朕亲临之。敦喻五教,劝务农功,勉励学者,思勤正典,无为百家庸末,致远必泥。土庶有好学笃道,孝弟惠信,清白异行者,举而进之。有不孝敬于父母,不长悌于族党,悖礼弃常,不率法令者,纠而罪之。田畴辟,生业修,礼教设,禁令行,则长吏之赡也。人穷匮,农事荒,奸盗起,刑狱烦,下陵上

---

① (汉)班固:《汉书·赵广汉传》卷76,中华书局1964年版,第3199页。
② (汉)班固:《汉书·循吏传》卷89,中华书局1964年版,第3631页。
③ (汉)班固:《汉书·董仲舒传》卷56,中华书局1964年版,第2513页。

替,礼义不兴,斯长吏之否也。若长吏在官公廉,虑不及私,正色直节,不饰名誉者,及身行贪秽,谄黩求容,公节不立,而私门日富者,并谨察之。扬清激浊,举善弹违,此朕所以垂拱总纲,责成于良二千石也。于戏戒哉。"①

以上可见晋考课内容的广泛。不仅如此,鉴于考课中黜退者多,劝进者少,泰始五年(269)再次颁诏:"古者岁书群吏之能否,三年而诛赏之。诸令史前后,但简遣疏劣,而无有劝进,非黜陟之谓也。其条勤能有称尤异者,岁以为常。吾将议其功劳。"②

唐朝是中国古代典章法制趋于成熟与定型的时代。考课之法见于《唐六典》。按唐制,每年一小考,四年一大考。四品以下官由吏部考核,三品以上官由皇帝亲自考核。唐朝考课以标准细化为显著特点,所谓四善二十七最法。"四善":一曰德义有闻,二曰清慎明著,三曰公平可称,四曰恪勤非懈。"二十七最"是根据各部门职掌之不同,分别提出的不同要求。如铨衡人物,擢尽才良,为选司之最;扬清激浊,褒贬必当,为考校之最;礼制仪式,动合经典,为礼官之最;音律克谐,不失节奏,为乐官之最;决断不滞,与夺合理,为判事之最;推鞫得情,处断平允,为法官之最;等等。③

经过考核,定出上、中、下三等九级。"一最四善为上上,一最三善为上中,一最二善为上下;无最而有二善为中上,无最而有一善为中中,职事粗理,善最不闻者为中下;爱憎任情,处断乖理者为下上,背公向私,职务废缺者为下中,居官饰诈,贪浊有状者为下下。"④对于流外官,则按四等第考课:"清谨勤公,勘当明审为上;居官不怠,执事无私为

---

①　(唐)房玄龄等撰:《晋书·武帝纪》卷3,中华书局1974年版,第38页。

②　(唐)房玄龄等撰:《晋书·武帝纪》卷3,中华书局1974年版,第39页。

③　(唐)李林甫等撰,陈仲夫点校:《唐六典》卷2,《尚书吏部·考功郎中》,中华书局1992年版,第42页。

④　(唐)李林甫等撰,陈仲夫点校:《唐六典》卷2,《尚书吏部·考功郎中》,中华书局1992年版,第43页。

中;不勤其职,数有愆犯为下;背公向私,贪浊有状为下下。"①

唐朝考课另一特点是严格把握标准,很少有人位列上等者。例如玄宗对中书令张说的考词颇佳:"动惟直道,累闻献替之诚;言则不谀,自得谋猷之体。政令必俟其增损,图书又藉其刊削,才望兼著,理合褒升。考中上。"②

宋初,沿袭唐制内外官任满一年,为一考,三考为一任。由于宋朝厉行中央集权,特定的政治环境使得宋朝也很注重依法考课,以充分发挥官吏的治国作用。

太宗时州县官考课法:"郡县有治行尤异、吏民畏服、居官廉恪、莅事明敏、斗讼衰息、仓廪盈羡、寇贼剪灭、部内清肃者,本道转运司各以名闻,当驿置赴阙,亲问其状加旌赏焉。其贪冒无状、淹延斗讼、逾越宪度、盗贼竞起、部内不治者,亦条其状以闻,当行贬斥。"③凡"'政绩尤异'为上,'职务粗治'为中,'临事弛慢所莅无状'者为下,岁终以闻"④。真宗时又定"州县三课"法:"公勤廉干惠及民者为上,干事而无廉誉、清白而无治声者为次,畏懦贪猥为下。"⑤

神宗熙宁元年(1068)颁行《守令四善四最》考课法。"四善"仍为唐时的"德义、清谨、公平、勤恪"。"四最"是"断狱平允、赋人不扰、均役屏盗、劝课农桑、赈恤饥穷、导修水利、户籍增衍、整治簿书"。⑥

宋朝虽然考课有法,但在实践中赏多罚少。官员一入仕途,不问治绩劳逸,只要无大过错,照例文官三年一升,武官五年一迁,所谓"知县两任,例升通判;通判两任,例升知州","贤愚同等,清浊一致"。⑦ 因

① (唐)李林甫等撰,陈仲夫点校:《唐六典》卷2,《尚书吏部·考功郎中》,中华书局1992年版,第44页。
② (后晋)刘昫:《旧唐书·张说传》卷97,中华书局1975年版,第3054页。
③ (元)脱脱:《宋史·选举志六》第160卷,中华书局1977年版,第3758页。
④ (元)脱脱:《宋史·选举志六》第160卷,中华书局1977年版,第3757—3758页。
⑤ (元)脱脱:《宋史·选举志六》第160卷,中华书局1977年版,第3759页。
⑥ (元)脱脱:《宋史·选举志六》第160卷,中华书局1977年版,第3761页。
⑦ (宋)范仲淹撰:《范文正公集》卷8,《上执政书》,四部丛刊本。

此,暮气沉沉,笼罩官场。不仅如此,由于考课不力使得冗官充斥朝廷上下,成为百姓沉重的负担。

明朝考课分"考满"与"考察"。前者三年一考,九年三考,分为称职、平常、不称职三等,以定黜陟。后者按八法:贪、酷、浮躁、不及、老、病、罢、不谨考察内外官吏。京官六年一考为"京察",外官三年一考,为"外察"。京官四品以上官自陈政之得失,以候上裁。五品以下分别优劣,或降调,或致仕,或闲住为民,具册奏请。

由于明太祖朱元璋深知元末官吏贪婪掠夺,激起民变,因此重视吏治。洪武十一年(1378),命吏部课朝觐官,"称职而无过者为上……有过而称职者为中……有过而不称职者为下"。洪武十八年(1385),吏部奏称天下布、按、府、州、县朝觐官四千一百一十七人,其中称职者十之一,平常者十之七,不称职者十之一,贪污阘弱者十之一。称职者升官,平常者复职,不称职者降调,贪污者付有司治罪,阘弱者免为民。

对于地方官的考课,称为"大计"。因大计而受处分的官员,永不叙用。结论不当者,可以辩白;任情毁誉失实者,连坐。史称"明兴考课之制,远法唐虞,近酌列代,最为有法"①。

清朝考课官吏分为"京察"与"大计"。

"京察"是对京官的考绩,每三年举行一次,于子、卯、午、酉年进行。三品以上京官和地方总督、巡抚自陈政事得失,由皇帝敕裁。三品以下京官由吏部和都察院负责考核。京察分三等,一等为称职,二等为勤职,三等为供职,根据等级实行奖惩。

"大计"是对外官的考绩,也是三年一次,于寅、巳、申、亥年进行。大计的范围除督抚外,包括藩、臬、道、府及州县官。大计的程序是先期藩、臬、道、府,递察其贤否,申之督抚,督抚核其事状,注考造册,送吏部复核。大计分"卓异"与"供职"二等,按等予以奖惩。

---

① (清)孙承泽著,王剑英点校:《春明梦余录》卷34,《吏部·考课》,北京古籍出版社1992年版,第556页。

清朝经历了康雍乾三朝百余年的盛世,其成因是多种多样的,但认真推行考课制度起了积极的作用。康雍乾时期实行考课比较认真。康熙朝自二十二年至六十一年(1657—1722),共举行大计十四次,共举卓异官五百八十名,纠参、罢斥、降调官员五千一百三十七名。① 世宗时注意吏治,他常说:"敷政之道,用人为先",②"治天下惟以用人为本,其余皆枝叶事耳"。③ 为此强调"有治人无治法"。乾隆朝六十年,大计京察共进行三十三次,举卓异官八百七十六人。乾隆帝还特别提出,不能让"年力就衰之人,听其滥竽贻误"。④

清中叶以后,政治腐败,国事衰微,无论京察还是大计逐渐流于形式。

综上所述,中国古代的职官考课,从战国起迄至清朝,虽代有兴革,但一直沿行不衰,是一种常态化的职官管理制度。从而雄辩地说明考课对于整肃官僚队伍、发挥官吏治国理政的职能起着不可忽视的作用。

中国古代从先秦的《上计律》起,到清朝的六法考吏,考课之法一脉相承,成为中国古代行政法体系中的重要组成部分。考课法规定了考课的年限、执掌考课的机关、考课的范围、考课的标准以及相应的奖惩措施,可以说包罗广阔,涵盖面极宽,使得对不同机关的官吏的考课各有所侧重。特别是考课之后继之以赏罚,从而增加了考课的严肃性,使得管理者们感受到考课的震撼力。有些王朝,皇帝亲自主持考课、撰写评语。这就难怪古人称考课为大典。对于百姓来说也希望通过考课罢黜虎狼之官,选任关心民瘼的良吏。

考课还将惩贪与奖廉、奖勤与罚懒联系在一起。即使是疲软、浮躁、不谨、老病也都在黜革之列。这样的考课方向明、标准清、赏罚当,

---

① 郭松义:《中国政治制度通史》(第10卷),人民出版社1996年版,第575页。

② 《世宗宪皇帝上谕内阁》卷1,康熙六十一年十一月二十九日,文渊阁《钦定四库全书》本。又载于(清)鄂尔泰等编:《雍正砵批谕旨·鄂尔泰奏折批谕》第二十五册,北京图书馆出版社2008年版,第20页。

③ 《清世宗实录》卷47,雍正四年八月乙丑日,中华书局1985年版,第708页。

④ 《清世宗实录》卷1159,乾隆四十七年六月壬午日,中华书局1985年版,第515页。

自然会起到激浊扬清的作用。

　　中国古代的考课制度是诞生在中华民族文化土壤之上的,体现了中华民族的智慧和创造精神。它所积累的历史经验,对于中国现实的廉政建设和依法治国都具有不可忽视的借鉴意义。

第七讲　中国古代监察思想、制度与法律论纲

　　思想是行为的先导,也是制度与法律的文化基础。中国古代丰富的监察思想,深刻地影响着监察制度与法律的制定及运行。本讲选取历史上五个有代表性的朝代——战国、汉、唐、宋、明,来揭示三者的紧密关系及其运行情形,以期为现代监察法制建设提供历史的经验。

一

　　战国时期是我国监察思想的萌发时期,监察制度与法律也在此时得以初创。战国时,因国君任免的官僚制度逐渐取代了此前贵族世卿世禄制度,为治吏而察吏的监察思想遂由此兴起,而以法家所论最为深刻和典型。

　　托名于管仲的法家作品《管子》就认为治国的核心在于吏治。① 如果不能控制官吏的枉法行为，即便"属数众""百官具"，也无法实现尊君治国的目的。② 所以法家主张设立专司，纠察官员，使其不敢悖法行私。并且还要让这种监督制度化和法律化，如商鞅就说："使吏非法无以守，则虽巧不得为奸"，"以法相治，以数相举"。③ 韩非子更是主张"明法而以制大臣之威"。④

　　法家的这些主张，为设置独立的监察机构和建立有效的权力监督机制提供了理论上的依据。据《史记》及《战国策》等史书记载，战国时期御史的监察职能已得到了强化，可以随王监察大臣。且御史监郡已成为一种较为固定的制度，并在编制上设有御史副职。

　　而战国时期各国相继制定和颁布了成文法，在法制涌动的背景下，监察法也已出现。《睡虎地秦墓竹简·语书》中记录了监察活动的启动程序，如"发书，移书曹，曹莫受，以告府，府令曹画之。其画最多者，当居曹奏令、丞，令、丞以为不直，志千里使有籍书之，以为恶吏"。但总的说来，战国时期的监察立法还处于发轫阶段。

二

　　有汉一代，以董仲舒为代表的众多思想家都强调加强监察的重要性，进一步丰富了监察思想。他们共同的论点是官吏治国的重要性与治官的必要性。如公孙弘就认为，"吏正"可使民诚笃，"吏邪"则使民刻薄，用奸吏"行弊政"，"治薄民"，国家危矣。王符则认为以法治吏可以使"君尊"，可以使"民不违（令）"，可以使国家大治。路温舒则抨击"败法乱政"的"治狱之吏"的危害，从中得出加强司法监察的重要性。

---

① 《管子·立政》。
② 《管子·明法》。
③ 《商君书·慎法》。
④ 《韩非子·南面》。

　　思想家们关于吏治与治吏的重要性的阐发,对于推动汉代监察制度的发展起到重要的作用,形成了多元化的监察体制。

　　值得提出的是,奉行儒家学说的董仲舒论证了"尊君抑臣"的理论,形成一整套"君为阳,臣为阴"的学说①,这与汉武帝推行的"强干弱枝"以加强中央集权主张相合。为纠察百官,打击地方豪强,汉武帝划天下为十三部监察区,设刺史为监察官,并且制定了《六条问事》,作为刺史监察州长官与地方豪强势力不法行为的法律依据。《六条问事》以两千石的州长官与地方豪强势力为监察对象。凡二千石高官"以强凌弱、以众暴寡";"不奉诏书,聚敛为奸";"不恤疑狱,风厉杀人";"阿附豪强,与强宗豪右结成党羽",均在打击范围之内。《六条问事》是通行于全国的地方性法规,其制定反映了董仲舒的监察思想的影响,显示了监察思想与监察体制和监察法律之间的内在联系和相互关系。

三

　　正所谓"典章制度,莫备于唐",监察思想和法制至此都达到了一个前所未有的高度。历代皇帝多强调监察百官、整饬吏治对于治国的重要性。

　　唐太宗高度重视监察的重要作用,他说:"朕既在九重,不能尽见天下事,故布之卿等,以为朕之耳目。"②为此,不定期地遣使巡察天下,监察州县官吏。玄宗则强调要依法监察:"御史执宪,纲纪是司",还要求御史应负起百官的表率作用:"御史出使,举正不法,身苟不正,焉能正人?"③

　　在统治者的高度重视下,唐朝出现了很多耿直的监察官,如太宗时

---

① 《汉书·董仲舒传》。
② 《贞观政要》卷1,《政体》。
③ 《全唐文》卷29,《元宗皇帝》。

李乾祐以"法令与天下共之,非陛下独有也"①逆龙鳞,武后时狄仁杰不畏权势弹劾韦弘机,均为典型事例。

唐朝的监察制度,经过众多思想家的引导,并在总结汉以来监察制度的经验基础上,建立了比较成熟和定型的一台三院的监察制度。台为御史台,是中央最高监察机关,率领群僚行使监察权。御史台下设台院、殿院、察院。台院"掌纠举百僚,推鞫狱讼"。殿院"掌殿庭供奉之仪式"。② 察院掌"分察百僚,巡按郡县,纠视刑狱,肃整朝仪"。③

唐朝的监察法以《监察六法》为代表:"其一,察官人善恶;其二,察户口流散,籍帐隐没,赋役不均;其三,察农桑不勤,仓库减耗;其四,察妖猾盗贼,不事生业,为私蠹害;其五,察德行孝悌,茂才异等,藏器晦迹,应时用者;其六,察黠吏豪宗兼并纵暴,贫弱冤苦不能自申者。"④

此外,皇帝对御史每次巡行的监察重点都作出明确的指示,将稳定性的《监察六法》与因事而发的临时性的皇帝制诏相结合,对于维持地方的吏治以及推动各种地方政务的实施,起到了积极的作用。

四

宋承唐制,在监察体制上沿袭唐旧,但宋朝立国与施政的基本点是加强中央集权,这对监察思想和监察法都打上了时代的烙印。

在加强中央集权的背景下,宋朝君臣都非常重视并且充分论证了监察官在维护国家纲纪方面所发挥的重要作用。包拯指出:"且国家置御史府者,盖防臣僚不法,时政失宜。朝廷用之如纪纲,人君委之如耳目。"⑤

---

① 《旧唐书》卷 87,《李昭德传》。
② 《唐六典》卷 13,《御史台》。
③ 《唐六典》卷 13,《御史台》。
④ 《新唐书》卷 48,《百官志三》。
⑤ 《历代名臣奏议》卷 202,《听言》。

宋朝的监察体制,中央仍为一台三院制,但提高侍御史的地位,不再是御史台的属官,台院实际上名存职废,使得唐朝以来御史台三院的组织结构出现了合并的趋势,为元明清三院合一的体制改革提供了经验。

宋朝的监察立法以地方立法为主,以皇帝颁发的诏、敕、令为主要的法律形式。从南宋时期的《庆元条法事类》中,我们可以看到,里面存在丰富的监察法律规范,尽管略显分散,但其内容较之汉唐远为充实,立法技术也有所进步。此外,详定监司与按察官的职掌与违法处置办法;赋予监司巡历所至"点检"属下公文运行情况,有无差失之权;重视司法监察;维护重农国策;严申监司的法定责任;推行互察法等,都构成了宋朝地方监察法的明显特点。总之,宋朝地方监察法在中国监察法制史上具有重要的地位和价值。

五

明朝是专制制度向着极端化发展的王朝,无论监察思想,还是监察制度与监察法都围绕专制集权不断地发展演变。基于此,明朝的监察思想以"重耳目之寄,严纲纪之任"来要求监察机关。

明朝的监察制度为贯彻加强专制主义而发生了重大改革,创立了影响中国五百余年的新的监察体制。洪武十五年(1382),为集中监察权,更有效地发挥耳目之司的作用,对监察体制进行了重大改革,创建了具有明代特色的都察院制度。由御史台的三院制发展至都察院的一院制,使监察权力一体化,反映了皇权的进一步加强。

明朝地方监察体制中的御史巡按制度是汉唐以来御史出巡的重大发展,巡按御史的职权范围主要是考察官吏,奏劾官邪,剪除豪蠹,肃振纲纪;巡视仓库,查算钱粮;考察隐逸,举荐人才等。

正像明朝的监察制度发生了重大变革一样,明朝的监察法也由简单、单行法规趋向系统化,从洪武时期开始立法,历经修正,至英宗正统年间,已编制成颇具规模的监察法规《宪纲条例》。

明朝的监察法是在总结宋元监察法的基础上完成的,规模宏大,系统井然,法条细密,奖惩分明,没有明代的监察法就不会有清朝的《钦定台规》监察法典化的出现。

综括上述,五朝的监察思想与监察制度与法律,各有发展的脉络与时代特点,历史雄辩地证明监察思想与制度、法律之间有着内在联系性与相互的关联性。在通常情况下,思想与制度法律是相向而行,互补互用的。没有思想为指导的制度与法律是僵死的,只有思想而无制度、法律为其载体,是空虚的,只有三者结合才演绎出一幕幕鲜活的监察历史,这就是历史的经验。

第八讲　中国古代司法文明与当代意义

　　中国古代司法文明是法制文明的重要组成部分。历代开明的统治者、政治家、思想家都极为重视司法。中国古代司法文明表现为：以人为本是司法文明的重心，公平与引律断罪是司法文明的亮点；执法原情、调解息争是司法文明的人文关怀；"以五声听狱讼"是司法心理学的应用；顺天行罚、顺天理讼是天人合一思想的表达；此外还以注释律学指引司法实践；以司法监察防范法官渎职；等等。古代司法文明以深厚而又优秀的法文化为基础，也反映了中华民族历来求实务实、厚德亲伦、和谐和睦的民族精神，对于完善社会主义法制和改革、改善司法制度有借鉴意义。

中国古代司法文明是法制文明的重要组成部分,它的发展是与法制文明同步进行的;司法文明又是与社会的发展、政治文明的状态以及法文化的进步密切联系的。从社会发展的角度看,法制的形成是人类社会由野蛮进入文明的重要标志。马克思在考察中国古代社会时,曾经指出中国是早熟的文明。[①] 中国古代司法制度也具有早熟性,西周司法制度中定罪量刑的区别对待、无罪推定的初步论断以及三刺三宥三赦之法就是明白的例证。唐朝是封建社会的发展形态,由此也决定了司法制度的定型。宋朝是封建商品经济最为发展的时期,不仅促进了法、理、情三者的结合,而且推动了民事法律与民事诉讼制度的发展。可见,社会的发展对于司法文明起决定作用。司法文明又与政治文明息息相关,密不可分。凡是政治开明的王朝,司法制度的运行也正常有序,一旦政治混乱,司法腐败也随之呈现,这在中国是史不绝书的。政治文明对于法制文明同样起着支配性的、甚至决定性的影响。除此之外,司法文明又是奠基在法文化的基础之上的,法文化是司法文明的源头活水,没有法文化基础的司法文明是苍白的,缺乏规范的依据。因此,考察中国古代的司法文明,要与法制文明、政治文明、法文化等联系在一起,综合分析其内在的一致性与相互的关联性,从而揭示中国古代司法文明发展的规律性。

一

法庭是国家机器的基本构件,司法活动是国家性的活动,其影响超出个人与家庭的范围而直接关系到社会的稳定与国家的兴衰。在中国历史上,司法不公、刑罚滥施常常激化社会矛盾。这就是为什么农民起义往往从劫牢反狱开始,尤有甚者,因重刑辟招致亡国者也历历可数。正因为如此,历代开明的统治者、政治家、思想家都极为重视司法且多

---

① 《马克思恩格斯全集》第 2 卷,人民出版社 1957 年版。

有论述。

孔子曾说"礼乐不兴,则刑罚不中",①所谓"中"既有刑罚宽猛适宜之义,也有司法公平公正的内涵。因此,他才说"刑罚不中,则民无所措手足"。② 人民手足无措,必然招致社会的动荡不安,以此可见司法的重要性。孔子在任鲁司寇期间,主张先教后刑,以德服人,以达到司法的效果。

汉宣帝元康二年五月诏书中指出:"狱者万民之命,所以禁暴止邪,养育群生也,能使生者不怨,死者不恨,则可谓文吏矣。"③所谓"文吏"即指司法官而言。

唐初以法治相尚,《贞观政要》卷五载,魏征曾经向太宗进言:"且法,国之权衡也,时之准绳也。权衡,所以定轻重,准绳,所以正曲直",身为"万乘之主",如果"任心弃法",无异于"舍准绳以正曲直,弃权衡而定轻重","不亦惑哉"?④ 魏征的进言得到太宗的肯定,他多次表示:"法者非朕一人之法,乃天下之法",不可以因私"挠法"。⑤

宋初为指导全国司法活动,太祖于开宝八年制定"推状条样"三十三条,要求各级司法机关"鞫狱即录一本","悉大字揭于板置听事之壁"。⑥ 此推状虽已佚失,但却反映了宋初统治者对司法的重视。

南宋著名思想家、政治家真德秀将"断狱不公""听讼不审""淹延囚系""惨酷用刑"等列为"十害"。他说:"狱者,民之大命,岂可少有私曲。""讼有实有虚,听之不审,则实者反虚,虚者反实,其可苟哉!""一夫在囚,举室荒业,囹圄之苦,度日如岁,其可淹久乎!""刑者,国之典,以代天纠罪,岂官吏逞忿行私者乎! 不可不戒。"⑦

---

① 《论语·子路》。
② 《论语·子路》。
③ 《汉书·宣帝纪》,中华书局 1962 年版。
④ (唐)吴兢:《贞观政要》卷 5,上海古籍出版社 1978 年版。
⑤ (唐)吴兢:《贞观政要》卷 5,上海古籍出版社 1978 年版。
⑥ (宋)李焘:《续资治通鉴长编》,中华书局 1992 年版。
⑦ (宋)真德秀:《谭州谕同官咨目》,载《西山文集》卷 40。

明朝建立以后,朱元璋以亡元为鉴,极为重视司法。他亲自"录囚","有大狱必面讯","多亲鞫,不委法司"。[①] 至永乐元年(1403),成祖"命法司五日一引奏罪囚"。[②] 并于死刑案犯决前,建立复核制度。

清朝不仅建立从地方到中央的完备的审级制度,而且详定司法官的责任与对司法渎职者的惩罚,特别是皇帝直接掌握死刑的勾决权。

综括上述,可见中国古代历朝统治者对于司法的重视。正因为如此,从汉朝实行的录囚制度一直延续到清朝,而司法监察又成为监察制度最主要的方面。历代推崇良吏、循吏,贬斥酷吏、恶吏,主要依据的就是官员在司法中的表现。

二

中国古代司法文明,择其要者,概述如下。

(一)人本思想与明德慎罚的司法原则

以人为本是中国古代司法的重心,由此而形成了明德慎罚的司法原则,既重视人的生命权,又对社会弱势群体——老幼妇残、鳏寡孤独实行恤刑,体现了人道主义的精神。

人本思想早在周初的思想家中已经开始酝酿。周公旦鉴于庞大的商王朝由于重刑辟丧失民心,招致军队阵前倒戈,终于被小邦周所灭的教训,深感人心的向背决定着国家存亡的命运,发出了"民情大可畏","人无于水监,当于民监"[③]的警示。从而将关注的焦点由天上转移到地上,由神转移到人。这可以说是人本思想的最初发端。由此出发,确立了明德慎罚的司法原则:明德在于敬德保民,以德化民;慎罚在于谨慎用刑,防止滥杀无辜。这个刑法基本原则,经过汉儒对刑德关系的论

---

① 《明史·刑法志》,中华书局 1974 年版。
② 《明史·成祖纪》,中华书局 1974 年版。
③ 《尚书·酒诰》。

证,最终将明德慎罚发展为德主刑辅,一直延续到清朝。这个刑法原则源于对人心向背的重视,是人本思想的重要体现。

春秋时期发生的争霸战争中,凸显了人的作用。对此儒家进行了充分的论证。儒家认为,在自然界的万物之中,人是最尊贵的,"惟人万物之灵",①"天地之性人为贵"。② 尤其是孔子传承和发展了周初萌发的人本思想,充分肯定人的地位、价值和尊严,创立了"仁者,爱人"的学说,以"仁"作为调整人际关系的基本准则。孔子的仁学不仅是具有特殊历史意义的人本哲学,也为理政、司法、治世提供了人道主义的基本原则。

人本思想除推动了"德礼为本,刑罚为用"的司法原则外,还表现为以下两点:

其一,从重视生命的价值,或者说重视人的生命权出发,实行死刑复审制度。经过儒家对于人本思想的论述,人为邦本、人的生命的价值逐渐为统治者所认同。因此,早在南北朝时期,州县的死刑案件基本上要上报朝廷,不得自行处决。唐太宗曾经诰谕群臣:"死者不可再生,用法务在宽简。"③为了避免造成冤案,刑及无辜,在隋朝已有的死刑复奏的基础上,《唐律疏议·断狱》"死囚复奏报决"规定:"死罪囚,谓奏画已讫,应行刑者,皆三复奏讫,然始下决",如果"不待复奏报下而决者,流二千里"。④ 清朝除罪大恶极的罪犯实行立决外,一般死刑监候案件须经秋审复审之后,再分别决断,如须执行死刑,须由皇帝御笔勾决。康熙皇帝曾在多种场合下指出最令他感到厌恶的事情莫过于勾决死刑。雍正帝还颁布上谕,死刑决前实行三复奏,但是乾隆十四年(1749)九月十五日,上谕废止秋审死刑案三复奏,他特别加以说明:"各省秋审亦皆三复奏,自为慎重民命,即古三刺三宥遗制,谓临刑之

---

① 《尚书·泰誓》。
② 《孝经·圣治》。
③ (唐)吴兢:《贞观政要》卷8,上海古籍出版社1978年版。
④ 《唐律疏议》,刘俊文点校,法律出版社1999年版。

际,必致详审不可稍有忽略耳,非必以'三'为节也。朕每当勾决之年置招册手傍反复省览,常至五六遍,必令毫无疑义。至临勾时,犹必与大学士等斟酌再四,然后予勾、岂啻三复已哉! 若夫三复,本章科臣匆剧具题,不无亥豕,且限于时日,岂能逐本全览? 嗣后刑科复奏,各省皆令一次。"①《秋谳辑要》记载从乾隆朝到光绪朝皇帝对秋审的批示,有的多至千余言,非常具体。如康熙二十二年(1683)曾下谕:"人命事关重大……情有可原,即开生路"。② 康熙四十年(1701)诏书中再次表露了康熙帝对秋审的重视和对刑部的批评:"朕详阅秋审重案,字句多误,廷臣竟未察出一二,刑部尤为不慎,其议罚之。"③雍正十一年(1733)也谕刑部:"此内有一线可生之机,尔等亦当陈奏。"④乾隆、嘉庆二朝也有类似的上谕。其所以如此,就在于通过秋审"大典",渲染重视民命、公平用法、敦礼远祸,所谓"明刑所以弼教,关系甚大"。⑤ 此外统治者也深知,处决死刑如不允当,往往会引起社会骚乱,正是从稳定政治秩序着眼,才要一再宣示死刑复审的必要性。

其二,对社会弱势群体实行恤刑。所谓社会弱势群体,主要指老幼妇残、鳏寡孤独,此类人犯罪,法律应予以宽宥。早在《周礼·秋官》中便有以下记载:"壹赦曰幼弱,再赦曰老旄,三赦曰蠢愚。"⑥《礼记·曲礼上》也说:"八十、九十曰耄,七十曰悼。悼与耄,虽有罪,不加刑焉。"⑦《礼记·礼运》篇描绘的大同世界的景象,就是"使老有所终,壮有所用,幼有所长,鳏寡孤独废疾者,皆有所养"。⑧

汉时,矜恤老幼妇残的恤刑已见诸法律。至唐代,此项法律已经定

---

① 《钦定台规》卷14。
② 《清史稿·刑法志》,中华书局1977年版。
③ 《清史稿·刑法志》,中华书局1977年版。
④ 《清史稿·刑法志》,中华书局1977年版。
⑤ 《大清律例通考·卷首·世宗宪皇帝上谕》。
⑥ 《周礼·秋官》。
⑦ 《礼记·曲礼上》。
⑧ 《礼记·礼运》。

型。《唐律疏议·名例》中规定："诸年七十以上、十五以下及废疾,犯流罪以下,收赎。(犯加役流、反逆缘坐流、会赦犹流者,不用此律;至配所,免居作。)八十以上、十岁以下及笃疾,犯反、逆、杀人应死者,上请;盗及伤人者,亦收赎";[1]"诸犯罪时虽未老、疾,而事发时老、疾者,依老、疾论。若在徒年限内老、疾,亦如之。犯罪时幼小,事发时长大,依幼小论"。[2] 唐律中还规定:"诸妇女犯死罪,怀孕,当决者,听产后一百日乃行刑。若未产而决者,徒二年;产讫,限未满而决者,徒一年。失者,各减二等。其过限不决者,依奏报不决法。"[3]

上述矜恤老幼妇残的法律一直延续到晚清修律。这种根据法律主体的行为能力确定其法律责任的原则,体现了明德慎罚的司法原则和人道主义的精神。

综括上述,中国传统司法中的人本思想,是中华法制文明的突出表征,显示了对司法人权的重视,起到了良好的社会效应。中国古代的人本思想虽然有其历史的局限性,但其在司法实践中所起到的支配作用是不宜抹杀的。

(二)公平与引律断罪是中国古代司法文明的亮点

公平是司法文明的价值取向,引律断罪是保证司法公平的制度和司法官的责任,两者的结合凸显了古代司法文明的特质。

在古代文献中多以"中""中罚"来形容司法的公平公正,所谓"不偏不倚谓之中"。[4] 周公在赞美司寇苏公执法公平时说:"司寇苏公,式敬尔由狱,以长我王国,兹式有慎,以列用中罚。"[5]所谓"列用中罚",一者执行宽猛合一之法;再者做到司法公平公正。"中罚"含有用法持

---

① 《唐律疏议》,刘俊文点校,法律出版社 1999 年版。
② 《唐律疏议》,刘俊文点校,法律出版社 1999 年版。
③ 《唐律疏议》,刘俊文点校,法律出版社 1999 年版。
④ 《中庸》。
⑤ 《尚书·立政》。

平,司法公正的双重性。《尚书·吕刑》说:"哀敬折狱,明启刑书胥占,咸庶中正",①说明周初统治者对司法公正的高度重视。

古人对司法公平的重要性多有论述。荀子在《王制篇》中以"公平"为"职之衡也",以"中和"为"听之绳也",②听即听讼,即以公平来衡量官吏的职守,以中和作为听讼即司法的准绳;在《君子》中又说:"刑当罪则威,不当罪则悔。"③墨子说:"刑当贤,罚当暴,不杀不辜,不失有罪。"④只有刑当其罪,"轻重各服其诛",才称得上是"司法中",才能使"民不怨"。⑤ 董仲舒还运用阴阳五行之说阐明刑罚不中带来的后果:"刑罚不中,则生邪气,邪气积于下,怨恶蓄于上,上下不和,则阴阳谬戾而妖孽生矣,此灾异所缘而起也。"⑥

汉唐明清诸朝,在立国后一段时间里之所以缔造和维持了相对稳定的社会秩序,就是和司法公平分不开的。时任汉朝最高司法官即廷尉的张释之曾通过"廷尉,天下之平也,一倾,天下用法皆为之轻重,民安所措其手足"⑦说明司法持平的重要性,使文帝打消了欲舍法重处犯跸罪犯的念头。诸葛亮治蜀时,"尽忠益时者虽雠必赏,犯法怠慢者虽亲必罚,服罪输情者虽重必释,游辞巧饰者虽亲必戮;善无微而不赏,恶无纤而不贬,刑政虽峻而无怨者,以其用心平而劝诫明也"。⑧ 贞观盛世的"志存公道,人有所犯,一一于法"也值得大书一笔。

为了做到司法公平,古人强调依法断罪,因为法本身具有公平性,依律断罪可以增强法律的效力和国家的权威。慎到说:"法者,所以齐天下之动,至公大定之制也。"⑨唐太宗李世民也说:"法者,非朕一人之

---

① 《尚书·吕刑》。
② 《荀子》。
③ 《荀子》。
④ 《墨子·尚同》。
⑤ 《盐铁论·周秦》。
⑥ 《汉书·董仲舒传》,中华书局 1962 年版。
⑦ 《汉书·张释之传》,中华书局 1962 年版。
⑧ 《三国志·诸葛亮传》,中华书局 1999 年版。
⑨ 《慎子》。

法,乃天下之法。"贞观朝大理寺少卿戴胄更指出:"法者,国家所以布大信于天下。"①

援法断罪是法家法治学说的核心内容,至汉以后,开明的官僚和律学家力图把它制度化。如汉宣帝时,涿郡太守郑昌便提出:"律令一定,愚民知所避,奸吏无所弄矣",他把这看作"正本"之举,可以避免司法之官擅断。② 东汉桓谭也鉴于"法令决事轻重不齐,或一事殊法,同罪异论,刑开二门",因而建议"令通义理,明习法律者,校订科比(科谓事条,比谓类例),一其法度,班下郡国,蠲除故条,如此天下方知,而狱无冤滥矣"。③ 晋惠帝时,三公尚书刘颂在上疏中提出:"律法断罪,皆当以法律令正文,若无正文,依附名例断之,其正文名例所不及,皆不论。法吏以上,所执不同,得为异议。"④这可以说是中国古代的罪刑法定论。在晋律的影响下,北周宣帝在宣下州郡的诏制九条中,"一曰决狱科罪,皆准律文……三曰以杖决罚,悉令依法"。⑤

隋初,"诸曹决事,皆令具写律文断之"⑥是罪刑法定的发展。唐律在此基础上进一步规定:"诸断罪皆当具引律令格式正文,违者笞三十。"⑦这条规定可以说是中国封建时代援法定罪、罪刑法定最简明、最典型的概括,它标志着中国封建时代司法活动的规范化。同时,也严肃了司法官的司法责任,维护了封建社会的法制秩序。虽然唐律中明载:"事有事宜,故人主权断",但是"制敕量条处分,不为永格者,不得引为后比",⑧这对于人主权断的无限适用,未尝不是一种限制。明清律皆准唐律而略有增减。

① 《旧唐书·戴胄传》,中华书局1975年版。
② 《汉书》,中华书局1962年版。
③ 《后汉书·桓谭传》,中华书局1965年版。
④ 《晋书·刑法志》,中华书局1974年版。
⑤ 《周书·宣帝纪》,中华书局1971年版。
⑥ 《隋书·刑法志》,中华书局1973年版。
⑦ 《唐律疏议》,刘俊文点校,法律出版社1999年版。
⑧ 《唐律疏议》,刘俊文点校,法律出版社1999年版。

封建时代断罪引律令比西方资产阶级革命时期提出的罪刑法定主义,在原则规定上具有一致性,只是中国早于西方1400余年,这雄辩地说明了中国古代司法文明的早熟。但在唐代仍允许类推适用,唐律规定:"诸断罪而无正条,其应出罪者,则举重以明轻;其应入罪者,则举轻以明重。"①直到晚清修订刑律才明确取消了类推。这又说明了中国封建时代罪刑法定的局限性。

(三)执法原情、调解息争

执法原情力求做到法情允协,减少推行法律的阻力;调解息争重在化解矛盾,减少讼累,二者均期望通过司法促进社会和谐、稳定社会秩序。这样的司法传统体现了中国特有的重情理、敦伦常,对相邻的东方国家极有影响。

中国进入阶级社会以后,在国情因素的影响下,宗法制度覆盖整个社会的,伦常关系成为最重要的社会关系。儒家关于人伦的一系列说教,不仅形成了一整套的道德哲学,也缔造了颇具特色的伦理法传统。执法原情的"情"就是体现这种被公认的伦理道德规范的"情理"。至于"原",按《管子》书中解释"原,察也"。② 所谓执法原请,就是希望司法官在具体案件的处理上,既依法断案,也要考察流行于社会而被广泛认同的情理、人情,做到"法情允协",既减少推行法律的阻力,又宣传了明刑弼教的立法宗旨。唐律之所以被推崇为"于礼以为出入",说到底,也就是执法、准礼、原情而已。在《名公书判清明集》中载有许多执法原情的案例,如胡石壁在判决中提到"揆之法意,揆之人情";③又如范西塘称"祖宗立法,参之情理,无不曲尽。倘拂情乎,违乎理,不可以

---

① 《唐律疏议》,刘俊文点校,法律出版社1999年版。
② 《管子》。
③ (宋)胡石壁:《随母嫁之子图谋亲子之业》,载《名公书判清明集》,中华书局2002年版,第125页。

为法于后世矣"。①

明太祖朱元璋是以厉行法制著称的,有时也针对特定案件屈法原情。例如,洪武八年正月,山阳县民其父有罪当杖,请以身代之。太祖特别谕刑部官:"父子之亲,天性也……今此人以身代父、出于至情,朕为孝子屈法,以劝励天下,其释之。"②

但原情一般不适用于重大犯罪。

调处息争也是和中国的国情分不开的。在自给自足的自然经济条件下,加上宗法关系的影响。自古就形成了稳定的血缘、地缘关系,使得通过家族、邻里调处息争成为可能。孔子所提倡的"必也使无讼乎",对于官民都有长久的影响。特别是对以"讼简刑轻"为考课标准的官员说来,更是追求调解息争,"囹圄常空"。

早在汉朝已经有调解和息争讼的史例。据《汉书·循吏传》载,刘矩为县令时,"民有争讼,矩常引之于前,提耳训告,以为忿恚可忍,县官不可入,使归更寻思,讼者感之,辄更罢去"。③ 唐朝礼法结合进入新阶段,司法官多以儒家之礼为依据调解争讼。宋时司法中提倡法理情三者的统一,因而重视调解,称为"和对"。元朝调解结案以后,严定不许再起讼端,违者治罪。至清朝,调解息讼案件的形式已经多样化和规范化,分为州县官堂上调解与宗族邻里的堂外调解两类。调解达成准予甘结,调解不成准予起诉。康熙时,陆陇其任河北灵寿县知县,每审民事案件,则传唤原告、被告到庭,劝导双方说:"尔原被(告)非亲即故,非故即邻,平日皆情为至密者,今不过为户婚、田土、钱债细事,一时拂意,不能忍耐,致启讼端。殊不知一讼之兴,未见曲直,而吏有纸张之费,役有饭食之需,证佐之友必须酬劳,往往所费多于所争,且守候公门,费时失业,一经官断,须有输赢,从此乡党变为讼仇,薄产化为乌有,

---

① (宋)范西塘:《因奸射射》,载《名公书判清明集》,中华书局 2002 年版,第 448 页。
② 《明太祖宝训》卷 2,《厚风俗》。
③ 《汉书·循吏传》,中华书局 1962 年版。

切齿数世,悔之晚矣。"①

调解息争的司法传统反映了中华民族重和谐的民族精神。他们在生产生活的斗争中体验到人与人之间只有和睦相处、互相帮助,才能取得生存发展的机会。

总括上述,无论是执法原情还是调解息争都有它生成与发展的历史条件,尽管在实践中还存在种种局限性与缺失,却毕竟发展成为古代司法的传统之一,显示了司法对于促进社会和谐的正能量。这在世界司法制度史上也是少有的。

(四)"以五声听狱讼"的审判方法

"以五声听狱讼"是司法心理学的一大创造,在中国古代的影响极为深广。

西周初期,在摒弃商朝神断法的基础上,经过对司法经验的认真总结,形成了"五听"的审判方法。《周礼》记载:"以五声听狱讼、求民情。"所谓五听,"一曰辞听,二曰色听,三曰气听,四曰耳听,五曰目听"。② 对此,东汉的郑玄注释如下:"观其出言,不直则烦;观其颜色,不直则赧然;观其气色,不直则喘;观其听聆,不直则惑;观其眸子视,不直则眊。"③"五听"是在总结大量司法实践经验与研究犯罪者心理变化的基础上所形成的司法心理学,或称司法的心理观察。根据犯罪心理学,犯罪者在犯罪前的心理活动,常常是形成犯罪行为的内在动因。因此通过观察与研究犯罪者的心理活动,进而判断其行为是否属于犯罪具有一定的科学根据。在物证技术不发达的中国古代,司法官逐渐以人的心理状况为观察对象,借以发现案情事实的真相,而不简单地一味诉诸占卜或神判,这种远神近人的做法为中国古代的司法烙上了人文精神的鲜明印记。现代司法中所应用的测谎仪器,也不外乎是用现代

---

① 吴炽昌:《续客窗闲话》卷三。
② 《周礼·秋官》。
③ 《周礼注疏》,北京大学出版社 1999 年版。

的科学仪器侦测犯罪者的心理反应而已。

"以五声听狱讼"其影响甚为深广。西晋的张斐论证说："夫刑者，司理之官；理者，求情之机；情者，心神之使，心感则情动于中而形于言，畅于四肢，发于事业。是故奸人心愧而面赤，内怖而色夺。论罪者务本其心，审其情，精其事，近取诸身，远取诸物，然后乃可以正刑。仰手似乞，俯手似夺，捧手似谢，拟手似诉。拱臂似自首。攘臂似格斗，矜庄似威，怡悦似福，喜怒忧欢，貌在声色。奸真猛弱，候在视息。"①此论以心理学为依据对"五听"作了进一步诠释。

北魏的李惠每次断案必"察狱以情，审之五听"。② 另据北魏《狱官令》记载："诸察狱，先备五听之理，尽求情之意。"③《唐六典》引《唐令》规定："凡察狱之官，先备五听，又稽诸证信，有可徵焉而不肯首实者，然后拷掠，二十日一讯之。"④

宋朝的郑克在《折狱龟鉴》中结合审判实践对"五听"作了进一步的阐明："夫察奸者，或专以其色察之，或兼以其言察之。其色非常，其言有异，必奸诈也，但不可以逆疑之耳。见其有异，见其非常，然后案之，未有不得其情也"；⑤"奸人之匿情而作伪者，或听其声而知之，或视其色而知之，或诘其辞而知之，或讯其事而知之"。⑥

综上可见，早在公元前 11 世纪左右司法制度已经摆脱了神断的约束，而集中到对人的观察。"五听"不是唯心主义的主观臆断，而是以充分的经验和心理观察为基础，总结出的神断方法，它与现代的司法心理学基本吻合。现代心理学创始人之一，奥地利精神病学家阿德勒曾经提出："按照个体心理学的理解，个体的行为是由个体的整体人格发动和指引的，因此，个体心理学关于人的行为的所有陈述都

---

① 《晋书·刑法志》，中华书局 1974 年版。
② 《北史》卷 80，《李惠传》，中华书局 1974 年版。
③ 《魏书·刑罚志》，中华书局 1974 年版。
④ （唐）李林甫等：《唐六典》卷 6，《刑部尚书》，陈仲夫点校，中华书局 1992 年版。
⑤ 《折狱龟鉴》卷 5，《荀攸》。
⑥ 《折狱龟鉴》卷 5，《孙长卿》。

精确地体现了这些行为之间的相互关系,个体的行为反映了个体的心理活动。"①

"以五声听狱讼"是司法官断案初期的一种方法,仅据此还不足以剖白案情,简单地凭察言观色断案有时也会造成司法官的主观臆断。要达到司法公平公正的要求,更重要的还在于证据充分和用法得当。中国古代经过漫长的司法历程,最终形成了一套较为完整的证据制度,对于证据的收集、采择、辨析、运用都作了较为详尽的规定。从而又将"五听"置于可靠的物质材料之上,弥补了"五听"的不足。

(五)在司法运行中顺天行罚、顺天理讼

顺天行罚、顺天理讼(指民事案件),使人与自然和谐,体现天人合一的理念。所谓顺天行罚,就是指司法活动合于天象,顺乎时令,并与阴阳相对应。如同《周易·乾卦》中所云:"与天地合其德,与日月合其明,与四时合其序。"②《礼记·月令》记载:"仲春之月……命有司省囹圄,去桎梏,勿肆掠,止狱讼……孟夏之月……断薄刑,决小罪,出轻系。……孟秋之月……命有司修法制,缮囹圄,具桎梏,禁止奸,慎罪邪,务搏执。命理瞻伤,察创,视折,审断。决狱讼,必端平。戮有罪,严断刑……仲秋之月……乃命有司,申严百刑,斩杀必当,勿或枉挠。"③《后汉书·五行志》也有记载,如:"天有阴阳,阴阳有四时,四时有政令。春夏则予惠布施宽仁,秋冬则刚猛盛威行刑。赏罚杀生各应其时,则阴阳和,四时调,风雨时,五谷生。"④上述记载体现了儒家所倡导的天人合一的理念。天,泛指自然界;天人合一,就是人与自然的和谐。它对司法的影响就是刑杀要顺时令,合阴阳,否则就会有灾难降临,因

---

① 　[奥]阿尔弗雷德·阿德勒:《儿童的人格教育》,彭正梅、彭莉莉译,上海人民出版社2011年版,第33—34页。

② 　《周易·乾卦》。

③ 　《礼记·月令》。

④ 　《后汉书·五行志》,中华书局1965年版。

此,秋冬行刑是顺天,顺天方能应人。唯有如此,才能民安国泰。随着法律儒家化的不断深入,顺天行罚也不断制度化、法律化。《唐律疏议·断狱》"立春后不决死刑"规定:"诸立春以后、秋分以前决死刑者,徒一年。"该条疏议解释说:"依《狱官令》:'从立春至秋分,不得奏决死刑。'违者,徒一年。若犯恶逆以上及奴婢部曲杀主者,不拘此令。"[1]明清律中不仅有类似的规定。而且还确定了应乎时令的热审和秋审。除非特大重案,实行立决,不受秋冬行刑的约束外,一般死刑案件秋冬复核后执行成为固定的制度。

除此之外,在民事案件的审理上,也要与时令节气相合。所谓顺天理讼,就是农忙时节不受理民事案件。唐代的务限法,就是顺天理讼的司法观念的产物。农忙时节入务,不受理民事案件,以免有误农时。唐令规定:"诉田宅婚姻债负,起十月一日,至三月三十日检校,以外不合。若先有文案,交相侵夺者,不在此例。"[2]《宋刑统·户婚律》"婚田入务"条规定:"所有论竞田宅、婚姻、债负之类。债负,谓法许征理者。取十月一日以后,许官司受理,至正月三十日住接词状,三月三十日以前断遣须毕,如未毕,具停滞刑狱事由闻奏。如是交相侵夺及诸般词讼,但不干田农人户者,所在官司随时受理遣断,不拘上件日月之限。"[3]元朝《通制条格》载:"自十月一日受理至三月一日接住词状,事关人众不能结绝,候务开日举行。"[4]《大清律例·刑律·诉讼》"告状不受理"条的条例中规定:"每年自四月初一日至七月三十日,时正农忙,一切民词,除谋反、叛逆、盗贼、人命及贪赃坏法等重情,并奸牙、铺户骗劫客货,查有确据者,俱照常受理外,其一应户婚、田土细事,一概不准受理;自八月初一日后方许听断。若农忙期内,受理细事者,该督

① 《唐律疏议》,刘俊文点校,法律出版社 1999 年版。
② [日]仁井田陞:《唐令拾遗》,栗劲、霍存福译,长春出版社 1989 年版。
③ 《宋刑统》,薛梅卿点校,法律出版社 1999 年版。
④ 《大元通制条格》,郭成伟点校,法律出版社 1999 年版。

抚指名题参。"①

综上所述,顺天行罚、顺天理讼是人与自然和谐的自然主义观念在司法运行中的体现,是理性思维的结果。中国古代思想家泛论的"天"与西方的充满宗教色彩的"天"是不同的,天人合一重在发挥人的主观能动作用。唐代刘禹锡在论证天人之分时说得好:"天之道在生殖,其用在强弱;人之道在法制,其用在是非……壮而武健,老而耗眊,气雄相君,力雄相长,天之能也……义制强讦,礼分长幼,佑贤尚功……人之能也。"②当然,顺天行罚、顺天理讼也反映了中国古代专制政治的某种要求,或者说以天来辩护刑杀的必要。

(六)以注释律学指引司法实践

注释律学体现了法文化对司法的支持,使得司法具有理性的色彩。注释律学是以律为载体的,它起源于商鞅"改法为律"以后。律学又称传统律学,是注释国家刑典的一门学问。它对于司法官职掌司法起着重要的指南作用,甚至成为定罪量刑的依据。

出土的公元前4世纪左右的《云梦秦简》,其中载有的"法律答问"就是先秦官方注释秦律的主要成就。它对于概念术语的解释,疑点难点的辨析,定罪量刑的提示等都做出了解释,从而有助于司法官理解秦律、运用秦律,提高司法应用的水平。

汉朝由秦时的官方注律转为私家注律,由于汉律条文粗疏,为注释律学提供了较大的空间。但随着汉律的儒家化,律学也逐渐成为经学的附庸,汉儒既疏经也解律,聚门传授,流派纷呈。春秋经义决狱就是流传至今的汉律学成果。

晋时,注释律学获得较大发展,对于刑法的概念、名词做出规范的解释如:"其知而犯之谓之故,意以为然谓之失,违忠欺上谓之谩,背信

---

① 《大清律例》,田涛、郑秦点校,法律出版社1999年版,第479页。
② (唐)刘禹锡:《刘禹锡文集》卷12,《天论》,四部丛刊初编。

藏巧谓之诈,亏礼废节谓之不敬,两讼相趣谓之斗,两和相害谓之戏,无变斩击谓之贼,不意误犯谓之过失,逆节绝理谓之不道,陵上僭贵谓之恶逆,将害未发谓之戕,唱首先言谓之造意,二人对议谓之谋,制众建计谓之率,不和谓之强,攻恶谓之略,三人谓之群,取非其物谓之盗,货财之利谓之赃:凡二十者,律义之较名也。"① 上述律学成果对于指导司法实践具有重要的意义。刘颂提出的"律法断罪,皆当以法律令正文",是和律学所达到的成就分不开的。至此,司法彻底摆脱了神断的遗痕和儒家经义决狱的主观臆断,是司法理性化的重要发展阶段。

　　至唐朝,《永徽律》是代表性的国家立法。高宗鉴于"律学未有定疏,每年所举明法,遂无凭准",下诏,"宜广召解律人条义疏奏闻",② 仍令长孙无忌、李勣、于志宁等人主持。他们根据"网罗训诰,研核丘坟"③的原则,对《永徽律》逐条逐句进行注解,既阐明律义、揭示源流,又审定理论原则与概念。上述对律文的统一解释称为"律疏"。律疏经皇帝批准,于永徽四年(653)颁行天下。律疏附于律文之后,与律文具有同等效力,"自是断狱者皆引疏分析之"。④ 说明它对司法所起的重要指南作用。

　　清朝为了在广大疆域内统一适用法律,提高司法效果,同时也为了满足官吏"讲读律令"的需要,提倡官私注律,一时律学家辈出,律学著作也层出叠现。对于司法起着指南作用的是律例文义注释,以王明德所著《读律佩觿》为代表,例如他在开篇解释"律分八字之义——以、准、皆、各、其、及、即、若"的"以"字时说:"'以'者,非真犯也。非真犯,而情与真犯同,一如真犯之罪罪之,故曰'以'。"⑤ "律分八字义"对司法官而言,相当于司法的一根拐棍。对于律义解释的代表是沈之奇

---

① 《晋书·刑法志》,中华书局 1974 年版。
② 《旧唐书·刑法志》,中华书局 1975 年版。
③ 《全唐文》卷 136,《进律疏议表》。
④ 《旧唐书·刑法志》,中华书局 1975 年版。
⑤ (清)王明德:《读律佩觿》,何勤华等点校,法律出版社 2001 年版。

著《大清律辑注》，例如，他对《大清律例·名例·流囚家属》的解释："流罪者之妻妾，非应流之人，而俱令从之，欲其有家而安之也。父祖子孙，非应随之人，而愿随者听之，顺其就养之情也。迁徙安置，与流相同，故应从愿随之家口，亦准此例。若本犯死于流徙之所，家口虽已附籍，而愿还乡者，准与削籍，给引照回。此为寻常流徙之人言也。其中若有谋反、逆叛等项，其亲属家口，在常赦不原之数，即会赦犹流之人，自不在前项听还之律。"①此外，成案注释和司法勘验论著的注释，有些也成为司法的依据。成案是司法实践中应用法律进行审判的真实记录，具有示范、借鉴与解律之用，故而受到清廷重视，故许多官员，尤其是刑部官员，热衷于编订成案并加注释，如《例案全集》《刑案汇览》《学案初模》《驳案新编》等。对于司法勘验论著的注释主要是对于宋代宋慈所著《洗冤集录》的厘订、校注与增补，其集大成者为许梿所著《洗冤录详义》。除此之外，重历史考据的吴坛著《大清律例通考》和以比较视角的薛允升著《唐明律合编》，其学术价值更重于实践意义。

以上可见，中国古代的律学是以注释国家的刑法典为目的的一门学问，既是中国古代法学的表现形式，也是刑法学与司法学的主要成就。它给予古代司法以法文化的支持，并赋予它以鲜明的理性色彩。夏商时期，一度出现的神断法很早便丧失了存在的价值，至于近代西方世界的宗教法庭在中国是不存在的，这也充分说明了中国古代司法文明的文明特质。

（七）以司法监察防范法官渎职

为了保证司法公正，防止官吏司法渎职，古代的司法监察起了重要的作用。监察制度是产生于中华民族文化土壤上的具有鲜明特色的一种制度。监察的门类涉及行政、经济、教育、军事等许多方面，而以司法

---

① （清）沈之奇注：《大清律辑注》，怀效锋、李俊点校，法律出版社2000年版，第43—44页。

监察为重点。司法监察，一是通过三司推事、九卿会审等制度进行司法监察。唐高宗时，为了发挥司法监察的作用，建立三司推事制度。据《唐会要》："有大狱，即命中丞、刑部侍郎、大理卿鞫之，谓之大三司使；又以刑部员外郎、御史、大理寺官为之，以决疑狱，谓之三司使。"①再者，也是更经常的，就是朝廷派出御史巡按地方，就便进行司法监察。《唐六典》卷十三《御史台》载："监察御史，掌分察百僚，巡按郡县，纠视刑狱，肃整朝仪。凡将帅战伐，大克杀获，数其俘馘，审其功赏，辨其真伪；若诸道屯田及铸钱，其审功纠过亦如之。"②御史巡按，一般是"持有制命"，"奉制巡按"，③因而具有较高权威。监察御史韦思谦说："御史出使，不能动摇山岳，震慑州县，为不任职。"④宪宗时，元稹为监察御史出使东蜀，劾奏故节度使严砺"违制擅赋"，严砺"虽死，其属郡七州刺史，皆坐责罚"。⑤ 唐高宗在仪凤二年（677）十一月十三日颁发《申理冤屈制》，制中要求巡按地方的监察官："所有诉讼冤滞文案，见未断绝者，并令当处速为尽理勘断，务使甘服，勿使淹滞。若处断不平，所司纠察得实者，所由官人，随即科附"。⑥

元朝不重视法制，但对于监察机关的作用却极为重视。世祖曾郑重宣示："中书朕左手，枢密朕右手，御史台是朕医治两手的。"⑦在至元十四年（1277）七月颁布的《行台体察等例》三十条中，属于司法监察几乎占一半，而且在最后一条，还明确规定："其余该载不尽，应合纠弹事理，比附已降条画，斟酌彼中事宜就便施行。"⑧这就赋予提刑按察使以法律内和法律外的监察权。

① 《唐会要》卷78，上海古籍出版社2006年版，第1703页。
② （唐）李林甫等：《唐六典》卷13，《御史台》，陈仲夫点校，中华书局1992年版。
③ 《唐会要》卷60，《御史台上》，上海古籍出版社2006年版。
④ 《新唐书》卷116，《韦思谦传》，中华书局1975年版。
⑤ 《唐会要》卷62，《御史台下》，上海古籍出版社2006年版。
⑥ 《唐大诏令集》卷82，《政事·刑法·申理冤屈制》，中华书局2008年版，第472页。
⑦ （明）叶子奇：《草木子》，中华书局1959年版。
⑧ 《元典章》卷5，《台纲一》。

明朝洪武十六年(1383),遣监察御史往浙江等处录囚进行司法监察,终明之世,派遣巡按御史巡按地方司法,成为常态,起到了振肃的作用。如嘉靖时期海瑞巡按应天府时,力摧豪强奸顽,赈抚穷弱黎民,"豪有力者,至窜他郡以避"。①

司法监察以司法官渎职为监察重点,主要涉及七个方面。即"断罪不如法""出入人罪""受赇枉法""请托枉法""挟仇枉法""滥用刑罚""淹禁稽迟"等。经监察官纠弹属实,按律治罪。以《唐律疏议·断狱》"官司出入人罪"为例,故入人罪,"若入全罪,以全罪论","从轻入重,以所剩论","出罪者……谓增减情状之徒,足以动事类。或从重出轻,依所减之罪科断,从死出至徒、流,从徒、流出至笞、杖,各同出全罪之法"。"失于入者,各减三等","其失于出者,各减五等"。②《唐律疏议·职制》"监主受财枉法"条规定,受绢一尺杖打一百,每一匹加一等,十五匹处绞刑;"监主受财不枉法"条规定,赃一尺杖九十,每二匹加一等,三十匹加役流。③ 请托枉法,请托是指以私事相托,通关节,以求曲法减免罪犯的处刑。按《唐律疏议·职制》"有所请求"条:"诸有所请求者,笞五十;谓从主司求曲法之事。即为人请者,与自请同。主司许者,与同罪。主司不许及请求者,皆不坐。已施行,各杖一百。"④《唐律疏议·断狱》中规定,拷讯不如法者,或杖六十或杖一百,或徒二年;⑤"徒留应送配所"条规定"诸徒、流应送配所,而稽留不送者,一日笞三十,三日加一等;过杖一百,十日加一等,罪止徒二年"。⑥《大明律·刑律·断狱》中规定:"凡官吏怀挟私仇故禁平人者,杖八十;因而致死者,绞。提牢官及司狱官、典狱卒知而不举首者,与同罪。至死者,

---

①　《明史》,中华书局 1974 年版。
②　《唐律疏议》,刘俊文点校,法律出版社 1999 年版。
③　《唐律疏议》,刘俊文点校,法律出版社 1999 年版。
④　《唐律疏议》,刘俊文点校,法律出版社 1999 年版。
⑤　《唐律疏议》,刘俊文点校,法律出版社 1999 年版。
⑥　《唐律疏议》,刘俊文点校,法律出版社 1999 年版。

减死一等。"①

由于监察御史是皇帝的耳目之司,因而巡按地方司法时具有较大的权威,小案立办,大案奏裁。对于纠正地方上的冤假错案,纠弹贪赃枉法的官吏,起到了一定的作用。监察制度是中国特有的制度,体现了中华民族的伟大创造力。监察官对于维持国家的纲纪,整肃官僚队伍,加强兵刑钱谷等各方面的政务,都起了积极作用。但是,监察官的职权是附着于皇权的,其发挥作用的大小是和皇帝本身密切相关的。总的说来,司法监察是遏制司法渎职的一道防线,也是体现司法文明的一项措施,它所积累的经验值得研究。

三

综上所述,中国古代的司法文明不是任何个人的臆造,而是客观的存在。它不但是以深厚而又优秀的法文化为基础的,而且是经过了漫长的发展过程,不断地总结而成的。同时,它也反映了中华民族历来求实务实、厚德亲伦、和谐和睦的民族精神,正是优秀的中华民族的民族精神构成了司法文明的中华魂。当然,在四千多年的司法制度史中,文明与糟粕是并存的,历史科学的任务就是要善于剔除其糟粕,弘扬和传承优秀的传统,并且以规律性的知识和历史的借鉴丰富人们的头脑。古人所说,"以史为鉴可知兴替",道出了历史学生命力之所在。在不断的完善社会主义法制和改革、改善司法制度的今天,研究中国古代的司法文明,其意义自不待言。

---

① 《大明律》,怀效锋点校,法律出版社 1999 年版。

第九讲 中国古代司法文化中的人文精神

　　司法活动应当坚持以人为本的思想在中国古代就已产生,西周确立的"明德慎罚"思想和儒家阐发的"仁政"思想对司法理论与实践具有深远影响,是中国古代司法中人文精神的集中体现。在司法实践中形成的维护亲情伦理、坚持区别用刑、限制拷讯、矜恤老幼妇残、慎待死刑等一系列体现人文精神的司法原则与制度在汉朝以后不断发展丰富。重新探讨与审视中国古代司法中的人文精神,可以让传统中的积极因素在新的历史条件下更好地得以传承与发扬。

　　中国是法制文明发达很早的国家,司法文明是其中的重要组成部分。中国古代的司法文明内容丰富,涉及面宽广,特别是其中所蕴含的人文精神堪为世界古代法苑中的一株奇葩,对当前建设中国特色社会主义的司法制度也是一笔宝贵的历史财富,值得我们总结和借鉴。

一、"明德慎罚"司法原则的确立和成熟

虽然中国古代司法并没有完全摆脱天道观与神权法的影响,但包含司法在内的整个法律活动应当以人为本的思想很早就产生了。根据历史典籍记载,在舜统治时期,掌管刑法和狱讼的大臣皋陶和禹在一次政务讨论中就明确提出统治的关键"在知人,在安民";"天聪明,自我民聪明,天明畏,自我民明畏"。① 到西周时期,以人为本的法律思想随着德治理论的创立而日益丰富,并逐步成为主流意识形态。

西周统治者鉴于"率民以事神"②的商朝统治覆亡的教训,清醒地认识到,维持统治最可靠的保障是民众的拥护而不是天命或神意,民心的向背是检验包括司法在内的各种统治手段优劣成败的标准。"人无于水监,当于民监。"③为获得民众的拥护,西周统治者在利用天意、神权之类的理论说教麻痹民众的同时也强调统治者是否有德是其统治是否合乎天意的依据——"皇天无亲,惟德是辅",④并在这一思想指导下创立了德治理论。西周创立德治理论,一方面是为周朝取代商朝的统治地位正名,以此表明崇尚道德教化的周朝统治取代暴虐民众的商朝统治是合乎天意的;另一方面也表明夏商时期盛行的神权法思想开始动摇,国家统治的重心开始放在对人的关注与关怀上。

西周德治理论在司法中集中体现在"明德慎罚"⑤司法原则的确

---

① 《尚书·皋陶谟》。
② 《礼记·表记》。
③ 《尚书·酒诰》。
④ 《左传·僖公五年》。
⑤ 《尚书·康诰》。

立。这一原则要求司法官员应当谨慎地审判案件和适用刑罚,而适用刑罚的根本目的是为了更好地促进道德教化。西周统治者确立的"明德慎罚"司法原则在《尚书·吕刑》中有充分的体现。周穆王时期,吕侯奉命制作刑书即《尚书·吕刑》,对"明德慎罚"司法原则作了很好的诠释。其主要表现为,首先,各级贵族要充分认识到良好的司法对维护统治的重要意义,因而要对刑罚抱有敬畏之心并公正司法,否则就不能使百姓安定并会招致祸灾。根据《尚书·吕刑》的记载,周穆王义正词严地告诫各级贵族:"有邦有土,告尔祥刑。在今尔安百姓,何择非人?何敬非刑?何度非及?……永畏惟罚,非天不中,惟人在命。天罚不极,庶民罔有令政在于天下"。其次,要选择善良公正的人充任司法官。"非佞折狱,惟良折狱。"最后,审判案件要在通过多种途径与手段来核实事实的基础上公正地定罪量刑,疑罪从赦。"五刑之疑有赦,五罚之疑有赦,其审克之!简孚有众,惟貌有稽。无简不听,具严天威。"西周确立的"明德慎罚"司法原则是中国古代司法中人文精神的集中体现,对后世具有深远的影响。

春秋时期政局与社会的大动荡进一步彰显了民心向背对于国家兴衰所起的决定性作用,神权法思想衰微与民本思想勃兴正是这一历史背景下意识形态领域的重要特征。"国将兴,听于民;将亡,听于神。"①"夫民,神之主也,是以圣王先成民而后致力于神。"②该时期的一些政治家甚至主张将人道与天道截然分开,"天道远,人道迩。非所及也,何以知之?"③天道与人道分离的思想把人们从西周"以德配天"的思维方式中解脱出来,确立了人自身所具有的独立价值以及对维护统治所具有的决定性作用,这样就大大激发了人认识事物和进行创造性活动的自觉性与主观能动性。司法理论与实践中的人文精神内容在该时期也得到极大的丰富和发展,尤其是儒家思想在这方面表现最为突出,对

① 《左传·庄公三十二年》。
② 《左传·桓公六年》。
③ 《左传·昭公十八年》。

后世影响也最大。

儒家对西周以来重视民心向背的思想加以提炼和升华,形成了以人为本的价值理论。儒家对鬼神采取的是一种务实和中庸的态度——"敬鬼神而远之"。① 一方面通过对鬼神的敬仰来实现人心的净化和升华;另一方面,对彼岸世界的神秘主义存而不论,孔子自己"不语怪力乱神",②对学生提出的有关问题也是避而不答,且曰"未知生,焉知死……未能事人,焉能事鬼?"③儒家所关注的是世事、人生,其思想理论也是为了极力凸显人的价值和尊严,以"仁"作为调整人际关系的基本准则。孔子的仁学不仅是具有特殊历史意义的人本主义思想,也为立法和司法提供了人道主义的基本原则。"不教其民而听其狱,杀不辜也。三军大败,不可斩也;狱犴不治,不可刑也。"④"善人为邦百年,亦可以胜残去杀矣。"⑤孔子的仁学思想还对西周创立的德政思想和礼教规范予以继承和发展,指出统治者自身良好的道德修养对推行礼教乃至治国平天下具有决定性的意义。"为政以德,譬如北辰,居其所而众星共之。""导之以政,齐之以刑,民免而无耻;导之以德,齐之以礼,有耻且格。"⑥

孔子的仁学被孟子全面继承和发展,孟子将仁学和亲情伦理联系起来,"亲亲而仁民,仁民而爱物"。⑦ 孟子把孔子仁学中的人本主义思想演绎成系统的仁政学说——"民为贵,社稷次之,君为轻";⑧"君之视臣如草芥,臣之视君如寇仇"。⑨ 儒家思想体系中仁学的创立是中国古代法律文化由神本位向人本位过渡的里程碑,也是中华法制文明早熟的重要表征。自西汉中期开始,儒家思想成为意识形态中的正统思想

① 《论语·雍也》。
② 《论语·述而》。
③ 《论语·先进》。
④ 《荀子·宥坐》。
⑤ 《论语·子路》。
⑥ 《论语·为政》。
⑦ 《孟子·尽心上》。
⑧ 《孟子·尽心下》。
⑨ 《孟子·离娄下》。

和中国古代文化的主流,儒家以人为本的价值理论对国家的立法与司法产生越来越重大的影响。魏晋南北朝时期,法律的儒家化全面展开,至隋唐得以完成。作为中华法系典范之作的《唐律疏议》开篇即指出:"秉气含灵,人为称首";"德礼为政教之本,刑罚为政教之用"。①

二、伦理道德的司法维护

伦理道德涉及人与人之间的关系以及相互遵守的准则,特别是个人对于社会和国家所承担的义务。中国是农耕文明国家,以家族为核心的熟人之间的团结互助是农业生产与生活顺利进行的重要保障,因而伦理道德尤其是家族伦理道德成为中国古代法律重点保障的对象。再加之中国古代宗法制度的影响造就了家国一体、亲贵合一的政治体制,形成了尊尊、亲亲的等级秩序,家是国的缩微,国是家的放大,法律维护家族伦理道德具有重要的政治意义。西周法律将破坏家族伦理的"不孝不友"行为视为破坏统治秩序最严重的犯罪。"元恶大憝,矧惟不孝不友。子弗祗服厥父事,大伤厥考心;于父不能字厥子,乃疾厥子。于弟弗念天显,乃弗克恭厥兄;兄亦不念鞠子哀,大不友于弟。惟吊兹,不于我政人得罪,天惟与我民彝大泯乱,曰:乃其速由文王作罚,刑兹无赦。"②

西周伦理道德所包含的宗法精神和原则经过儒家学说的阐述和论证使得伦理关系成为最重要的社会关系。《孟子·滕文公上》记载,"使契为司徒,教以人伦,父子有亲,君臣有义,夫妇有别,长幼有序,朋友有信"。孟子所说的君臣、父子、夫妇、兄弟、朋友间的人伦通称为"五伦"。人伦是不变的常道,由此而形成一系列道德规范。人伦之中最主要的是君臣、父子,儒家的伦理道德学说就是以此为核心而展开

---

① 《唐律疏议·名例》。
② 《尚书·康诰》。

的,经过儒家的论证形成一整套的道德哲学。它以孝为支点,以忠为终极取向,强调在家为孝,在国为忠,由家而国,移孝作忠。故有子云:"其为人也孝悌,而好犯上作乱者,鲜矣;不好犯上而好作乱者,未之有也。"①经过汉朝儒家的论证,伦理规范入律,构建了伦理法,在伦理法中以维护君权和父权为核心内容。

自汉代以来,以儒家伦理道德学说为基础的司法将法、理(伦理)、情(国情、社情、人情)三者联系起来,体现了中国古代特有的司法文明,同时又使得道德哲学与国家法律相结合。这样的司法既可以得到法律的支撑,又可以增强人们的道德自觉,起到明刑弼教与预防犯罪的作用。

先秦时期的司法从维护君权与父权出发,形成了"君亲无将,将而诛焉"②的司法原则,亦即君亲至上,卑幼不得对君亲有犯罪之心,否则诛之。这一原则成为汉朝《春秋》决狱所遵循的最为重要的司法原则,隋唐以来法律所规定的"十恶"大罪中,置于前面的就是谋反、谋大逆、谋叛、恶逆四种危害君权和亲权最严重的罪行,并规定对君主或父母、祖父母有犯罪之心("谋")便构成该罪。

由于家族伦理在国家统治的理论与实践中具有基础性地位,因此其成为司法重点保护的对象。孔子主张:"父为子隐,子为父隐。直在其中矣。"③这表现了孔子的道德观与司法观。在他看来,道德义务与法律义务具有一致性,法律义务应该以伦理道德为立足点。儒家所主张的亲亲相隐自汉朝以来成为正式的法律制度,司法活动应当立足于人情和伦理道德。汉宣帝地节四年(前66)五月下诏:"父子之亲,夫妇之道,天性也。虽有患祸,犹蒙死而存之。诚爱结于心,仁厚之至也,岂能违之哉!自今子首匿父母,妻匿夫,孙匿大父母,皆勿坐;其父母匿

---

① 《论语·学而》。
② 《春秋公羊传·庄公三十二年》。
③ 《论语·子路》。

子,夫匿妻,大父母匿孙,罪殊死,皆上请廷尉以闻。"①按照唐朝律法的规定,大功以上者得相容隐,告发父母、祖父母为"十恶"之罪,"诸告祖父母、父母者,绞。诸告期亲尊长、外祖父母、夫、夫之祖父母,虽得实,徒二年……告大功尊长,各减一等;小功、缌麻,减二等"。②

司法重点保护家族伦理的另一个重要例证是存留养亲,也就是罪犯的直系尊亲属因年老或重病而缺乏独立的谋生能力,而家中又无成年男子侍奉,在一定的条件下可以暂不执行罪犯的刑罚,命其回家赡养老人。北魏正式确立这一制度:"诸犯死,若祖父母、父母七十以上,无成人子孙,旁无期亲者,具状上请;流者鞭笞,留养其亲,终则从流,不在原赦之例。"③存留养亲为后代法律所沿袭,在明清朝审与秋审中对死刑监候案犯,存留养亲便是无须执行死刑的法定事由。为协调道德义务与法律义务之间的矛盾性,后世法律规定对于"十恶"等重大犯罪不在容隐和存留养亲之限,说明伦理既约束了司法,又不能全然超越司法,体现了国重于家的观念。司法与伦理的关系在司法实践中表现为既援法又援理,既重视伦常又不得违背国家根本利益。

综上所述,中国古代司法深受伦理道德约束,体现了中华法系礼法结合的特点。中国古代法律的稳定性即王法在人们心中的权威性,都是和司法与伦理道德的密切结合分不开的。司法与伦理道德的融合与协调既增强了人们的守法观念,也增强了人们的道德反省与道德自觉,从而增强了司法对于社会稳定的积极作用。近代以来,由于中国的社会结构与意识形态发生了变化,个人本位逐渐成为社会主流,慢慢取代了家族本位,传统的司法与伦理关系总体上已经退出历史舞台,但其中具有普适性的伦理道德因素仍为今天的立法所吸取,新修订的《中华人民共和国刑事诉讼法》中近亲属作证豁免权的规定就是一例。

---

① 《汉书·宣帝纪》。
② 《唐律疏议·斗讼》。
③ 《魏书·刑罚志》。

三、坚持"五听"、限制刑讯的司法程序

中国古代司法很早就摆脱了蒙昧与宗教控制的状态,直接关注"人"本身。人既然为万物之灵,自然有理性,有情感,中国古代的司法活动就是遵循人的固有情感特点而展开的,这明显体现在司法过程中的各个阶段。

西周时期的司法开始摒弃商朝采用的神判方法,形成了"五听"的审判方法。《周礼》记载:"以五声听狱讼、求民情。"所谓五听,"一曰辞听,二曰色听,三曰气听,四曰耳听,五曰目听"。① 对此,东汉的郑玄注释如下:"观其出言,不直则烦;观其颜色,不直则赧然;观其气色,不直则喘;观其听聆,不直则惑;观其眸子视,不直则眊"。② "五听"是在总结大量司法实践经验与研究犯罪者心理变化的基础上所形成的司法心理学,或称司法的心理观察,这说明司法者在一定程度上摆脱了主观擅断。根据犯罪心理学,犯罪者在犯罪前的心理活动,常常是形成犯罪行为的内在动因,没有犯罪者的心理活动而发生的犯罪行为是少有的。因此通过观察与研究犯罪者的心理活动,进而判断其行为是否属于犯罪具有一定的科学根据。在物证技术等科学不发达的中国古代,司法官逐渐以人的心理状况为观察对象,借以发掘案情事实的真相,而不简单地一味诉诸占卜或神判,这种远神近人的做法为中国古代的司法烙上了人文精神的最初印记。现代司法中所应用的测谎仪器,也不外乎是用现代的科学仪器侦测犯罪者的心理反应。由此可见,以"五听"审理案件的方法是中国古代司法人文精神的一个具体表现,其影响甚为深远,后世论者颇多。

---

① 《周礼·秋官》。
② 《周礼》,郑玄注。

西晋的张斐在《注律表》中从心理学的角度论证说:"夫刑者,司理之官;理者,心神之使,心感则情动于中而形于言,畅于四肢,发于事业(指行为)。是故奸人愧而面赤,内怖而色夺。论罪者务本其心,审其情,精其事,近取诸身,远取其物,然后乃可以正刑。仰手似乞,俯手似夺,捧手似谢,拟手拟诉,拱臂似自首,攘臂似格斗,矜庄似威,怡悦似福,喜怒忧欢,貌在声色。奸真猛弱,侯在视息。"①此论是对《周礼》"五听"的进一步诠释,说明了"五听"的心理学依据,对此我们不能简单地以唯心主义而否定其价值。北魏的李惠每次断案必"察狱以情,审之五听"。② 另据北魏《狱官令》记载:"诸察狱,先备五听之理,尽求情之意。"③唐时《唐六典》引《唐令》规定:"凡察狱之官,先备五听,又稽诸证信,有可徵焉而不肯首实者,然后拷掠,二十日一讯之。"④宋朝的郑克在《折狱龟鉴》中结合审判实践对"五听"作了进一步的阐明。"夫察奸者,或专以其色察之,或兼以其言察之。其色非常,其言有异,必奸诈也,但不可以逆疑之耳。见其有异,见其非常,然后案之,未有不得其情也。"⑤"奸人之匿情而作伪者,或听其声而知之,或视其色而知之,或诘其辞而知之,或讯其事而知之。"⑥

由此可见,"五听"是中国古代司法过程的基本环节,历朝相关史例非常之多。当代学者曾一度视"五听"为唯心主义而对其持否定态度,忽视了它在司法实践中的重要价值。现代心理学创始人之一奥地利精神病学家阿德勒曾经提出:"按照个体心理学的理解,个体的行为是由个体的整体人格发动和指引的,因此,个体心理学关于人的行为的所有陈述都精确地体现了这些行为之间的相互关系,个体的行为反映

---

① 《晋书·刑法志》。
② 《北史·李惠传》。
③ 《魏书·刑罚志》。
④ 《唐六典》卷6,《尚书·刑部》。
⑤ 《折狱龟鉴》卷5,《苟攸》。
⑥ 《折狱龟鉴》卷5,《孙长卿》。

了个体的心理活动。"①由于人的心理活动和人的行为有着必然的内在联系,因此考察其行为自然离不开探求其心理活动。中国早在公元前11世纪左右便提出"五听"的审讯方法,无疑是中华司法文明先进性和具有人文精神的一个重要例证。以"五听"审理案件虽有其可取之处,但仅凭此还不足以剖析案情,达到司法公平公正的要求,更重要的还在于证据是否充分和用法是否得当。简单地凭察言观色断案有时也会造成司法官的主观臆断。中国古代经过漫长的司法历程,最终形成了一套较为完整的证据制度,对于证据的收集、采择、辨析、运用都作了较为详尽的规定。详细阐述中国古代证据制度的发展沿革与具体内容不是本讲的任务,下面结合本讲主题就司法审理中对通过刑讯获取证据的限制与规范作一概要的阐述。

虽然中国古代司法在审理中通过刑讯获取证据的做法为法律所认可和实践所沿用,但理论与实践一直对刑讯持非常谨慎的态度。《云梦秦简·封诊式·治狱》规定:"治狱,能以书从迹其言,毋笞掠而得人情为上;笞掠为下;有恐为败。"西汉的路温舒曾向汉宣帝上书痛陈刑讯逼供与诱供的危害:"夫人情安则乐生,痛则思死。棰楚之下,何求而不得?故囚人不胜痛,则饰辞以视之;吏治者利其然,则指道以明之;上奏畏却,则锻炼而周内之。盖奏当之成,虽咎繇听之,犹以为死有余辜。何则?成炼者众,文致之罪明也。是以狱吏专为深刻,残贼而亡极,偷为一切,不顾国患,此世之大贼也。"②对通过刑讯获取证据的做法表示怀疑乃至反对的人在中国古代并不罕见,这是因为"重械之下,危堕之上,无人不服,诬枉者多"。③ 有鉴于刑讯可能导致的消极后果,中国古代很多朝代的律法对刑讯进行了限制与规范。《唐律疏议·断狱》规定:"诸应讯囚者,必先以情,审察辞理,反覆参验;犹未能决,事

---

① [奥]阿尔弗雷德·阿德勒:《儿童的人格教育》,彭正梅、彭莉莉译,上海人民出版社2011年版,第33—34页。

② 《汉书·路温舒传》。

③ 《陈书·沈珠传》。

须讯问者,立案同判,然后拷讯。违者,杖六十……诸拷囚不得过三度,数总不得过二百,杖罪以下不得过所犯之数。拷满不承,取保放之。若拷过三度及杖外以他法拷掠者,杖一百;杖数过者,反坐所剩;以故致死者,徒二年……诸应议、请、减、年七十以上,十五以下,及废疾者,并不合考讯,皆据众证定罪,违者以故失论。"宋朝除了基本法典《宋刑统》继承唐律的相关规定外,还曾下诏禁止刑讯。宋太宗赵光义于太平兴国六年(981)下诏:"自今系囚如证左明白而捍拒不伏合讯掠者,集官属同讯问之,勿令胥吏拷次。"①

四、矜恤老幼妇残,爱惜民命的司法原则

《礼记·曲礼上》记载:"八十、九十曰耄,七年曰悼。悼与耄,虽有罪,不加刑焉。"也就是说,80 岁以上的老人和 7 岁以下的儿童犯罪,不承担刑事责任。《周礼·秋官》中也有"三赦之法"的规定:"壹赦曰幼弱,再赦曰老旄,三赦曰蠢愚。"根据这一规定,儿童、老人与痴呆之人犯罪,只要不是亲手故意杀人,均可赦免其罪责。这种根据法律主体的行为能力来确定其法律责任的做法具有科学的一面,体现了西周"明德慎罚"的法律思想。同时也是由于这些人对社会的危害性较小,减免其法律责任既可标榜统治者的仁政,又不至于危及统治秩序。

矜恤老幼妇残的司法原则经由汉朝以来的继承与发展,到唐朝已经定型。《唐律疏议·名例》规定:"诸年七十以上、十五以下及废疾,犯流罪以下,收赎。(犯加役流、反逆缘坐流、会赦犹流者,不用此律;至配所,免居作。)八十以上、十岁以下及笃疾,犯反、逆、杀人应死者,上请;盗及伤人者,亦收赎。"《唐律疏议·断狱》规定:"诸妇人犯死罪,怀孕,当决者,听产后一百日乃行刑。若未产而决者,徒二年;产讫,限未满而决者,徒一年。失者,各减二等。其过限不决者,依奏报不决

---

① 《文献通考·刑志》。

法……诸妇人怀孕,犯罪应拷及决杖笞,若未产而拷、决者,杖一百;伤重者,依前人不合捶拷法;产后未满百日而拷决者,减一等。失者,各减二等。"

由于死者不可复生,因而人命关天是中国古代司法秉持的信念。为避免枉杀错杀,中国古代司法自唐朝以来对命案重囚逐步形成了一套严格的审判、复核、监督和执行程序。唐太宗从历史经验中得出结论:"古来帝王以仁义为治者,国祚延长;任法御人者,虽救一时,败亡亦促。"①在仁义治天下的方略指导下,唐初统治者比较注意恤刑慎杀。《贞观律》与隋朝的《开皇律》相比,死罪减少92条,改流罪为徒罪71条,并删去"兄弟连坐俱死"之法。贞观元年(627),唐太宗还首创"九卿议刑"的司法制度:"自今以后,大辟罪皆令中书门下四品以上及尚书九卿议之。"②唐朝创立的由多部门官员会审命案重囚的制度至明朝进一步发展成朝审。朝审的对象是死刑监候案件。"原问衙门监候,照例具奏,将犯人引赴承天门外,会同多官审录。其审录之时,原问、原审并接管官员,仍带原卷听审。情真无词者,复奏处决;如遇囚番异称冤有词,各官仍亲一一照卷陈其始末来历并原先审过缘由,听从多官参详;果有可矜、可疑或应合再与勘问,通行备由,奏请定夺。"③对犯人的处理分为"情真""缓决""可矜""可疑"四种类型,除"情真"即情况属实须执行死刑而外,其他三种一般都可免除死刑。清朝在明朝朝审制度的基础上发展为较为完备的秋审制度,由中央各部院长官会同复审各省上报的绞、斩监候案件的审判制度,因在每年秋季农历八月中下旬举行而得名,成为一种有特色的死刑缓刑复核制度。

由皇帝或上级司法监察机关或专差官吏对在押犯进行审录以及监督检查狱政管理的一种制度即录囚创立于西汉。汉武帝时规定,州刺

---

① 《贞观政要》卷5,《仁义》。
② 《贞观政要》卷8,《刑法》。
③ 《明会典》卷177,《朝审》。

史每年八月"巡行新部郡国,录囚徒"。① 汉代的录囚制度和监察制度结合在一起,在一定程度上起到了改善狱政,纠正错案,监督司法活动的效果,为后世所沿用。唐太宗李世民"亲录囚徒,闵死罪者三百九十人,纵之还家,期以明年秋即刑。及期,囚皆诣朝堂,无后者。太宗嘉其诚信,悉原之"。② 明代继续沿用汉唐以来录囚的做法,并在制度上有所创新。明代的录囚主要体现在每 5 年举行一次的大审上。"成化十七年(1481),命司礼太监一员会同三法司堂上官,于大理寺审录,谓之大审。南京则命内守备行之。自此定例,每五年辄大审。"③大审是由皇帝派员复审录囚以示恤刑的刑事审判制度,罪囚往往能够有机会在大审辩明冤枉或获得减免刑罚。"嘉靖十年八月奏准:两京法司,凡遇每年热审并五年审录之期,一应杂犯死罪准徒五年者,一体减去一年。"④隋朝的司法制度在死刑的执行上规定了三复奏制度:"死罪者三奏而后决。"⑤唐朝以来死刑复奏制度更加严格与完善。贞观初年,唐太宗以人命关天、死者不可复生为由,曾一度改京城死刑三复奏为五复奏,即决前一日二复奏,次日又三复奏;各州的死刑案件仍三复奏。但犯恶逆以上罪及部曲、奴婢犯杀主罪的,一复奏即可,到制定《唐律疏议》时,又法定为三复奏。根据《唐律疏议·断狱》的规定:"死罪囚,谓奏画已讫,应行刑者,皆三复奏讫,然始下决",如果"不待复奏报下而决者,流二千里"。即使复奏讫,执行死刑的命令亦已下达,仍须"听三日乃行刑,若限未满而行刑者,徒一年;过限,违一日杖一百,二日加一等"。⑥ 隋唐法律创立的死刑复奏制度反映了统治者爱惜民命、谨慎对待死刑的司法观念,为后世律法所沿袭。

---

① 《后汉书·百官志》。
② 《新唐书·刑法志》。
③ 《明史·刑法志》。
④ 《明会典》卷 177,《热审》。
⑤ 《隋书·刑法志》。
⑥ 《唐律疏议·断狱》。

五、中国古代司法中人文精神的反思

中国古代司法坚持以人为本原则的思想奠基于西周时期,它是在殷商天道观发生动摇的基础上不断发展而成的。在春秋战国时期,经过儒家等学派的论证,已经比较全面地确立了人在自然宇宙中的主体地位和人的社会价值,深入地探讨了人的道德本性与伦理情感,并初步形成维护人的尊严的一些法律原则和司法制度。自汉朝以来,人本主义的法律文化日趋成熟,其在司法实践中的运用有助于缓和社会矛盾,改善个人与国家的关系,是出现盛世不可忽视的重要原因之一。与此同时,我们也应该认识到,中国古代司法中的人本主义思想是君主专制制度下的人本主义思想,在重公权轻私权、重国家轻个人、重义务轻权利、重宗法尚家族的历史条件下,其积极作用是有限的,特别是专制君主言出法随、各级官员有法不依的现实更是使得业已形成的人本主义司法的思想与制度难以真正与持久地发挥其应有的作用。

对于影响中国古代司法至为深远的儒家人本主义思想,我们同样也应认识到在中国古代司法的历史实践中存在许多与人本主义思想相冲突的消极因素。首先,虽然儒家立足现实、拒绝彼岸世界的立场抑制了宗教和神学在古代中国的生成和发展,使得西方式的教会司法未能在中国古代社会对人性施展压制作用,但是儒家没有也不可能完全摆脱"天道"的羁绊,相反往往借助上天的威慑作用为现实的政治法律服务,尤其是为专制王权辩护。特别是经过汉朝儒家和宋朝儒家的阐发,君为臣纲被宣扬为永恒的"天理",在很大程度上巩固和强化了君王专制的统治,使得君主权力至高无上,失去了制约的力量。其次,在儒家人本主义思想体系中,人是作为"类"而存在的,是以家族成员的身份来表现其存在价值的,并不具有个体独立存在的意义。最后,在儒家人本主义的道德氛围中,对人的基本要求是通过修己安人的道德上的内省、克制来实现人际关系和谐的,对中国古代义务本位法律传统的成熟与巩固具有重要影响。儒家思想中的这些消极因素对中国古代司法也产生了极其深刻的影响，从而大大消解了其人本主义司法理论的积极影响。

近代以来，传统的中华法系随着法制的近现代转型而终结，从维护"三纲"到批判和摒弃"三纲"、从君主神圣到民主共和、从义务本位到权利本位成为法制发展不可逆转的历史潮流。与此相应，中国古代以人为本、明德慎罚的人本主义司法不可避免地为人权神圣、民主法治的司法所取代。尽管如此，重新探讨与审视中国古代司法中的人文精神，不仅是为了向世人揭示中国古代法制文明曾经有过的辉煌传统，更为重要的，是为了让传统中的积极因素在新的历史条件下更好地得以继承和发扬。

第十讲　中国古代司法渎职问题

中国古代司法渎职是官吏腐败的重要表现，为防止和制裁司法渎职，制定了一系列法律，建立了各种制度，以期杜绝。但是只能收到一时的效果，却无法从根本上加以遏制，这是中国古代司法制度的本质所决定的。历代为防止和克服司法渎职所采取的措施有一定的借鉴意义。

一、历代统治者对司法的重视

司法是由特定的国家机关行使审判权的一种活动。专门的司法机关系统的确立，与审判活动的程序化、制度化、法律化，是衡量中华法制文明发展程度的重要标志。由于司法是属于国家活动的范围,其结果不仅直接关系到诉讼当事人的切身利益,也影响到社会的秩序与国家的安定。正因为如此,中国古代的圣君、贤相、哲人、大儒都十分重视司法。或制造舆论,以期引起重视,或派贤吏担任法司,或派出皇帝耳目之司进行司法监察,或由皇帝亲自断结大狱,力求做到公平公正。

在先秦的文献中,以"中"——不偏之为中,来比喻司法的公平与公正。古人认为法本身就是"齐天下之动,至公大定之制也"①,因此只有执法"中",才能发挥法律自身的功能。周初伟大的政治家思想家周公总结亡殷的教训提出的"明德慎罚",就是不得"滥罚无罪,杀无辜"②。他还举出司寇苏公,作为执法得中的榜样:"司寇苏公,式敬尔由狱,以长我王国,兹式有慎,以列用中罚。"③所谓中罚,正义解释说:"列用中常之罚不轻不重,当如苏公所行也。"

孔子不仅提出兴礼乐为刑罚得中的主宰,还指出刑罚不中的社会危害,他说:"礼乐不兴,则刑罚不中,刑罚不中,则民无所措手足。"④民手足无措,必然招致社会的动荡不安。

荀子在《王制篇》中以"公平"为"职之衡也",以"中和"为"听之绳也",即以公平来衡量官吏的职守,以中和作为听讼即司法的准绳。

汉武帝时董仲舒还运用阴阳五行之说,阐明刑罚不中所带来的后果:"刑罚不中,则生邪气,邪气积于下,怨恶蓄于上,上下不和,则阴阳缪盭而妖孽生矣,此灾异所缘而起也。"⑤汉宣帝元康二年五月诏书中,一方面指出司法的重要与良吏执法的价值,所谓"狱者万民之命,所以禁暴止邪,养育群生也,能使生者不怨,死者不恨,则可谓文吏矣"。另一方面谴责贪酷之吏任意用法造成的危害:"今则不然,用法或持巧

---

① 《左传·昭公二十年》。
② 《尚书·康诰》。
③ 《尚书·立政》。
④ 《论语·子路》。
⑤ 《汉书·董仲舒传》。

心,析律贰端,深浅不平,增辞饰非,以成其罪。"①

汉章帝建初五年三月诏书中引述孔子的"刑罚不中,则民无所措手足"之后说:"今吏多不良,擅行喜怒,或案不以罪,迫胁无辜,致令自杀者,一岁且多于断狱,甚非为人父母之意也。有司其议纠举之。"②

唐初,是以法治相尚的朝代,魏征曾经向太宗进言说:"且法,国之权衡也,时之准绳也。权衡,所以定轻重,准绳,所以正曲直。"作为"万乘之主",如果"任心弃法",无异于"舍准绳以正曲直,弃权衡而定轻重","不亦惑哉?"③魏征的进言得到太宗的肯定,他多次表示:"法者非朕一人之法,乃天下之法",不可以因私"挠法"。④

高宗时,为了确保公正司法,建立三司推事制度。一则在司法机关系统中建立了互相制衡的关系,再则发挥监察机关司法监察的作用。据《唐会要》:"有大狱,即命中丞、刑部侍郎、大理卿鞫之,谓之大三司使;又以刑部员外郎、御史、大理寺官为之,以决疑狱,谓之三司使。"⑤另据《通典》:"(侍御史)与给事中、中书舍人,同受表里冤讼,迭知一日,谓之三司受事。其事有大者,则诏下尚书刑部,御史台,大理寺同案之,亦谓此为三司推事。"⑥

唐朝实行的三司推事,为公正司法提供了一重制度保证,对后世深有影响。明清时期的会审制度即导源于此。

宋初为指导全国司法活动,太祖于开宝八年制定推状条样三十三条,要求各级司法机关"鞫狱即录一本","悉大字揭于板置听事之壁。"此推状虽已佚失,但却反映了宋初统治者对司法的重视。真宗初年为控制大案要案的审理,特设审刑院于禁中,后元丰改制时以机构重叠并于刑部。

---

① 《汉书·宣帝纪》。
② 《后汉书》卷3,《皇帝纪》。
③ 《贞观政要》卷5,《公平》。
④ 《贞观政要》卷5,《公平》。
⑤ (宋)王溥撰:《唐会要》卷78。
⑥ (唐)杜佑:《通典》卷24,《职官六》。

宋时著名思想家、政治家真德秀,在《西山文集》中将"断狱不公""听讼不审""淹延囚系""惨酷用刑"等列为"十害"的重要内容。并依次做出评论:"狱者,民之大命,岂可少有私曲。""讼有实有虚,听之不审,则实者反虚,虚者反实矣,其可苟哉!""一夫在囚,举室荒业,囹圄之苦,度日如岁,其可淹久乎!""刑者,不获已而用,人之体肤,即己之体肤也,何忍以惨酷加之乎!……刑者,国之典,以代天纠罪,岂官吏逞忿行私者乎! 不可不戒。"①

明朝建立以后,朱元璋以亡元为鉴说:"元氏昏乱,纪纲不立,主荒臣专,威福下移,由是法度不行,人心涣散,遂至天下骚乱","卒至于亡"。② 因此他强调:"夫法度者,朝廷所以治天下也"③,极为重视司法。他亲自"录囚","有大狱必面讯","多亲鞫,不委法司。"至永乐元年(1403),成祖"命法司五日一引奏罪囚"④,对于死刑案犯的审决,尤为重视。永乐十三年(1415),下令:"自今死罪者,皆五复奏,著为令。"⑤永乐十七年(1419),又下令:"自今,在外诸司死罪,咸送京师审录,三复奏,然后行刑。"⑥仁宗时,于洪熙元年令:"法司执奏,五奏不允,同三公大臣执奏,必允乃已。"⑦并"特命内阁学士会审重囚,可疑者再问"⑧。正统时,英宗"谕三法司,死罪临决,三复奏然后行刑"⑨。

明朝还在传承唐制的基础上建立了朝审、热审、大审等制度,使会审制度化法律化。

由于明朝是专制主义极端强化的朝代,皇帝处理国家大事除倚重官僚机构外,更多地信赖亲军与内侍,如锦衣卫和东西厂,使之参与司

---

① 　真德秀:《西山文集》卷40,《谭州谕同官咨目》。
② 　《明太祖实录》卷14。
③ 　《明太祖实录》卷116。
④ 　《明史·成祖纪》(二)。
⑤ 　《明史·成祖纪》(三)。
⑥ 　《明史·成祖纪》(三)。
⑦ 　《明史·仁宗纪》。
⑧ 　《明史·刑法志》(二)。
⑨ 　《明史·英宗前纪》。

法、操纵司法。

宪宗成化十七年(1481),命司礼监太监一人会同三法司长官于大理寺审录罪囚,谓之"大审"。"自此定例,每五年辄大审。"①大审的对象主要是累诉冤枉的囚犯。厂卫组织之所以直接参加审判,并享有"听记""坐记"的权力,正是体现了他们代表皇帝行使和监督司法权。宦官参与司法,迫使执法的清官洁身引退,而多数官吏唯恐被坐陷失出之罪,宁可深文罗织滥害百姓。明朝皇帝本意是通过信任的亲军和内侍监督司法,加强司法,但由于非法定的司法组织竟然凌驾于法定的司法组织之上,不仅破坏了既定的法律秩序,也危害到封建法制本身,加剧了统治阶级内部的利益冲突和国家的危机。自明中叶以来,宦官和官僚系统争夺权力的斗争即此起彼伏,倾轧不已。至晚明以东林党为代表的正直官吏遭到了宦官无情的打击和迫害,宦官之祸达到历史之峰极。

清袭明制,秋审、朝审已成为清朝的重要会审制度。通过秋审和朝审,皇帝核查死刑案犯的判决是否合法,并控制了死刑的勾决权,防止因处刑不当引起社会的动荡和国家的安定。顺治十三年谕刑部:"朝审秋决,系刑狱重典。朕必详阅招案始末,情形允协,令死者无冤。"②康熙二十二年圣祖御"懋勤殿,召见大学士,学士等人酌定在京秋审情实重犯,圣祖取罪案逐一亲阅,再三详审,……人命事关重大,故召尔等共商酌,情有可原,即开生路"③。雍正十一年,御洞明堂,阅秋审情实招册,谕刑部:"诸臣所进招册,俱经细加勘酌,拟定情实。但此内有一线可生之机,尔等亦当陈奏……断不可因前奏难更,遂尔隐默也。"高宗三十一年湖南官犯饶全,以回护罪处死刑,"迨阅浙省招册,知府高象震亦以承审回护,原题仅拟军台效力,急谕湖南巡抚将饶全暂停处决,令刑部查明两案情节不同,始行明谕处分"。嘉庆七年,御史广兴,

---

① 《明史·刑法志》(二)。
② 《清史稿·刑法志》。
③ 《清史稿·刑法志》。

奏请将斗杀拟缓之广东姚得辉改入情实，援引乾隆十八年"一命必有一抵"之旨，就此，仁宗批示说："一命一抵，原指械斗等案而言，至寻常斗殴，各毙各命，自当酌情评理，分别实缓，若拘泥一命必有一抵之语，则是秋谳囚徒，凡伤杀毙命之案，将尽行问拟情实，可不必有缓决一项，有是理乎。"①

至于死刑案犯的复奏，雍正二年四月上谕："朝审重囚其情实者，刑科必三复奏闻，勾除者方行处决，而外省情实重囚，惟于秋审后法司具题，即咨行该省，无复奏之例。朕思中外一体，岂在京诸囚宜加详慎，在外省独可不用详慎乎？人命攸关，自当同仁一视。自今年为始，凡外省重囚经秋审具题情实应决者，尔法司亦照朝审之例三复奏闻，以副朕钦恤慎罚之至意。"②

是以雍正后秋审亦有三复奏，至乾隆十四年九月十五日上谕，废止秋审死刑案三复奏："各省秋审亦皆三复奏，自为慎重民命，即古三刺三宥遗制，谓临刑之际，必致详审不可稍有忽略耳，非必以'三'为节也。朕每当勾决之年置招册手傍反复省览，常至五六遍，必令毫无疑义。至临勾时，犹必与大学士等斟酌再四，然后予勾、岂啻三复已哉！若夫三复，本章科臣匆剧具题，不无亥豕，且限于时日，岂能逐本全览？嗣后刑科复奏，各省皆令一次。"③

综括上述，可见中国古代历朝统治者对于司法的重视。重大的疑案冤案允许逐级上告，直至京控与邀车驾。

为了督励官员公正执法，早在《云梦秦简》中便规定有"失刑""纵囚""不直"等罪名，用以惩治执法不直的官员。随着封建法典的不断完备，惩治司法渎职的罪名也不断增多，同时还从正面规定了司法官应有的品德和应遵守的法律与官箴。与此同时，诉讼与审判制度也不断充实，达到了封建社会有可能达到的完备程度。

---

① 均见《清史稿·刑法志》。
② 《世宗实录》卷18，雍正二年四月庚戌。
③ 《钦定台规》卷14，"六科分掌"。

二、司法渎职的种种表现及根源

由于司法审判涉及当事人的切身利益,因此不断发生贿赂、请托司法官的违法行为,力图使司法官做出有利于己的判决。在种种物质利诱和人情关系面前,坚定执法秉公无私的清官虽不乏见,但司法渎职者更是比比皆是。兹就中国古代司法渎职的主要表现分述如下:

1. 断罪不如法

按《大明律》:"不如法谓应用笞而用杖,应用杖而用讯,应决臀而决腰,应决腿而鞭背。其行杖之人若决不及肤者,依验所决之数抵罪,并罪坐所由,若受财者计赃以枉法从重论。"①可见不如法并非无法,或不执法,而是有意枉法。如系受财故不如法按律治罪。

早在战国时期法家便反对临事议罪,提出了援法断罪的主张。至西晋时,三公尚书刘颂针对司法实践中"断罪不如法"的现象提出:"律法断罪,皆当以法律令正文,若无正文,依附名例断之,其正文名例所不及,皆不论。法吏以上,所执不同,得为异议。"刘颂的建议得到侍中太宰汝南王亮的认同,他奏请惠帝"以为宜如颂所启,为永久之制"。"于是门下属三公曰:昔先王议事以制,自古以来,执法断事,既以立法,诚不宜复求法外小善也。若常以善夺法,则人逐善而不忌法,其害甚于无法也。"②

受晋朝影响,北周宣帝在宣下州郡的诏制九条中宣布:"决狱科罪,皆准律文","以杖决罚,悉令依法。"③

唐朝为了克服断罪不如法的司法弊端,律文明确规定:"诸断罪皆须具引律令格式正文,违者笞三十。"④

① 《大明律集解附例》卷28,《刑律·断狱》。
② 《晋书·刑法志》。
③ 《周书·宣帝纪》。
④ 《唐律疏议·断狱》,"断罪不具引律令格式"。

《宋刑统》也仿《唐律》规定："诸决罚不如法者,笞三十,以故致死,徒一年。"①

《大明律》对于不如法者的处罚,重于唐宋律,规定"不如法者,笞四十","因而致死者,杖一百",轻于宋律,但须赔偿埋葬银一十两,"行杖之人,各减一等"。

《大清律例》关于断罪不如法的规定更为具体:"凡官司断罪,皆须具引律例。违者,如不具引,笞三十。若律有数事共一条,官司止引所犯本罪者,听。所犯之罪止合一事,听其摘引一事以断之。其特旨断罪,临时处治不为定律者,不得引比为律。若辄引比致断罪有出入者,以故失论。故行引比者,以故出入人全罪,及所增减坐之。失于引比者,以失出入人罪,减等坐之。"

然而律典中关于"断罪不如法"的规定,以及对违法者的惩罚遂不断具体化,但在司法实践中"断罪不如法"仍然是常见的司法渎职现象。之所以禁而不止,不在于执法者不知法,而在于枉法。明清时期科举入仕之官虽不谙于词讼,如同《续通典》所说:"律条具在,义例昭然,而各官素未讲读,既不知以律自治,又安能以律治人?"②但自州县官起皆有刑名幕吏为之辅佐,而且明清律典中皆设有讲读律令条,以强迫官员学习法典。可见"断罪不如法"者,并非完全不知法,而是宥于各种原因,知法不行法。元人胡祗遹《紫山大全集》"杂著·官吏稽迟情弊"中指出:"奸贪官吏对于两词屈直显然明白,故为稽迟,轻则数月,甚则一年二年,以至本官任终,本司吏更换数人,而不决断。"

2. 出入人罪

此罪分失出入与故出入。前者为过失,后者为故意,是司法渎职的重要表现。

早在《云梦秦简》法律答问中便明确提出治狱"不直"与"纵囚"的

① 《宋刑统》卷29,《断狱律·决罚不如法》。
② 《续通典》卷112。

概念。"罪当重而端轻之,当轻而端重之,是谓'不直'。当论而端弗论,及易其狱,端令不致,论出之,是谓'纵囚'。"无论不直与纵囚均属出入人罪。《汉书·功臣表》引晋灼语:"律说出罪为故纵,入罪为故不直。"

汉自武帝时起,对出罪故纵处刑极严,故纵谋反则加重。昭帝时,"廷尉李种坐故纵死罪,弃市",[①]"元凤三年,少府徐仁、廷尉王平、左冯诩贾胜胡皆坐纵反者,仁自杀,平、胜胡皆腰斩"。正是由于"缓深故之罪,急纵出之诛",以致治狱的官吏,"上下相殴,以刻为明。深者获公名,平者多后患。故治狱之吏皆欲人死,非憎人也,自安之道在人之死"。[②]

另据出土的《汉简·二年律令》,"鞠(鞫)狱故纵、不直、及诊、报、辟故弗穷辞审者,死罪,斩左止(趾)为城旦,它罪各以其罪论之"[③]。治狱者于状外别求他罪,亦属"故不直"。"治狱者,各以其告劾治之。敢放讯杜雅,求其他罪,及人勿告劾而擅覆治之,皆以一鞠狱故不直论。"[④]

东汉建立以后,光武帝从稳定统治出发,强调治狱平直,对故入人罪者处重刑,如"大司徒代涉坐故入人罪,下狱死"。[⑤] 但就东汉一朝而言,官吏在司法上造成的冤滥更甚于西汉,虽有禁杀无辜之法也无济于事。

至唐朝,文物典章咸备。唐律对于官司出入人罪犯罪的根源与情节以及相应的处刑,作出了具体的规定:"诸官司入人罪者,谓故增减情状足以动事者,若闻知有恩赦而故论决,及示导令失实辞之类。若入全罪,以全罪论;虽入罪,但本应收赎及加杖者,止从收赎、加杖之法。"

---

①　《汉书·昭帝纪》。
②　《汉书·路温舒传》。
③　《汉简·二年律令·捕律》。
④　《汉简·二年律令·具律》。
⑤　《后汉书·光武帝纪》。

疏议曰："官司入人罪者,谓或虚立证据,或妄构异端,舍法用情,锻炼成罪。"①

唐律还规定:"从轻入重,以所剩论;刑名易者:从笞入杖、从徒入流,亦以所剩论。从徒入流者,三流同比徒一年为剩;即从近流而入远流者,同比徒半年为剩;若入加役流者,各计加役年为剩。从笞杖入徒流,从徒流入死罪亦以全罪论。其出罪者,各如之。""即断罪失于入者,各减三等;失于出者,各减五等。若未决放及放而还获,若囚自死,各听减一等。"

《宋刑统》也仿《唐律疏议》对出入人罪进行条分缕析:

"诸官司入人罪者,谓故增减情状,足以动事者。若闻知有恩赦,而故论决,及示导令失实辞之类。若入全罪,以全罪论。虽入罪,但本应收赎及加杖者,止从收赎、加杖之法。从轻入重,以所剩论。刑名易者,从笞入杖,从徒入流,亦以所剩论。从徒入流者,三流同比徒一年为剩。即从近流而入远流者,同比徒半年为剩。若入加役流者,各计加役年为剩。从笞杖入徒、流,从徒、流入死罪,亦以全罪论。其出罪者,各如之。即断罪失于入者,各减三等。失于出者,各减五等。若未决放,及放而还获,若囚自死,各听减一等。即别使推事,通状失情者,各又减二等。所司已承误断讫,即从失出入法。虽有出入,于决罚不异者勿论。"②

《大明律》在出入人罪的法律规定中,既简要剖析了犯罪的原因,又分清了官与吏各应负的刑责:"凡官司故出入人罪,全出全入者,以全罪论。谓官吏因受人财及法外用刑,将本应无罪之人而故加以罪,及应有罪之人而故出脱之者,并坐官吏以全罪。""若增轻作重,减重作轻,以所增减论,至死者坐以死罪。若断罪失于入者各减三等,失于出者各减五等。谓鞫问狱囚或证佐诬指或依法拷讯,以致招承及议刑之

---

① 《唐律疏议》卷30,《断狱·官司出入人罪》。

② 《宋刑统》卷30,《断狱律·官司出入人罪赦前断罪轻重不当》。

际所见错误,别无受赃情弊及法外用刑,致罪有轻重者,若从轻失入重,从重失出轻者,亦以所剩罪论。并以吏典为首,首领官减吏典一等,佐贰官减首领官一等,长官减佐贰官一等科罪。"①

《大清律例》出入人罪条以《大明律》为基础,但增加小注。"凡官司故出入人罪,全出全入者,徒不折杖,流不折徒。以全罪论。谓官吏因受人财及法外用刑,而故加以罪、故出脱之者,并坐官吏以全罪。若于罪不至全入,但增轻作重,于罪不至全出,但减重作轻,以所增减论;至死者,坐以死罪。若增轻作重,入至徒罪者,每徒一等,折杖二十;入至流罪者,每流一等,折徒半年;入至死罪已决者,坐以死罪。若减重作轻者,罪亦如之。若断罪失于入者,各减三等;失于出者,各减五等。并以吏、典为首,首领官减吏、典一等;佐贰官减首领官一等;长官减佐贰官一等科罪。坐以所减三等、五等。若囚未决放及放而还获,若囚自死,故出入,失出入,各听减一等。其减一等与上减三等、五等,并先减而后算,折其剩罪以坐,不然则其失增失减剩杖剩徒之罪,反有重于全出、全入者矣。"除小注外并附条例,如:"承审官改造口供,故行出入者,革职。故入死罪已决者,抵以死罪,其草率定案,证据无凭,枉坐人罪者,亦革职。""凡督抚具题事件内,有情罪不协、律例不符之处,部驳再审。该督抚及司、道等官,虚心按律例改正具题,将从前舛错之处,免其议处。"

综上可见,官司出入人罪是司法渎职的重要表现之一。正因为如此,由唐迄清法律的规定不断细密,尤其是清朝详细规定了出罪入罪的各种情况,与相应的刑罚等级,并针对司法实践中出现的问题不断增加条例。尽管如此,在种种情弊的驱使下,故出入人罪的案件仍然不断出现。

3. 受赇枉法

受赇枉法是一项古老的犯罪类别,也是司法渎职最常见的职务犯

---

① 《大明律集解附例》卷28,《刑律·断狱》。

罪。早在《尚书·吕刑》中便以"惟来",即官吏贪赃为"五过之疵"的一项内容,犯之者与罪犯同罪,所谓"其罪惟均"。

《云梦秦简》中关于失刑、纵囚、不直之类犯罪,是否受赇枉法,虽未注明,但也不排除法司受赇所致。

至汉代,受赇枉法已经成为一项法定的罪名。《说文》:"赇,以财物枉法相谢曰赇。"据师古注:"以财求事曰赇。"汉律对官吏受赇枉法的处罚是严厉的,犯之者处以重刑。汉文帝十三年诏曰:"吏受赇枉法……皆弃市。"①另据《张家山汉墓竹简》:"受赇以枉法,及行赇者,皆坐其(臧)(赃)为盗。罪重于盗者,以重者论之。"②汉律除惩治受赇枉法者外,也制裁行赇者。如:"临汝侯灌贤坐行赇罪,国除。"③"汾阳嗣侯意坐行赇,髡为城旦。"④

汉以后,《魏律》十八篇专列《请赇》《偿赃》二篇,用以惩治官吏贪赃枉法行为。晋时,注释法律盛行,使得贪赃受贿罪的概念趋于规范化,如:"货财之利谓之赃","以罪名呵为受赇","输入呵受为留难,敛人财物积藏于官为擅赋。"⑤

北齐也有枉法赃处死之罚,据《北史·祖珽传》:"珽拟补令史十余人皆有受纳……后其事皆发……缚送廷尉,据犯枉法处绞刑。"可见,魏晋南北朝时期对贪赃枉法均处以重刑。

唐朝著名法典《唐律疏议》,以六赃——受财枉法、受财不枉法、受所监临财物、强盗、窃盗和坐赃,概括非法占有公私财物的犯罪。六赃之中以受财枉法列于首位,处刑极严。唐律"监主受财枉法"条规定,受绢一尺杖一百,每一匹加一等,十五匹处绞刑。即使"诸有事先不许财,事过之后而受财者,事若枉,准枉法论;事不枉者,以受所监临财物

---

① 《汉书·刑法志》。
② 《张家山汉墓竹简·二年律令·盗律》。
③ 《史记·功臣表》。
④ 《汉书·功臣表》。
⑤ 《晋书·刑法志》。

论"。如果"诸主守受囚财物,导令翻异,及与通传言语,有所增减者,以枉法论,十五匹加役流,三十匹绞"。

另据唐律"监主受财不枉法"条规定,赃一尺杖九十,每二匹加一等,三十匹加役流。无禄人财受财不枉法减一等处刑,四十匹加役流。

《明律》基本沿袭《唐律》,但增加计赃办法。"官吏受财"条规定:"凡官吏受财者,计赃科断。无禄人,各减一等。官追夺除名,吏罢役,俱不叙。说事过钱者,有禄人,减受钱一等;无禄人,减二等;罪止杖一百,各迁徙。有赃者,计赃从重论。"

有禄人"枉法,赃各主者,通算全科。谓受有事人财而曲法科断者,如受十人财,一时事发,通算作一处,全科其罪。一贯以下,杖七十"。"一贯之上至五贯,杖八十。……八十贯,绞。""不枉法,赃各主者,通算折半科罪。谓虽受有事人财,判断不为曲法者,如受十人财,一时事发,通算作一处,折半科罪。""一贯以下,杖六十。……一百二十贯,罪止杖一百,流三千里。"无禄人"枉法,一百二十贯,绞。""不枉法,一百二十贯之上,罪止杖一百,流三千里。"

"事后受财"条规定:"凡有事,先不许财,事过之后而受财,事若枉断者,准枉法论;事不枉断,准不枉法论。"

另据"有事以财请求"条规定:"凡诸人有事,以财行求得枉法者,计所与财,坐赃论。若有避难就易,所枉重者,从重论。其官吏刁蹬,用强生事,逼抑取受者,出钱人不坐。"

《大清律例》"官吏受财"条,虽仿明律,但增加小注,使律意明晰,并附条例以示随势增减:"有禄人凡月俸一石以上者,枉法赃,各主者,通算全科。谓受有事人财而曲法处断者,受一人财固全科。如受十人财,一时事发通算作一处,亦全科其罪。若犯二事以上,一主先发,已经论决,其他后发,虽轻若等,亦并论之。一两以下,杖七十。一两至五两,杖八十……八十两,实绞监候。不枉法赃,各主者,通算折半科罪。虽受有事人财,判断不曲法者,如受为十人财,一时事发,通算作一处,折半科罪,一主者,亦折半科罪,准半折者,皆依此。一两以下,杖六十。

一两之上至一十两,杖七十。……一百二十两以上,实绞监候。"

"无禄人凡月俸不及一石者,枉法,扶同听行及故纵之类,一百二十两,绞监候。不枉法,一百二十两以上,罪止杖一百,流三千里。"

此条附例对于各部院衙门书办,及在官人役等人参与此项犯罪活动者严惩:

"各部院衙门书办,有辄敢指称部费,招摇撞骗,干犯国宪,非寻常犯赃可比者,发觉审实,即行处斩;为从知情朋分银两之人,照例发往云、贵、两广烟瘴少轻地方,严行管束。"

"凡在官人役,取受有事人财,律无正条者,果于法有枉纵,俱以枉法计赃科罪。若尸亲、邻证等项不系在官人役,取受有事人财,各依本等律条科断,不在枉法之律。"

"凡各衙门书吏,如有舞文作弊者,系知法犯法,应照平人加一等治罪。"①

另据"有事以财请求"条规定:"凡诸人有事,以财行求官吏,欲得枉法者,计所与财,坐赃论。若有避难就易,所枉法之罪重于与财者,从重论。其赃入官。其官吏刁蹬,用强生事,逼抑取受者,出钱人不坐。避难就易,谓避难当之重罪,就易受之轻罪也。若他律避难,则指难解钱粮,难捕盗贼皆是。"

此条附例规定:"凡有以财行求,及说事过钱者,审实,皆计所与之赃,与受财人同科,仍分有禄、无禄。有禄人概不减等,无禄人各减一等。其行求说事过钱之人,如有首、从者,为首照例科断;为从,有禄人听减一等,无禄人听减二等。如抑勒诈索取财者,与财人及说事过钱人俱不坐。至于别项馈送不系行求,仍照律拟罪。"

综上可见,历代对于受赇枉法的规定不断细化,如汉朝便区分枉法与不枉法、受赇与行赇;唐以后更区分有禄人与无禄人、长官与书吏,并计赃办法。从中反映了受财枉法的司法渎职行为,不仅层出迭见,而且

---

①　《大清律例》卷31,《刑律·受赃》。

花样不断翻新,正所谓道高一尺魔高一丈。

4.请托枉法

所谓请托枉法,系指以私事相托,走门路,通关节,以求曲法减免罪犯的处刑。为杜绝此种司法渎职现象,唐律规定:"诸有所请求者,笞五十;谓从主司求曲法之事。即为人请者,与自请同。主司许者,与同罪。主司不许及请求者,皆不坐。已施行,各杖一百。"对此,疏议解释为:"凡是公事,各依正理。辄有请求,规为曲法者,笞五十。即为人请求,虽非己事,与自请同,亦笞五十。'主司许者',谓然其所请,亦笞五十,故云'与同罪'。若主司不许及请求之人,皆不坐。'已施行',谓曲法之事已行,主司及请求之者各杖一百,本罪仍坐。"

如受人财而为请托者,"坐赃论加二等";如系监临势要者,"准枉法论";"与财者,坐赃论减三等"。疏议曰:"受人财而为请求者",谓非监临之官。"坐赃论加二等",即一尺以上笞四十,一匹加一等,罪止流二千五百里。"监临势要,准枉法论",即一尺以上杖一百,一匹加一等,罪止流三千里,无禄者减一等。"与财者,坐赃论减三等",罪止徒一年半。若受他人之财,许为嘱请,未嘱事发者,止从"坐赃"之罪。若无心嘱请,诡妄受财,自依"诈欺"科断。取者虽是诈欺,与人终是求请,其赃亦合追没。其受所监临之财。为他司嘱请,律无别文,止从坐赃加二等,罪止流二千五百里,即重于"受所监临"。若未嘱事发,止同"受所监临财物"法。

唐宣宗大中四年,鉴于"刑狱之内,吏得使情,推断不平,因成宽滥",严令"无问有赃无赃,并不在原免之限"。[①]

《大明律》嘱托公事条规定:"凡官吏诸色人等,曲法嘱托公事者,笞五十。但嘱即坐。谓所嘱曲法之事,不问从与不从、行与不行,但嘱即得此罪。当该官吏听从者,与同罪;不从者,不坐。若事已施行者,杖一百。所枉罪重者,官吏以故出入人罪论。若为他人及亲属嘱托者,减

官吏罪三等。自嘱托已事者,加本罪一等。若监临势要为人嘱托者,杖一百;所枉重者,与官吏同罪。至死者,减一等。(一)谓监临势要之人,但嘱托者,杖一百。官吏听从者,仍笞五十,已施行者,亦杖一百。所枉之罪重于一百者,官吏与监临势要之人,皆得故出入人之罪。官吏依律合死者,监临势要之人,合减死一等。若受赃者,并计赃以枉法论。若官吏不避监临势要,将嘱托公事实迹赴上司首告者,升一等。"

上述《大明律》嘱托公事条的规定较之唐律区分情节更为具体,而且还规定下级首告上司嘱托公事者,升一等。

《大清律例》嘱托公事条基本仿明律,但所加小注更适合清朝统治的实际:

"凡官吏诸色人等,或为人,或为己;曲法嘱托公事者,笞五十。但嘱即坐。不分从、不从。当该官吏听从而曲法者,与同罪;不从者,不坐。若曲法事已施行者,杖一百。其出入所枉之罪重于杖一百者,官吏以故出入人罪论。若为他人及亲属嘱托,以致所枉之罪重于笞五十者,减官吏罪三等。自嘱托已事者,加所应坐本罪一等。若监临势要曲法为人嘱托者,杖一百。所枉重于杖一百者,与官吏同故出入人罪。至死者,减一等。若曲法受赃者,并计赃通算全科以枉法论。通上官吏人等嘱托者,及当该官吏,并监临势要言之。若不曲法而受赃者,只以不枉法赃论。不曲法又不受赃,则俱不坐。若官吏不避监临势要,将嘱托公事实迹赴上司首告者,升一等。吏候受官之日,亦升一等。"

5. 挟仇枉法

因挟私仇而枉法陷人于罪,亦属司法渎职的一种。明律中有"怀挟私仇故禁平人"之条:"凡官吏怀挟私仇故禁平人者,杖八十;因而致死者,绞。提牢官及司狱官、典狱卒知而不举首者,与同罪。至死者,减一等。不知者,不坐。若因公事,干连平人在官无招,误禁致死者,杖八十。有文案应禁者,勿论。若故勘平人者,杖八十;折伤以上,依凡斗伤论;因而致死者,斩。同僚官及狱卒知情共勘者,与同罪;至死者,减一等;不知情,及依法拷讯者,不坐。若因公事,干连平人在官,事须鞠问,及罪人赃仗证佐明白,不服招承,明立文案,依法拷讯,邂逅致死者,勿论。"①

清朝顺治三年律沿用此条,除增加小注外,根据司法实践中的案例,在规范内容上做出了若干新的补充:"凡官吏怀挟私雠,故禁平人者,杖八十。(平人系平空无事与公事毫不相干,亦无名字在官者,与下文公事干连之平人不同)。因而致死者,绞(监候)。提牢官及司狱官典狱卒,知而不举首者,与同罪,至死者减一等。不知者,不坐。若因(该问)公事,干连平人在官,(本)无招(罪,而不行保管)误禁致死者,杖八十。(如所干连事方讯鞫),有文案应禁者(虽致死),勿论。

若(官吏怀挟私雠)故勘平人者(虽无伤),杖八十。折伤以上,依凡斗伤论。因而致死者,斩(监候)。同僚官及狱卒知情,(而与之)共勘者,与同罪,至死者减一等。不知情(而共勘)及(虽共勘而但)依法拷讯者(虽至死伤),不坐。若因公事干连平人在官,事须鞫问,及(正犯)罪人赃仗证佐明白,(而干连之人独为之相助匿非)不服招承,明立文案,依法拷讯,邂逅致死者,勿论。"②

"承审官吏,凡遇一切命案、盗案,将平空无事,并无名字在官之人,怀挟私雠,故行勘讯致死者,照律拟罪外,偿事实无干,或因其人家道殷实,勒诈不遂,暗行贿嘱罪人,诬扳刑讯致死者,亦照怀挟私雠,故勘平人致死律,拟斩监候。如有将干连人犯,不应拷讯,误执己见,刑讯致毙者,依决人不如法因而致死律,杖一百。其有将干连人犯,不应拷讯任意叠夹致毙者,照非法殴打致死律,杖一百。其有将干连人犯,不应拷讯,任意叠夹致毙者,照非法殴打致死律,杖一百,徒三年。如有将徒、流人犯,拷讯致毙二命者,照决人不如法加一等,杖六十,徒一年。三命以上,递加一等,罪止杖一百,徒三年。其有将笞杖人犯,致毙二命者,照非法殴打致死律加一等,杖一百,流二千里。致毙三命以上者,递

① 《大明律》卷28,《刑律·断狱》。
② 《读律存疑》卷48,《刑律二十四·断狱上》。

加一等,罪止杖一百,流三千里。若因公事干连人犯,依法拷讯,邂逅致死,或受刑之后,因他病而死者,均照邂逅致死律勿论。如有奸徒挟雠诬告平人,官吏知情,受其嘱托,因而拷讯致死者,本犯依诬告律拟抵,官吏照为从律满流。如有诬告平人,官吏不知情,依法拷讯致死者,将诬告之人拟抵,官吏交部议处。若被诬之人,不肯招承,因而迭夹致毙,照非法殴打致死律定拟。均不得删改律文内怀挟私雠字样。混引故勘平人,概拟重辟。在外不按实具题,在内含糊照覆,照官司出入人罪律,分别治罪。"①

据薛允升考证,此条系乾隆元年,刑部议复尚书傅鼐条奏定例。

因怀挟私仇枉法报复而致司法渎职者虽不多见,但因以权谋私陷人于罪,情节恶劣,故处刑较重。

6. 滥用酷刑

中国古代司法审判重视口供,所谓罪从供定,因此有些司法官急欲取得罪犯口供,往往滥施酷刑。为防止此类现象发生,早在《云梦秦简·封诊式》中便宣布:"凡讯狱,'必先尽听其言而书之。'"如供词矛盾或情节交代不清,可以反复诘问,如当事人多次变供"更言不服"者,可用刑讯,即"笞掠"。但秦不提倡刑讯,强调"治狱,能以书从迹其言,毋治(笞)谅(掠)而得人请(情)为上;治(笞)谅(掠)为下,有恐为败。"②

至唐朝以法治相尚,拷讯也趋于规范化、法律化。唐律具体规定如下:"诸应讯囚者,必先以情,审察辞理,反复参验;犹未能决,事须讯问者,立案同判,然后拷讯。违者,杖六十。"

[疏]议曰:依狱官令:"察狱之官,先备五听,又验诸证信,事状疑似,犹不首实者,然系拷掠。"故拷囚之义,先察其情,审其辞理,反复案状,参验是非。"犹未能决,谓事不明辨,未能断决,事须讯问者,立案,

---

① 《读律存疑》卷48,《刑律二十四·断狱上》。
② 《云梦秦简·封诊式》。

取见在长官同判,然后拷讯,若充使推勘及无官同判者,得自别拷。若不以情审察及反复参验,而辄拷者,合杖六十。"

"诸拷囚不得过三度,数总不得过二百,杖罪以下不得过所犯之数。拷满不承,取保放之。"

[疏]议曰:依狱官令:"拷囚每讯相去二十日。若讯未毕,更移他司,仍须拷鞫,即通计前讯以充三度。"故此条拷囚不得过三度,杖数总不得过二百。"杖罪以下",谓本犯杖罪以下、笞十以上,推问不承,若欲须拷,不得过所犯笞、杖之数,谓本犯一百杖,拷一百不承,取保放免之类。若本犯虽徒一年,应拷者亦得拷满二百,拷满不承,取保放之。"

"若拷过三度及杖外以他法拷掠者,杖一百;杖数过者,反坐所剩;以故致死者,徒二年。"

"即有疮病,不待差而拷者,亦杖一百;若决杖笞者,笞五十;以故致死者,徒一年半。若依法拷决,而邂逅致死者,勿论。仍令长官等勘验,违者杖六十。拷决之失,立案、不立案等。"

"诸拷囚限满而不首者,反拷告人。其被杀、被盗家人及亲属告者,不反拷。被水火损败者,亦同。拷满不首,取保并放。违者,以故失论。"

"诸决罚不如法者,笞三十;以故致死者,徒一年。即杖粗细长短不依法者,罪亦如之。"

[疏]议曰:依狱官令:"决笞者,腿、臀分受。决杖者,背、腿、臀分受。须数等。拷讯者亦同。笞以下,愿背、腿分受者,听。"决罚不依此条,是"不如法",合笞三十。以此决罚不如法,而致死者,徒一年。依令:"杖皆削去节目,长三尺五寸。讯囚杖,大头径三分二厘,小头二分二厘。常行杖,大头二分七厘,小头一分七厘。笞杖,大头二分,小头一分五厘。"谓杖长短粗细不依令者,笞三十;以故致死者,徒一年。故云"亦如之"。①

---

① 《唐律疏议·断狱》。

至清朝,《大清律例》关于拷讯之法,基本传承唐律,但亦有所发展。如《断狱律》规定:"内而法司,外而督抚、按察使、正印官,许酌用夹棍外,其余大小衙门概不准擅用。若堂官发司审理事件,呈请批准方许刑审。若不呈请而擅用夹棍、拶指、掌嘴等刑,及佐贰并武弁衙门擅设夹棍、拶指等刑具者,督抚题参,交部议处。正印官亦照失察例处分。"

"凡问刑各衙门一切刑具,除例载夹棍、拶指、枷号、竹板,遵照题定尺寸式样,官为印烙颁发外,其拧耳、跪链、压膝、掌责等刑,准其照常行用。如有私自创设刑具,致有一二三号不等,及私造小夹棍、木棒、棰、连根带须竹板,或擅用木架撑执,悬吊敲踝,针刺手指,或数十斤大锁并联枷,或用荆条互击其背,及例禁所不及赅载一切任意私设者,均属非刑,仍即严参,照违制律,杖一百。其有将无辜干连之人,滥刑拷讯,及将应行审讯之犯恣意凌虐,因而致毙人命者,照非法殴打致死律治罪。上司各官不即题参,照徇庇例议处。"

对此,薛允升特作案语如下:

[谨按]有例准用之刑,有例不准用之刑。准用者,防其改造,不准用者,防其私设,皆所以惩酷也。然严于官吏,必致过宽于匪类凶徒矣。夹棍拶指系刑之极重者,若不照定式造用,则残酷甚矣,故严其禁。自设立滥用夹棍例文,而一切应用刑具,遂不免违式造用,且有另立别项名目者。平情而论,木棒棰、荆条、及连根带须竹板,未必即重于夹棍拶指,特不应施之于轻罪及寻常案犯耳。若例应夹讯之犯,如上条所云情罪重大案件等类,即用此刑具敲踝击背亦属无碍;若不应夹讯之犯,不敢显用夹棍而改用此等刑具,即以滥用夹棍论,庶有区别。不然夹棍准用,而此等刑具不准用,亦属轻重失平。现在强盗匪类均不夹讯,改用别项刑具,有何违碍?不然名目随时添造,恐未能概行禁止也。处分则例:"于刑律所载应用刑具之外,私设非刑者,革职。"又:"承审命盗抢窃及一切要案,如实系有罪之人,证据明确,而犯供狡展,或用拧耳、跪练、压膝等刑者,免其置议。若系案内干连人犯,或被扳无罪之人,以及

审理寻常事件,辄用跪练等刑者,降一级调用;因而致死者,仍照擅用非刑例革职。"又:"以长木将各犯同击,令其不能转动者,革职。"亦系联枷之类,应参看。再:此例,因而致毙,照非法殴打律应拟满徒。处分例照擅用非刑例,革职;并无"治罪"二字,亦应参看。

《大清律例》还规定:"强窃盗、人命及情罪重大案件正犯,及干连有罪人犯,或证据已明,再三详究不吐实情,或先已招认明白,后竟改供者,准夹讯外;其别项小事概不许滥用夹棍。若将案内不应夹讯之人,滥用夹棍,及虽系应夹之人因夹致死,并恣意叠夹致死者,将问刑官题参治罪。若有别项情弊,从重论。"

例一:河抚奏:"延津县知县黄家绅于缉获窃贼许二保明、林妮,因其狡供,迭用竹板荆条责打百余下,致许二保明、林妮受刑过重,先后身死。该犯等犯窃计赃,首从均罪止拟杖。许二保明拒伤捕役成笃,罪应绞候,例无致毙一绞一杖人犯二命治罪明文,将黄家绅照监临官因公事非法殴打致死律,杖一百,徒三年。"①

例二,广西司奏:"临桂县知县田皖承审抚署窃案,并不虚心研鞫,辄将毫无指证之郭升等刑逼多伤,复押毙一命。若仅照非法殴打至死律拟徒,尚觉轻纵,应请旨发往新疆效力赎罪。"②

综上可见,历代法典虽严禁非法拷讯,但由于承审官急于结案,以彰显政绩,因此非法拷讯禁而不止。《续通典》说:"在外有司……凡有讯鞫,不论轻重,动用酷刑,有问一事未竟而已毙一二命,到任甫期年而拷死数十人者,轻视人命,有若草菅……甚可骇也。"③

7. 淹禁稽迟

在司法审判中承审官出于主观上的各种原因,出现应审不审,应释不释,应结不结等淹禁稽迟现象,亦属司法渎职行为。为克服此种现象,唐律以来的法典中规定了相应的惩治条款:

① 《读例存疑》卷49,《刑律二五·断狱下》。
② 《读例存疑》卷49,《刑律二五·断狱下》。
③ 《续通典》卷112。

"诸徒、流应送配所，而稽留不送者，一日笞三十，三日加一等；过杖一百，十日加一等，罪止徒二年。不得过罪人之罪。"

[疏]议曰："'徒、流应送配所'，谓徒罪断讫，即应役身。准狱官令：'犯徒应配居作，在京送将作监，在外州者供当处官役。'案成即送，而稽留不送；其流人，准令'季别一遣。若符在季末三十日内至者，听与后季人同遣。'违而不送者，一日笞三十，三日加一等；过杖一百，十日加一等，五十二日罪止徒二年。注云'不得过罪人之罪'，谓罪人应徒一年者，稽留官司亦罪止徒一年之类。"

宋朝为了提高司法效率，规定了审判期限。凡大理寺审判的案件，大事不过二十五日，中事不过二十日，小事不过十日。审刑院详符（复核），大事不过十五日，中事十日，小事五日。所谓大事、中事、小事，哲宗时曾经具体规定，凡二十缗以上为大事，十缗以上为中事，不满十缗为小事。但虽有上述期限的规定也无法避免审判实践中的拖沓淹滞与旷日废时。

元时政治腐败，司法昏乱，淹禁稽迟现象极为严重，时任提刑按察使胡祗遹在《杂著·稽迟违错之弊》中说：

"违错之奸易见，稽迟之奸难明。格例虽立小事、中事、大事之限，府州司县上至按察司皆不举行。纵有依格欲举行者，多不通吏事。奸吏倒提月日，补贴虚检，行移调发，文饰捏合，弥缝完备，应对支吾，恣为欺谩，苦虐军民。小民所争，不过土田、房舍、婚姻、良贱、钱债而已，是数者皆非难问难断可疑之大事。有争田一二亩而稽迟不断，受赂枉法，巧文佞说，直至三月务革，十月务开，又复如前，动经一年二年不决。按察之于司县，钩卷求奸，不亦悚乎？所争之物不直数贯，随衙经年累岁，一家起讼，连累数家，妨废生理农功，破家坏产，冤抑百端。然则稽迟之祸民，岂为细过？有司恬然不问，纵遇鞫问明白者，不过笞县吏一二十下，不满奸顽之一笑。虽立按察司，与无何异？又且动经二年，不行照刷，虎狼蛇虺，何所畏惧？朝廷仁爱，问民疾苦，使诉陈官吏奸弊，每人每月每年须上陈若干款项及断讫情由，牒司申台呈省。"

他还在《官吏稽迟情弊》①文中痛陈："稽迟害民,甚于违错。若词讼到官,立便决断。案牍之间,虽欲文过饰非,错失自见,小民衔冤,随即别有赴诉。司县违错,州府辨明改正;州府违错,按察司辨明改正。小民无淹滞枉屈之冤,官吏当违背错失之罪。近年奸贪官吏恐负罪责,事事不为断决,至于两词屈直显然明白,故为稽迟,轻则数月,甚则一年二年,以至本官任终,本司吏更换数人,而不决断。元告、被论两家公共贿赂,又不决断,岁月既久,随衙困苦,破家坏产,废失农务岁计,不免商和。商和之心,本非得已,皆出于奸吏揸勒延迟之计。两家贿赂,钱多者胜,以屈为直,以直为屈,不胜偏倍。条画虽定大小中三事限次,终无明白罪责。拟合照依违限条画,初犯职官罚俸一月,两犯罚俸两月,三犯的决罢职。吏人初犯的决,再犯决罢。因稽迟而揸勒商和者,尤不可准,罪责加稽迟一等。伏乞申台呈省,如蒙俯允,乞赐遍示天下,将此情弊断例,省谕府州司县,大字真书于各衙厅壁,以示惩诫。"②

明朝建立以后鉴于非法淹禁所造成的后果,严格规定:"凡狱因情犯已完,监察御史、提刑按察司审录无冤,别无追勘事理,应断决者,限三日内断决。应起发者,限一十日内起发。若限外不断决、不起发者,当该官吏,三日,笞二十;每三日加一等,罪止杖六十。因而淹禁致死者,若因该死罪,杖六十;流罪,杖八十;徒罪,杖一百;杖罪以下,杖六十,徒一年。"

"凡狱卒非理在禁,凌虐、殴伤罪囚者,依凡斗伤论,克减衣粮者,计赃以监守自盗论;因而致死者,绞。司狱官典及提牢官,知而不举者,与同罪;至死者,减一等。"③

清袭明律,但内容作了较大补充,显示了清朝统治者对司法淹禁稽迟的重视。《大清律例》《刑律·断狱》淹禁条规定:

"凡狱因情犯已完,在内经法司,在外经督抚审录无冤,别无追勘

---

① 胡祗遹《紫山大全集》卷21,《杂著·稽迟违错之弊》。
② 胡祗遹《紫山大全集》卷21,《杂著·官吏稽迟情弊》。
③ 《大明律》《刑律·断狱》。

未尽事理,其所犯笞、杖、徒、流、死罪、应断决者,限三日内断决。系徒、流应起发者,限一十日内起发。若限外不断决、不起发者,当该官吏过三日,笞二十;每三日,加等,罪止杖六十。因过限不断决,不起发,而淹禁致死者,若囚该死罪,杖六十;流罪,杖八十;徒罪,杖一百;杖罪以下,杖六十,徒一年。唯重囚照例监候。"

另据"鞫狱停囚待对"条规定:

"凡鞫狱官推问当处罪囚,有同起内犯罪人伴见他处官司当处停囚,专待其人对问者,虽彼此职分不相统摄,皆听直行文书勾取。他处官司于文书到后限三日内,即将所勾待问人犯发遣。违限不发者,一日笞二十;每一日加一等,罪止杖六十。当处鞫狱者,无以其不发而中止,仍行移他处本管上司,问违限之罪、督令将所取犯人解发。若起内应合对问同伴罪囚,已在他处州、县事发见问者,是彼此俱属应鞫,听轻囚移就重囚,若囚罪相等者,听少囚从多囚。若囚数相等者,以后发之囚送先发官司并问。若两县相去三百里之外者,往返移就恐致疏虞,各从事发处归断。移文知会。如违轻不就重,少不从多,后不送先,远不各断者,笞五十。若违法反将重囚移就轻囚,多囚移就少囚者,当处官司随即收问,不得互相推避,仍申达彼处所管上司,究问所属违法移囚笞五十之罪。若当处官司囚到不受者,一日笞二十;每一日加一等,罪止杖六十。"

"凡在京衙门承审事件,限一个月审结。被证在外者,以到齐日为始。内外移咨行察者,以文到为始,催文至三次无回文者,题参。"

"凡钦部等事件,直省督抚俱以文到日为始,限四个月具题。总督辖两省者,隔省事件限六个月具题。两广总督、广东巡抚所属琼州,亦照隔省例限六个月。福建、台湾府限十个月。其湖、广、衡州等府所属有苗民二十六州、县,及乾州、平溪等卫,距省鸾远,凡命盗案件,俱于定限外,各展限两个月。"

"督抚新任及署理印务,如钦部等事件原限内难于完结,准分别展限。原限四个月展两月,原限六个月展三月。遇公事出境一切事件,准题请展限。若监临科场准按日扣限,隔省提人准到日扣限。"

"刑部行文八旗、内务府、五城、顺天府提人,限文到三日内即行查送过部,或人犯有他故不到,即将情由报明。如违,将该管官参处。倘人犯已至而胥役勒索不行放人,经司务厅查出,照例严加治罪。如徇隐不究,察出或被首告,将该司务一并参处。"

"刑部现审事件应会三法司者,仍照定例限一个月完结。杖责等罪,限十日完结。发遣、军流等罪,限二十日完结。案内有应行提质及患病之犯,以提到及病愈之日为始,仍将应行扣限及三法司会审日期,并于科、道衙门注销内声明。倘该司员任意因循,或三法司不即会审以致逾限,书役得以乘机作弊者,严加治罪。其承审司员及会审迟延之堂司官,并交部分别议处。"

"凡参审之案,督抚于具题后,即行提人犯要证赴省。其无关紧急之左证,及被害人等止令州、县录供保候,俟奉旨到日,率同在省司道审理。其有应行委员查办之处,亦即就近酌委,以奉旨文到之日扣限,起旧限四个月者,限两个月具题。总督隔省旧限六个月者,限四个月具题。如果案情繁重,实有不能依限完结者,督抚据实先期奏明,请旨展限。如在旧限四个月、六个月内完结者,宽其议处。若逾旧限不结,照例查参议处。"

又如"原告人事毕不放回"条规定:

"凡告词讼,对问得实,被告已招服罪,原告人别无待对事理,鞫狱官司当随即放回。若无待对事故稽留三日不放者,笞二十;每三日加一等,罪止笞四十"。

此外在"盗贼捕限"条例中规定:"命盗重案,内外问刑衙门,各宜迅速查办,应辑拏者,上紧缉拏。应定拟者,即行定拟。若承审官不能审出实情,以监候待质,迁延时日者,该堂官督抚查处,即严行参处。"

对于已经断决的徒、流、迁徙、充军囚徒,"原问官司限一十日内……关防发遣所拟地方交割。若限外无故稽留不送者,三日笞二十,每三日加一等,以吏为首科断,罪止杖六十。"

总括上述,中国封建时代司法渎职种种现象的形成原因,或由于官吏不知法、故不如法;或有意故出入人罪、或受贿枉法、或请托枉法、或挟仇枉法等等。除此之外,有些官吏疲软不作为,遇有案件委诸幕吏或下属代审,由此弊端丛生。元人张养浩说:"近年司宪受词讼,往往檄州郡官代听之,代听者不可承望风旨,邀宠一时,使人茹枉受刑,而糜恤阴理。"①可见中国封建时代的司法渎职的成因是复杂的,虽与承审官的品格道德修养有关,但归根结底决定于封建司法制度的本质。

三、克服司法渎职的主要法律与措施

由于司法关系到社会治安与国家稳定,因此历代统治者为克服司法渎职都殚精竭虑制定相应的法律,策划了各种措施,在一定时期一定程度上取得了效果。尽管无补于大局,但某些历史经验颇值得研究。

1. 制定"断罪引律令"条,使司法者知法援法

秦汉以来,为培养承审官,专设律博士。至西晋,为了防止承审官任意断案,出入人罪,曾提出"律法断罪,皆当以法律令正文",以发挥法律的功能。至隋唐,科举中专设明法科,以培养承审官,《唐律疏议》还专门规定:"诸断狱皆须具引律令格式正文,违者笞三十。"此条要点有二,一是具引,即完整引用,不得断章取义;二是正文,即国家正式制定的法律。如同疏议所云:"犯罪之人,皆有条制。断狱之法,须凭正文。若不具引,或致乖谬。违而不具引者,笞三十。"此外,"决罚不如法"条还规定:"诸决罚不如法者,笞三十;以故致死者,徒一年。即杖粗细长短不依法者,罪亦如之。"

宋朝科举中也设有刑法科,以读书读律相尚,并实行鞫谳分司制度,务使判决依法合法。

明清律皆仿《唐律》,规定:"凡断罪皆须具引律令。违者,笞三

---

① 张养浩:《牧民忠告》卷上《听讼第三·移听》。

十."但将疏议中数事共条作为律文,若"数事共条,止引所犯罪者,听."为强调所引须正文,特作补充规定:"其特旨断罪,临时处治不为定律者,不得引比为律.若辄引出,致罪有出入者,以故失论."①"凡官司断罪,皆须具引律例.违者,如不具引笞三十.若律有数事共一条,官司止引所犯本罪者,听.所犯之罪止合一事,听其摘引一事以断之.其特旨断罪,临时处治不为定律者,不得引比为律.若辄引比致断罪有出入者,以故失论.故行引比者,以故出入人全罪,及所增减坐之.失于引比者,以失出入人罪,减等坐之."②

由于明清两朝科举中不设明法科、刑法科,而以八股取士,为弥补以制艺入仕之官不明了法律,难于依法审断,《大明律》"吏律·公式"中首列"讲读律令":"凡国家律令,参酌事情轻重,定立罪名,颁行天下,永为遵守.百司官吏务要熟读,讲明律意,剖决事务.每遇年终,在内从察院,在外从分巡御史、提刑按察史官,按治去处考校.若有不能讲解,不晓律意者,初犯罚俸钱一月,再犯笞四十附过.三犯于本衙门递降叙用.其百工技艺,诸色人等,有能熟读讲解,通晓律意者,若犯过失及因人连累致罪,不问轻重,并免一次.其事干谋反、谋逆者,不用此律,若官吏人等,挟诈欺公、妄生异议,擅为更改,变乱成法者,斩."据沈家本考证:"此条唐律无文,盖自元废律博士之官,而讲读律令者,世遂无其人,明虽设有此律,亦具文耳."③但清人吴坛在《大清律例通考》中对此律条有如下考证:前明成化四年旧例内开,"各处有司,每遇朔望诣学行香之时,令师生讲说律例及御制书籍,俾官吏及合属人等通晓法律伦理,违者治罪".说明讲读律令条在现实中仍有一定的影响,并非完全具文.

清人关以后在《大清律集解附例》中也仿明律设有"讲读律令"条.雍正三年议准:"嗣后年底,刑部堂官传集满汉司员,将律例内酌量摘

---

① 《大明律集解附例》卷28.
② 《大清律例》.
③ 沈家本:《历代刑法考》,"明律目笺"二.

出一条,令将此条律文背写完全,考试分别上、中、下三等,开列名次奏闻。"①乾隆五年《大清律例》成,"吏律·公式·讲读律令"条规定如下:"凡国家律令,参酌事情轻重定立罪名,颁行天下,永为遵守。百司官吏务要熟读,讲明律意,剖决事务。每遇年终,在内、在外,各从上司官考校。若有不能讲解、不晓律意者,官罚俸一月,吏笞四十。其百工技艺诸色人等,有能熟读讲解通晓律意者,若犯过失及因人连累致罪,不问轻重并免一次。其事干谋反、叛逆不用此律。若官吏人等挟诈欺公,妄生异议,擅为更改,变乱成法(即律令)者,斩(监候)。"

"讲读律令"条所规定的考校时间,明、清律都定在每年年终,但负责考校的机关与对不合格者的惩治,明、清律稍有不同。按明律:京内官由察院考校,京外官由分巡御史、提刑按察司官考校。对于"不能讲解,不晓律意者,初犯罚俸钱一月,再犯笞四十附过,三犯于本衙门递降叙用"。按《大清律例》,无论京内京外官均由"上司官考校"。对于"不能讲解、不晓律意"的官吏的制裁,"官罚俸一月,吏笞四十"。

乾隆初,吏部以内外官员各有本任承办事例,"律例条款繁多,难概责以通晓,奏请删除官员考校律例一条",乾隆帝"不允",谕曰:"诚以律例关系重要,非尽人所能通晓,讲读之功不可废也。"②

"讲读律令"实施情况虽缺乏确证,但从乾隆帝不准吏部废除"讲读律令"条的提议,说明此条在一定时期一定范围内是得到执行的。对于克服官吏茫然不知律例的状态,和贯彻断罪引律令的法律规定,起了积极的作用。

清代律学之兴盛,是和官吏习法分不开的。明清时的官箴书中也多有关于读律的阐述,显然也是对明清律中"讲读律令"条的回应。

2.选良吏执法,使法与吏统一

选吏执法,是中国古代思想家政治家为防止司法渎职,正确发挥司

---

① 吴坛:《大清律例通考》。
② 沈家本:《历代刑法考》,"大清律例讲义序"。

法功能的一项重要措施。早在春秋时期,管子便说:"吏者,民之所悬命也。"①吏的作用就是:"奉主之法,行主之令,以治百姓而诛盗贼也。"②"选贤论才而待之以法。"③可见管子对于选吏执法的重视。对此,荀子更作出了恢宏的论断,他说:"故法不能独立,类不能自行,得其人则存,失其人则亡。法者,治之端也;君子者,治之原也。故有君子,则法虽省,足以偏矣;无君子,则法虽具,失先后之施,不能应世之变,足以乱矣。"④因此选吏执法便成为当政者重要的历史使命。

奉行法治的秦朝,特别提出以"明法律令"为区分良吏与恶吏的标准。良吏明法律令,恶吏"不明法律令"。

唐初,谏议大夫王珪向太宗谏言:"但选公直良善人,断狱允当者,增秩赐金,即奸伪自息。"⑤太宗听从了王珪的谏言,慎重司法官的人选。唐德宗时白居易曾经发出慨叹:"虽有贞观之法,苟无贞观之吏,欲其刑善,无乃难乎。"⑥贞观时期制定的《贞观律》是一部良法,而贞观朝的魏征、房玄龄、杜如晦、戴胄等人又都是一代贤吏,故而创造了贞观之治的盛世。而白居易所面对官僚状态,却是君子少小人多,故而发出了上述的慨叹。

宋王安石和陈亮先后论证了法与吏的关系指出:"守天下之法者,莫如吏。"⑦"法当以人而行,不当使法之自行。天下不可以无法也,法必待人而后行者也。然尝思之,法固不可无,而人亦不可少。闻以人行法矣,未闻使法之自行也。立法于此,而非人不行,此天下之正法也。"⑧

明末清初,卓越的思想家王夫之在《读通鉴论》中,提出:"任人任

---

① 《管子·明法解》。
② 《管子·明法解》。
③ 《管子·君臣上》。
④ 《荀子·君道》。
⑤ 《唐会要》卷88,《盐铁》。
⑥ 《长庆集》卷48。
⑦ 《翰林学士除三司使》。
⑧ 《陈亮集》"人法"。

法,皆言治也。"①但是"任人而废法,是治道之蠹也"②,"非法何以齐之"③。任法而废人也是"治之弊也","未足以治天下"④。结论就是任人与任法相结合,"择人而授之以法,使之遵焉"⑤。

晚清修律大臣沈家本说:"法之善者仍在有用法之人,苟非其人,徒法而已。"⑥"大抵用法者得其人,法即严厉,亦能施其仁于法之中;用法者失其人,法即宽平,亦能逞其暴于法之外。"⑦

为了使法与吏结合发挥执法之吏的作用,除严格选吏外,还需要以严法治吏。商鞅说:"守法守职之吏有不行王法者,罪死不赦,刑及三族。"⑧韩非说:"人臣循令而从事,案法而治官。"⑨

综观历代法典,都不乏对执法者知法犯法的处罚规定,或予以刑责,或交部议处。如《大清律例》规定:"命盗案件……傥审理错谬,关系重大者,即将承审之州县,及率转之知府,一并开参,照例分别议处。"⑩

选良吏执法,使法与吏统一,经过历史的检验,证明了它是一个成熟的治国方略。二者结合好的王朝多为盛世,如汉文景之治、唐贞观之治,既有善法又有良吏,相得益彰,造就了少有的盛世。二者悖谬的王朝多为衰世,如秦任用酷吏恣意违法,隋末宪章遐弃,不以官人违法为意,结果不旋踵而亡,成为历史上著名的两个短命王朝。这反映了历史发展的规律。

3.司法监察是防止司法渎职的一道防线

中国古代的监察制度,是产生在中华民族文化土壤上的具有鲜明

---

① 《读通鉴论》卷3。
② 《读通鉴论》卷10。
③ 《读通鉴论》卷4。
④ 《读通鉴论》卷10。
⑤ 《读通鉴论》卷10。
⑥ 《寄簃文存·书明大诰后》。
⑦ 《历代刑法考·刑制总考·唐》。
⑧ 《商君书·壹刑》。
⑨ 《韩非子·孤愤》。
⑩ 《读例存疑》卷49,《刑律二十五·断狱下》。

特色的一种制度。它经历了漫长的发展过程,形成了完备的制度和庞大的监察官员队伍,对于国家活动的方方面面,如行政、经济、军事、司法、文教等进行监察,维持了国家的纲纪,整肃了官僚队伍,提高了行政效率,特别是司法监察有效地纠正了冤假错案,惩治了贪腐枉法之吏,维护了社会公平与秩序,成为遏制司法渎职的一道重要防线。

汉高祖七年,特令制诏御史负责上报疑狱:"狱之疑者,吏或不敢就决,有罪者久而不论,无罪者久系不决。自今以来,县道官狱疑者,各谳所属二千石官,二千石官以其罪名当报。所不能决者,皆移廷尉,廷尉亦当报之。廷尉所不能决,谨具为奏,傅所当比律令以闻。"①

两汉时期监察官对司法的监察,主要表现为:一、参与重案、疑案的审理和复核。著名的御史中丞于定国就是因"治反者狱,以才高举侍御史,迁御史中丞"②。二、监督审判,考察疑案。三、审录囚徒,平反冤狱。武帝以后在董仲舒天人感应思想影响下,每逢灾异则派出监察官审录囚徒。例如,后汉灵帝熹平五年,天下大旱,"使侍御史行诏狱亭部,理冤枉,原轻系,休囚徒"③。

唐朝以大理寺为最高审判机关;刑部为最高司法行政机关;御史台为最高监察机关,同时负责监督大理寺和刑部的司法审判活动,遇有重大疑案,也参与审判,或受理有关行政诉讼的案件,可见唐统治者对司法监察的重视。除此之外,台官有权参加刑部的官员会议,以就便执行监察。《唐六典》明确规定:"尚书省诸司七品以上官员会议,皆先牒报台,依一人往监。若具状有违及不委议意而署名者,纠弹之。凡有敕令,一御史往监,则监察受命而行。"唐朝监察官也在一定程度上约束了司法权的滥用。

宋朝是一个提倡读书读律、君臣知法和重视司法的朝代,同时又是实行鞫谳分司、改革司法制度卓有成就的朝代。御史的司法监察职能

① 《汉书·刑法志》。
② 《汉书·于定国传》。
③ 《后汉书·灵帝纪》。

也较之唐代进一步扩大。御史台有权与刑部、审刑院、大理寺共同议定刑名。太祖时，为宰相赵普包庇的四名贪官，皆奉诏"下御史府按问，悉抵罪"。①

为了避免囚系淹延，乾兴元年十一月，真宗诏令御史纠察在京刑狱和诸路监司及州县长吏，"凡勘断公事，并须躬亲阅实，无令枉滥淹延"②。因此录囚既是御史台的职掌之一，也是司法监察的重要方式。史载：御史台每季第二个月与刑部"亲录囚徒"③，在录囚过程中，如发现案件断遣不当而又情节严重者，御史台即将原断官吏劾奏。隆兴二年八月十三日，臣僚上言："伏见御史台讼牒，日不下数十纸，皆由州县断遣不当，使有理者不获申，无辜者反被害，遂经省部以至赴台。"为此朝廷令"御史台择其甚者，具事因及原断官吏姓名奏劾，取旨行遣"。司法官如非法用刑，将罪犯拷掠致死，或狱具违戾，并听御史台弹劾。

统一的元朝建立以后，世祖曾郑重宣布："中书朕左手，枢密朕右手，御史台是朕医两手的。"这个被称为"重台之旨，历世遵其道不变"④。世祖至元五年，制定"宪台格例"的形式，规定御史台有权"弹劾中书省、枢密院、制国用使司等内外百官奸邪非违，肃清风俗，刷磨诸司案牍，并监察祭礼及出使之事"。⑤

元朝由于司法权分散，因此司法监察受到重视。在诉讼中"如事应接受或循私妄生枝节，不为受理；纵受理不即从公与决，故延其事，日久不行结绝，许赴本管上司陈诉，量事立限归结。违者，在外行台廉访司，在内监察御史纠察究治"⑥。《设立宪台格例》中还规定："诸衙门有见施行枉被囚禁及不合拷讯之人，并从初不应受理之事，委监察从实体究。如是实有冤枉，即开坐事因，行移元问官司，即早归结改正。若

---

① 《宋史》卷256，《赵普传》。
② 李焘：《续资治通鉴长编》卷99。
③ 《皇宋中兴两朝圣政》卷61，淳熙十一年三月辛卯。
④ 叶士奇：《草木子》，中华书局1959年版。
⑤ 《元典章》卷5，《台纲一》。
⑥ 《元典章》卷53，《刑部》。

元问官司有违,即许纠察。"

元朝从世祖起便遣官审录囚徒。世祖至元六年下诏,"遣官审理诸路冤滞,正犯死罪明白,名正典刑,其杂犯死罪以下量断遣之"。① 大德八年诏曰:"诸处罪囚,仰肃政廉访司分明审录,轻者决之,滞者纠之,有禁系累年,疑而不能决者,另具始末及具疑状,申御史台,呈省详谳。在江南者,经由行御史,仍自今后所至审录,永为定例。"②

明朝建立以后,太祖朱元璋深知司法不公不仅关系到当事人的身家性命,而且也会影响到社会的稳定和政权的巩固,因此,着意从制度上和立法上确保监察机关司法监察权的行使。

明初仿唐制建立了三法司会审大狱重囚的制度。所谓三法司是由刑部、都察院、大理寺组成的最高司法审判机关,拥有参与重大刑狱案件的会审权。《明史·刑法志》说:"刑部受天下刑名,都察院纠察,大理寺驳正。"可见,会审制度使得监察机关的司法监察得到了最重要的制度保证和组织保证。

除此之外,监察机关行使司法监察权的重要形式,是奉旨巡按全国各地录囚。如洪武十六年遣监察御史往浙江等处录囚,"按临所至,必先审录罪囚,吊刷卷案,有故出入者理辨之"③。成祖永乐元年令:"各布政司死罪重囚,至百人以上者,差御史审决。"宣宗宣德八年谕法司:"天下重囚,遣的当官分临各处,公同巡按御史详审处决。"④在审录过程中,若罪名不当,驳回再问,仍将所驳招罪,察详明白,再拟改正。除审录各地囚犯外,对于由县至省直至京控,均派御史监察。

有明一代监察官的司法监督,不仅督励了法司依法问刑,而且在辨明冤枉方面,也确实起到了一定的作用。陈选巡按四川时,"黜贪奖

---

① 《元史·世祖纪三》。
② 《元典章》卷3,《圣政二》。
③ 《明会典》卷211,《都察院·审录罪囚》。
④ 《明会典》卷211,《都察院·审录罪囚》。

廉,雪死囚四十余人"。① 并对地方申诉或控告案件,"其所受理必亲决,不令批发"。②

御史如在司法监察中徇私舞弊或过误杀囚,要受到严刑处置。洪武三十年"有乡人系狱,家人击登闻鼓状诉",左都御史杨靖为之改状,被御史奏劾,赐死。③ 正统四年定:"凡监察御史、按察司官司追问公事,中间如有仇嫌之人,并听移文陈说回避。若怀私按问,敢有违枉者,于反坐上,加二等科罪。所问虽实,亦以不应科断。"④

清袭明制,仍以都察院为最高监察机关。顺治十八年批准:"官民果有冤枉,许赴院辨明,除大事奏闻外,小事立予裁断,或行令该督抚复审昭雪。"各级官吏有"被上司参劾冤抑者",亦许"赴都察院控诉"。⑤

都察院在审理上控案的过程中,逐渐形成了固定的处理方式,即首先核察各案是否符合上控程序,不符者治以越诉之罪;符合者分别按照"奏""咨""驳"三种方式办理。"奏"即奏闻取旨,"咨"即咨刑部或督抚,"驳"即驳回田土户婚钱债等"细事"案件。

都察院所属科道对于直省及各省案件有权察核。顺治十一年覆准:"凡直省重案已结、未结者,令按察使司、各道,年终具题造册送刑科察核。"⑥康熙十二年议准:"各省刑名事件,分道御史与掌道御史一同稽核。"⑦

凡是死罪中应处斩、绞监候的重大案件,在京由三法司会审,即秋审。都察院堂官和各道掌印监察御史例应参与秋审、朝审的全部审理活动。其余御史,遇审某省、某道御史即一同上班与审。都察院及十五道监察御史,对各重案案情的拟罪、引律,均可发表意见。在"律无正

---

① 《明史》卷 161,《陈选传》。
② 孙承泽:《春明梦余录》卷 48,《都察院》。
③ 孙正容:《朱元璋系年要录》,浙江人民出版社 1983 年版。
④ 《明会典》卷 211,《都察院·问拟罪名》。
⑤ 《钦定台规》卷 14,《辨诉》。
⑥ 《钦定台规》卷 16,《六科二》。
⑦ 《钦定台规》卷 13,《会谳》。

条""引别条比附"时,刑部承审官必须会同都察院、大理寺官共同议定罪名。刑部引律不确,御史、寺丞"即行察明律例改正"。御史、寺丞"驳改未允,三法司堂官会同妥议"。①

由于监察官参与司法活动,并且针对司法领域中的种种积弊,不断抨击,力求整治,对提高司法公正与效能起了一定的作用。例如,积案不结,任意压搁是清朝司法中的通弊。嘉道以后,愈加严重。嘉庆八年,京畿道御史多福等上奏,指斥地方官常"视民间争讼细故以为无足轻重",既已"批令讯详,仍然置之高阁","请敕下各督抚转敕所属"。嘉庆帝准其所奏,通谕各省:"地方词讼申详事件务须依限审结,不得迟逾。"若地方官及督抚"狃于积习","任意延迟",必严惩不贷。

除此之外,有些监察官员在复审案件时确能认真核察,务求信谳。道光年间,御史梁中靖在核实山西榆次县阎思虎强奸赵二姑一案时,发现"情节支离,疑窦多端",遂奏请"彻底认真审办"。后经"刑部提犯严鞫,始得昭雪沉冤",并将该省承审各官贿嘱舞弊,以及山西巡抚"听任属员草率迁就,颟顸入奏",逐一究出,分别予以惩处。②

以上可见,由于监察官参与案件的审判、复核、驳正,以及冤案的平反,对违法失职官吏的纠弹,不仅维护了当事人的合法利益,也在某种程度上防止了司法渎职行为的发生,起到了防线的作用。但是封建时代的监察制度受到专制主义政治制度的约束,所能起到的作用往往受圣意约束,是有局限性的。

总括上述,中国古代司法渎职是官吏腐败的重要表现,为防止和制裁司法渎职,制定了法律,建立了各种制度,以期杜绝。但是只能收到一时的效果,却无法从根本上加以遏制,这是中国古代司法制度的本质所决定的。不过历代为防止和克服司法渎职所采取的措施仍有一定的借鉴意义。

---

① 《钦定台规》卷13,《宪纲五》。
② 《钦定台规》卷5,《训典五》。

第十一讲 "讲读律令"法

　　明清两朝的律令早已成为法文化史上的陈迹，但就"讲演律令"的规定而言，仍有一定的启示意义。为官者不可不知法，故普法对象首在于官；官员习法不限于本部门的法规，还要熟悉国家的根本大法，而且不在于一时的轰轰烈烈而在于年年考核，并继之以奖优汰劣，形成一种常态化的制度与法律。

　　讲明律令之法，见于《大明律》及《大清律例》，是中国本土化的产物，不见于外国的古代法制史中。《大明律》"吏律公式"中首列"讲读律令"法："凡国家律令，参酌事情轻重，定立罪名，颁行天下，永为遵守。百司官吏务要熟读，讲明律意，剖决事务。每遇年终，在内从察院，在外从分巡御史、提刑按察史官,按治去处考校。若有不能讲解,不晓律意者,初犯罚俸钱一月,再犯笞四十附过,三犯于本衙门递降叙用。其百工技艺,诸色人等,有能熟读讲解,通晓律意者,若犯过失及因人连累致罪,不问轻重,并免一次。其事干谋反、谋逆者,不用此律。若官吏人等,挟诈欺公、妄生异议,擅为更改,变乱成法者,斩。"据沈家本考证:"此条唐律无文,盖自元废律博士之官,而讲读律令者,世道无其人,明虽设有此律,亦具文耳。"①但清人吴坛在《大清律例通考》中对此律条有如下考证:前明成化四年旧例内开:"各处有司,每遇朔望诣学行香之时,令师生讲说,俾官吏及合属人等通晓法律伦理,违者治罪。"说明讲读律令条在现实中仍有一定的影响,并非完全具文。明河南道监察御史吴遵以其切身经验表述了讲读律令的重要意义,他说:"大明律令,处事之尺度权衡,动不可违。入官之初,先将大明律熟读,次将律条疏议行移体式等书研心讲贯,更求诸衙门堂稿供招相兼考究,即选善行移者略资启发。其申呈上司供招,俱要情与律合,供与招合。法家所云移情就律不可不察也。假如威力制缚与威逼人死相去不远,而律之轻重顿疏者,情之异也。老吏舞文或贿通,则暗藏话语;或所恶,则巧捏重罪,以致情律不同,上司翻驳。切宜慎之。"②

清朝建立以后,仿大明律制定《大清律集解附例》,仍将讲明律令列于"吏律公式"之中。"雍正三年议准,嗣后年底,刑部堂官传集满汉司员,将律例内酌量摘出一条,令将此条律文背写完全,考试分别上、中、下三等,开列名次奏闻。"时任封疆大吏河东总督田文镜和浙江总督李卫遵照雍正帝旨意撰写的《钦颁州县事宜》中列有"讲读律令"一项,其中首先阐明《大清律例》在国家立法中的地位,"律例一书乃本朝之定典,万世之成宪也。蒙我皇上圣明鉴定,归于允协,特赐颁发,以昭遵守,仰见治益求治之圣怀,刑期无刑之至意"。其次强调指出初任州

---

① 沈家本:《历代刑法考》"明律目笺"二。
② 吴遵:《初仕录》,载官箴书集成编纂委员会编:《官箴书集成》(第二册),黄山书社1997年版,第41页。

县官熟读讲明律意的必要性:"盖州县亲民之官,百姓诉讼,既听其剖断以辨是非,上司批发,更藉其审定以成谳狱。若胸中茫然,并不谙晓律意,则事由之轻重,案情之出入,不能识其端委。而奸胥猾吏,得以高下其手。曲直莫分,颠倒任意,民间将有覆盆矣。"因此"尤其须臾不可释手"。再次,指出虽有幕友仍需熟读律例,以免为其操纵。"如曰署中延有幕宾,是固熟谙律例者,何必官又读之讲之也。不知幕中之友,佐理簿书以分其劳,而刑名钱谷,我为官守,若不能明白于胸,了然于口,□□于首尾,斟酌于情理,而梦梦焉徒听于入幕之宾,此即谓尸位而素餐也,又何以堪。况当听断之际,哓哓讦讼。摘奸发隐,止须片言,即足以折其心,而俯其首。所谓老吏断狱者,盖其得于讲读也深矣。故初任牧令,其于办事之暇,即应将《大清律例》,逐篇熟读,逐段细讲,务必晓畅精意,而于轻重疏密之间,以会其仁至义重之理,然后胸有定见,遇事可决,而民无冤狱。"最后劝诫年少州县官既已出仕自当以律例为重,捐弃其他风雅之事:"每见少年州县,喜恃聪明,或于无事时,学书学画,讲弈讲诗,津津然自诩为能。而问之以律例,则呐呐不能出诸口。夫书画诗弈等类,家居文人之余事也;律例者,出仕治人之大纲也。既已出仕治人,而乃效彼家居者,挥毫拈韵,子声铮铮然,以侈得意,是何异于舍己芸人者之可笑也。夫居官之贤否,视乎吏治。若经济无闻,纵其笔墨入妙,而已无当于国计民生之要,况必至于废时,必至于误公。是以有用之精神,施于无用之游衍,方且足以引累而招尤,岂不甚可惜哉。若以此副心思,而于退食之下,究心律例,所谓学问中实际也。故圣人有云:君子思不出其位。又云:君子素其位而行。初仕者之讲读律例,正所以靖共尔位也,可不勉欤。"①

以上可见《钦颁州县事宜》渊源于"讲读律令"条,是为贯彻其法律规定而制定的。它以"钦颁"的形式发布,说明不仅适用于河南浙江二

---

① 《钦颁州县事宜》,载官箴书集成编纂委员会编:《官箴书集成》第三册,黄山书社1997年版,第680—681页。

省,而且适用于直省各州县。

乾隆五年《大清律例》成,"吏律·公式·讲读律令"条规定如下:"凡国家律令,参酌事情轻重,定立罪名,颁行天下,永为遵守。百司官吏务要熟读,讲明律意,剖决事务。每遇年终在内、在外,各从上司官考校。若有不能讲解、不晓律意者,官罚俸一月,吏笞四十。其百工技艺诸色人等,有能熟读讲解,通晓律意者,若犯过失及因人连累致罪,不问轻重并免一次。其事干谋反、叛逆不用此律。若官吏人等挟诈欺公,妄生异议,擅为更改,变乱成法(即律令)者,斩(监候)。"

明清律"讲读律令"条,一是针对内外百司官吏,一是针对百工技艺诸色人等。本讲主要论述前者。"讲读律令"条中所谓"国家律令"是指"颁行天下,永为遵守"的《大明律》和《大清律例》而言。这两部法典虽以刑法为核心内容,但也是按诸法合体编成的国家大法,其涵盖十分宽广,涉及行政、民事、财经、刑法、诉讼、断狱、监狱以及家庭社会等诸多方面,故而要求百司官吏,"务要熟读,讲明律意,剖决事务。"

"讲读律令"条所规定的考校时间,明、清律都定在每年年终,但负责考校的机关与对不合格者的惩治,明、清律稍有不同。按明律:京内官由察院考校,京外官由分巡御史、提刑按察司官考校。对于"不能讲解,不晓律意者,初犯罚俸钱一月,再犯笞四十附过,三犯于本衙门递降叙用"。按《大清律例》:无论京内京外官均由"上司官考校"。对于"不能讲解、不晓律意"的官吏的制裁"官罚俸一月,吏笞四十"。

清代律学家吴坛在《大清律例通考》一书中,对明、清律中"讲读律令"条的沿革关系考证如下:"此条系原律改定。其原律'每遇年终'下,原系'在内从察院,在外从分巡御史、提刑按察司官按治去处考校。若有不能讲解、不晓律意者,初犯,罚俸钱一月,再犯,笞四十,附过;三犯,于本衙门内递级叙用'五十九字。雍正三年馆修,以官吏俱应讲读律令,但今无在内从察院,在外从按察司年终考校,及不晓律意、三犯递降叙用之例,应将'每遇年终'以下句改为'在内在外,各从上司官考校。若有不能讲解、不晓律意者,官罚俸一月,吏笞四十',改如前律。"

明清律中专列"讲读律令"条不是偶然的。明清时期的科举制度已不再设明法科、刑法科,而以制艺即八股文为官吏入仕的敲门砖。因此,明清两朝入仕之官对于法律完全处于愚氓无知的状态。临民之后又面对大量的司法案件,而且《大清律例》明文规定:"凡(官司)断罪,皆须具引律例,违者(如不具引)笞三十。"为避免州县官断狱时瞠目不知所措,和避免受制于刑名幕吏的操控,故而专列此条。可见"讲读律令"条的针对性是非常突出的,是对于八股取士选官制度的补偏救过之举。

乾隆初,吏部以内外官员各有本任承办事例,"律例条款繁多,难概责以通晓,奏请删除官员考校律例一条",乾隆帝"不允",谕曰:"诚以律例关系重要,非尽人所能通晓,讲读之功不可废也。"①

为适应官员讲读律令的需要,涌现出一批类似参考书之类的律学著作,如《大清律例提纲》《读律心得》《大清律例便览》等简明读本,而图表歌诀类的律学著作也应运而生。

在清朝律学家的队伍中,由州县官至封疆大吏是为重要的组成部分。如康熙时州县官于琨撰《祥刑要览》、知县黄六鸿撰《福惠全书》。雍正时知县蓝鼎元撰《鹿州公案》、河南总督田文镜撰《州县事宜》。乾隆时江苏巡抚徐士林撰《守皖谳词》《巡漳谳词》、江苏巡抚吴坛撰《大清律例通考》。嘉庆时广东提刑按查使陈若林撰《大清律例重订统纂集成》、湖南布政司理问、瞿中溶撰《洗冤录辩证》。道光时四川保宁府知府刘衡撰《读律心得》、州县官穆瀚撰《明刑管见录》。同治时湖广总督李瀚章撰《大清律例汇集便览》。光绪时湖北州县官江峰撰《大清律例略记》等。他们从司法实践中体验到讲读律令的应用价值,因而提高了司法的水准。说明了讲读律令条在实践中起到的效果。2001年11月齐鲁出版社出版的《徐公谳词》就是一例。

徐公即徐士林,山东文登人,康熙五十二年进士。曾任内阁中书、

---

① 沈家本:《历代刑法考》,"大清律例讲义序"。

刑部主事、礼部主事、礼部员外郎,后外任江南安庆知府、江苏按察使、河南布政使,寻迁汀漳道,卒于江苏巡抚任上。《徐公谳词》由《守皖谳词》与《巡漳谳词》合编而成,是徐士林任安庆知府与汀漳道道员任上审理102件案件的判词手稿。

徐士林以善于断狱著称。多年断案的实践经验,以及他对大清律例的研习体悟,使他深感"律例犹医书《本草》也,其情事万端,如病者之经络虚实也。不善用药者杀人,不善用律者如之"。正因为如此,史书说他"治狱不以刑讯,而以理折;不以迹拘,而以情求"。因而,他能够"握一狱之关键,晰众口之异同,而折以是非之至当。揆之天理而安,推之人情而准,比之国家律法而无毫厘之出笔入"。他反对深文周纳,期在必得以至刑讯逼供,也不许"姑息养奸",无原则的宽容。"每谳狱定,必先摘大略牌示,始发缮文册,吏不得因缘为奸。"因此,经他审定的案子,从无翻案者。每当士林奉委派会审部驳大案时,他也尽力做到了"听断精敏……析疑疏滞,如见如绘;批隙导窾,无不迎刃而解。"徐士林不仅以不善用律者杀人自警,也据以勉励属下,"每守令来谒,辄具狱命判试其才"。①

乾隆时贵阳兵备道张经田在《励治撮要》一书中阐明了读律的重要:"士人学古入官,读书尤贵读律。律之为书,仁至义尽,词简意赅,一句一字具有精蕴存焉。而律为一定不易之成规,例则为因时制宜之良法。凡律有未备,藉例以权其大小轻重之衡。纤悉比附,胥归至当,非就其同异之处,宽严之别,参互而考订之。遇有一案到手,且茫然无所适从,善办案者以案就例,兼之以例就案,两相就以准乎,宽严之并济,合乎仁义之至尽。有一成而不可变者,是在平日明习例文,深知其意,庶于审案时中有把握,且亦知所趋避,而操纵自如矣。"②

乾隆时名幕,后任知县的汪辉祖,以其经验强调"律例不可不读":

---

① 以上均见《清史稿》列传,卷380。
② 官箴书集成编纂委员会编:《官箴书集成》(第六册),黄山书社1997年版,第50页。

"听讼不协情理,虽两造曲遵,毕竟是孽断,事茫无把握,以覆讯收场,安得不怠。原其故,只是不谙律例所致。官之读律,与幕不同。幕须全部熟贯,官则庶务纷乘势有不暇。凡律例之不关,听讼者原可任之幕友,若田宅、婚姻、钱债、贼盗、人命、斗殴、诉讼、诈伪、犯奸、杂犯、断狱诸条,非了然于心,则两造对簿猝难质诸幕友者,势必游移莫决,为讼师之所窥测。熟之可以因事傅例,讼端百变,不难立时折断,使讼师慑服。诳状自少,即获讼简刑清之益。每遇公余,留心一二条,不过数月可得其要。惮而不为,是谓安于自怠,甘于作孽矣。"①

嘉道时曾任州县官的刘衡提出读律在熟读诉讼、断狱两门:"或问律例浩繁,其要旨安在?有尤要而宜先读者乎?曰:有。伏查现行律例,系道光五年钦定刊颁,计四百三十有六门,凡一千七百六十有六条。言言酌情理之平,字字协中和之轨。而其要旨,敢以一言蔽之,曰:保全良民,禁制棍蠹诬扰而已。至诉讼门之十二条,断狱门之二十九条,则其尤要而宜先读者也……律例既熟,胆力以壮,乃能于收呈时,依据刑律诉讼门之十二条,分别准驳。于听断时,则体会设身处地四字,恪遵断狱门之二十九条,分判曲直,乃稍稍能禁制棍蠹之害民者。"②

总括上述,明清律中专设"讲读律令"条,是针对以八股文入仕之官不明于律令之学,以至临民之后每遇民词往往不辨是非,受制于幕吏的现实而制定的,是补偏救弊的一大措施,反映了统治者对于司法的重视。从现存清代判词与档案资料中,可以看出对于案件的判决是依法和合法的,而且其中虽不乏出自幕友之手,但有些确为州县府道长官亲自拟定的。现存的明清官箴书中也多有关于读律的阐述,显然是对明清律中"讲读律令"条的回应。

由于《大明律》与《大清律例》是中国封建社会后期最完备的两部

---

① 汪辉祖:《学治说赘》,载官箴书集成编纂委员会编:《官箴书集成》(第五册),黄山书社1997年版,第311页。

② 刘衡:《蜀僚问答》,载官箴书集成编纂委员会编:《官箴书集成》(第六册),黄山书社1997年版,第149页。

法典,涵盖面极为宽广,从总体上体现了国家意志。因此要求内外百官都要熟读、讲明律意、剖决是非。尽管明清两代部院司各有专门律例,尤其清朝则例纷繁,对各部院司权责奖惩规定得十分具体,但仍要求百官在了解本部院则例的同时,须熟读《大清律例》,而且不限于临民司法之官。在讲读律令条中首列官、次列民。官之责在于执法,民之责在于守法。守法者利害仅限于自身,执法者是否援法,其影响及于社会的振荡,国家的安危。因此"讲读律令"首列官次列民。表现了明清统治者对于明主治吏而后治民的传统认识。凡是不明律意考校不及格的官与吏分别予以惩戒,表现了讲读律令条带有一定的强制性。其实施情况虽缺乏确证,但从《钦颁州县事宜》的公布,与乾隆帝不准吏部关于废除讲读律令条的提议,说明此条在一定时期一定范围内是得到执行的。现存的地方官亲自撰写的判词以及官箴书中读律明法的种种议论,以及律学简易读本的广泛印行,都从不同侧面印证了"讲读律令"条的效力和它的引导功能。

明清两朝"讲读律令"条的制定,反映了统治者对于选官治吏中所存在的弊病,以及如何救弊补过是了然于胸的,是从实际出发,经验总结的产物。它是中国古代本土法文化的特有成果,不见于外国的法制史料,带有特定时代的鲜明烙印。

明清两朝的律令早已成为法文化史上的陈迹,但仅就"讲读律令"的规定而言,仍有一定的启示意义,譬如:为官者不可不知法,故普法对象首在于官;官员习法不限于本部门的法规,而当熟悉国家的根本大法;而且不在于一时的轰轰烈烈,而在于年年考较奖优汰劣,形成一定的制度和法律。抚今追昔,只有执法者法律素质的提高,才有助于援法断罪,改善司法状况;只有官员群体法律意识的增强,才能促进法律秩序的稳定,有助于依法治国方略的实施。

第十二讲　法制兴,国势兴

在中国悠久的历史长河中,曾经出现过多个"盛世"。每一个盛世都与法制密切相关,法制兴则国势兴。了解和探寻中国古代盛世中的法制要义,对当下正在为实现中华民族伟大复兴的中国梦而不断奋进的中国而言仍然具有十分重要的历史借鉴意义。

尽管从成康时期到康乾时期,已经历时数千年,不同时期"盛世"的内涵会因历史条件的变迁而有所区别,但是有一些特征,确是所有的盛世所共同具备的。

首要的就是国家统一,民族团结。盛世多出现在"大一统"的时期,此时国内安定,外患平息,各民族和平共处,团结在统一的王朝之下。

如唐王朝建立后，经过努力，降服突厥，使得海晏河清，天下太平，各民族"一道同风"，即便是"夷狄之邦"，也尊太宗为"天可汗"。康乾盛世也是在康、雍、乾三朝君主平三藩、复台湾、败准噶尔、定回部等基础上开创出来的疆域辽阔、各民族和谐相处的时代。所以盛世的第一大表现，就在于国家的统一和民族的团结。

其次是经济发展，百姓富庶。盛世通常都是在吸取前朝虐民而亡的教训后，通过实施与民休息、发展经济、改善民生政策的基础上，逐步创造出来的。往往需要经过一代甚至几代人的努力才得以实现。如汉初高帝时，经过连年战争经济衰败，皇帝出行甚至找不到四匹颜色相同的马匹。经过发展经济、与民休息的政策实施，至文帝时，仓库的粮食多到"红腐不可食"，库存铜钱之多使得穿钱之索都折断了。又如唐朝经过贞观朝推行一系列的经济政策和立法，出现了著名史学家吴兢在《贞观政要》卷一《论政体》中所描写的百姓富庶、国泰民安的景象："行旅自京师至于岭表，自山东至于沧海，皆不赍粮，取给于路。"虽然这段论述不乏史家溢美之嫌，但若非百姓富裕，又安能致之？再如，唐代大诗人杜甫在离乱中回忆"开元盛世"时的诗句："忆昔开元全盛日，小邑犹藏万家室。稻米流脂粟米白，公私仓廪俱丰实。"也表达了盛世经济富庶这一特征。

再次是政治开明，法律宽平。这既是盛世的表现，也是盛世得以开创的重要原因。历来开创盛世之君，一般能够倾听臣下的谏诤，注意改正缺失。最著名者如唐太宗之对魏征，不以其忠直逆鳞为忤，由此推动了言谏之风，造成了开明的政治氛围。不仅如此，唐太宗还主张立法宽平，不以私害法，他说："法者，非朕一人之法，乃天下之法"，并且一再提醒臣下要注意约法省刑，宋代大文豪苏东坡也曾赞誉："太宗克己求治，几致刑措。"

最后是文化繁荣，文明远播。古代盛世，也是文化上高度繁荣的时期，出现了大量的文化巨子，如盛唐时期的李白、杜甫、王维、孟浩然等诸大诗人，还有韩愈、柳宗元等散文大家，贡献出大量的文化成果。康乾盛世时《四库全书》的编纂,也极一时之盛。另外,在法文化方面也是如此,盛唐时期,日本、高丽等国都派出遣唐学者到中国学习法律,日本的《近江令》《养老律令》《大宝律令》,高丽的《高丽律》,越南的《国朝刑律》都取法于《唐律疏议》,成为中华法系所覆盖的国家。

这些盛世局面的出现,固然有其多方面的原因。但是毫无例外的是,每一个盛世都与法制的状态密切相关。盛世的开启,离不开法制的推动;盛世的维持,离不开法制的保障;盛世的衰落,与法制败坏密切相关。只有制定了治国之法而且加以认真实施,盛世才能得以开创和维持。

其一,立善法于天下,则天下治。盛世的开创,需要用立法来加以引导,而已取得的成果,也需要用立法来加以确认和保障。如大唐盛世的开创,就是和法律的完善密不可分。从经济上而言,唐朝建立之后,国家掌握大量无主荒地,从而可以全面推行均田法,使得农民获得口分田和永业田。均田法的实施,使民安于时、农安于田,既抑制了贫富差距的扩大,又实行租庸调的税法,减轻农民的赋役负担。这是贞观之治的物质基础。从行政上而言,国家实行三省六部制度,法律确认"中书取旨,门下覆奏,尚书施行"的运行机制,从而使秦汉时期宰相专权之弊不复存在,收到中央机关各有分工、相互制约之效,使得国家机器运转有序,提高了治国理政的效能。从法制上而言,自武德起至开元时,朝廷始终注意完善国家的立法,建立了以唐律为主体的令、格、式、典、敕、例等各种法律形式相配合的法律体系。在司法上强调依律断罪、刑讯有度、死刑复审、大案要案会审等一系列司法制度,一扫以往枉法裁断、擅自刑讯之弊端,特别是提出了"德礼为本,政教为用"的法制原则,形成了中国古代法文化的最基本的特点。唐代陆贽在《唐陆宣公奏议序》卷四中提到:"官吏多自清谨,制驭王公妃主之家,大姓豪滑之伍,皆畏威屏迹,无敢侵欺细人。"说的是,贞观年间,官吏多数清廉严谨,王族大户都不敢欺压百姓,这充分说明了厉行法制所起到的震慑作用。这正应了北宋王安石的那句名言:"立善法于天下,则天下治;立善法于一国,则一国治。"

其二,法既定之后,择贤吏执法,才能维护法律的权威与治世的功能。法既定之后,如何有效地实施法律,执法之吏就成为关键。诚如荀子所论:"法不能独立,类不能自行。"再好的法律,如果没有良好的执法官员来执行,也很难收到预期的效果。古代盛世的出现,与大批奉公守法的贤吏是分不开的。如汉文帝时因人犯跸,文帝欲处重刑,但司法官廷尉张释之只判罚金四两。文帝不悦,责问张释之,释之对曰:"法者天子所与天下公共也,今法如此而更重之,是法不信于民也。且方其时,上使立诛之则已,今既下廷尉,廷尉,天下之平也,一倾而天下用法皆为轻重,民安所措其手足?"意思是说,国家的大法,并不是天子一人之法,而是与天下共同遵行之法。朝廷司法官如果不依法断罪,所造成的恶劣影响就是全国的司法官都不依法断罪,这是非常危险的。张释之的答对使汉文帝警醒,听从张释之的判决,维护了法律的尊严。再如,贞观年间唐太宗曾发话,对伪造资历的官吏处死刑。不久,温州司户参军柳雄伪造资历,朝廷司法官大理寺少卿戴胄"据法断流"。"太宗曰:'朕初下敕,不首者死,今断从流,是示天下以不信矣。'胄曰:'陛下当即杀之,非臣所及,既付所司,臣不敢亏法。'太宗曰:'卿自守法,而令朕失信耶?'胄曰:'法者,国家所以布大信于天下,言者,当时喜怒之所发耳。陛下发一朝之忿,而许杀之,既知不可,而置之以法,此乃忍小忿而存大信,臣窃为陛下惜之。'"由于戴胄强调"法者,国家所以布大信于天下",如果违法行事,法律就失去了信,如何使法取信于天下?这深深打动了唐太宗,表示:"朕法有所失,卿能正之,朕复何忧也。"这些为吏者都是执法如山的典范,而这些为君者同样也是遵法奉法的明君。所以古代盛世的出现,明君贤吏均不可或缺。安史之乱以后,均田制遭到破坏,藩镇拥兵自重,皇帝庸懦无为,官吏枉法行私,大唐由盛转衰。此时,法虽为旧时良法,但执法之吏却难称良吏,所以白居易感概说:"虽有贞观之法,苟无贞观之吏,欲其行善,不亦难乎!"明末清初,王夫之在《读通鉴论》中总结历史的经验,提出选择贤吏,任用他执行

"划一之法"，避免单纯任法与任吏的弊病。他的法与吏的统一论很值得研究与借鉴。

其三，要使吏民都知习法、知法、守法。管子说："法者，天下之仪表也"，意思是法是天下人行为的规范。法家主张："法莫如显"，意思是法律要公开，以便天下吏民知法守法。唐朝《永徽律》制定以后，为了使执法之官和百姓都能懂得法意，正确理解律文的规定，特别集国家博通硕儒共同制成了《永徽律疏》，疏解律文，便于吏民知晓。在科举中还特别设明法科，培养明法的官吏。明清时期，朝廷为了弥补士人以制艺（八股文）作为跻身官场的敲门砖，却对法律茫然不知的缺陷，在明清律中特设"讲读律令"条，每年定期考核官吏的律例知识，不合格者，或罚俸或议处。这条法律规定，明清时期曾经认真执行过。明清律学的发展，特别是清朝《大清律例》简易读本的普遍，是和官吏准备的法律考试有一定的联系。但在清嘉庆以后，国势日非，考核官吏的法律规定也就难以执行了。这种官吏的普法教育，是每年定期举行，是常态化的，不是只搞一次一时，也颇有借鉴意义。除要求官吏习法执法外，也要求百姓知法守法。法家很早就提出来"法莫如显"，特别是商鞅讲了一段名言："官明知民之知法，故不敢以非法遇民。"就是说，当官吏知道百姓懂得法律，所以不敢以非法对待。中国古代还在闹市公布刑象之图，向百姓宣传法律。明太祖朱元璋为了使老百姓懂法律，还特别制定了《大明律直解》，他说：有了这本书，老百姓可以"寡过矣"。历史的经验证明，老百姓知法是施行法治的重要基础。

中国法制的历史经历了4000多年发展，而且从未中断过，其完整性、系统性是世界其他文明古国少有的。它是一个极其宏大的智库，其中蕴藏着治国理政、立法建制的丰富经验，值得我们认真研究和总结。我简单谈以下几点。

第一，立法立定要从中国的国情出发。中国古代的国情，有两点值得注意。一是疆域广阔，政治经济文化发展不平衡；二是自秦以来，便形成了统一多民族的国家。针对这样的国情因素，古代的立法也有相应的规定。比如,朝廷制定适用于全国的法律,同时也责成地方因地制宜制定法律,发挥朝廷与地方两个立法的积极性。这在清朝给我们留下了很多史料,如《大清律例》是适用于全国的统一大法,同时地方也根据具体的事宜制定了省例,互相补充,各有针对性。其次,针对统一多民族的国情,很注意制定适用于少数民族的法律。这一点可以追溯到公元前一千余年的周朝。周公曾经下过这样一道法令,就是周族人如果"群饮(酒)",处死刑。这是鉴于商族人好酒亡国的教训而定的严法。但对于商族人"群饮(酒)",则"毋庸杀之",教育了事。这是最早的因俗制宜的民族立法。汉唐宋元,而有民族立法,而以清朝最为完备。清朝非常重视少数民族的立法,制定了《理藩院则例》《回疆则例》《番夷成例》《西藏章程》等。清朝民族立法的指导原则是因族制宜、援俗而治,这一原则是非常正确的。

第二,依法治国、以德化民。早在公元前 7 世纪左右,管子便提出来以法治国的主张,这对后世很有影响。法被后世的统治者奉为"治世之具"。需要指出,古代的以法治国和今天的依法治国是不同的,它是作为皇帝手中治理国家的工具出现的。魏征曾经形象比喻国家好比一匹骏马,皇帝是骑手,他手中的鞭子就是法律。这种法律工具主义影响深远,而且也在不同时期起到过积极的作用。如同韩非所说:"国无常强,无常弱。奉法者强则国强,奉法者弱则国弱。"除以法治国外,对于百姓则强调"以德化民",也就是使百姓内心向善,远离犯罪。"以德化民"和"明刑弼教"在终极目的上是一致的。古人对此论证颇多,也很有借鉴意义。

第三,依法课吏、察吏。所谓"课吏"就是考课官吏的治绩,以定黜陟。考课之法始自战国,当时叫作上计,就是每年年终考核地方官人口钱粮增减等情况,决定官职的升迁。汉代有"上计法",到了唐代,考课法相当完备了。考课的标准是"四善二十七最",达到标准的升官,不合标准的贬官甚至惩罚。有时皇帝亲自给丞相写评语,唐玄宗就曾给一个很有作为的丞相张说写过评语,说他只达到中上的水平。到了清朝,京官考课叫"京察",地方官的考课叫"大计",每三年定期举行。"京察"有六个标准,叫"六法考绩",那就是不谨、罢软无为、浮躁、才力不及、年老、有疾。由于考课定期举行,制度化了,而且有明确的标准;法律化了,而且一定有奖惩,是很严肃的,所以考课对于古代选拔贤吏、罢黜恶吏起到了积极作用。除考课外,还有就是察吏,也就是御史监察制度。这方面论者很多,我觉得值得提出来的有:首先,察吏有法。从汉代的"六条问事"到清朝的《钦定台规》,监察法不断完善,成为中国古代行政法律体系中的重要组成部分。其次,监察官位卑权重,监察御史不过是七八品官,但他是皇帝的"耳目之司",巡按地方时"小事立断,大事奏裁"。巡按御史或定期或奉命专项巡按,成为纠正官邪、督励地方守吏的一项重要制度。再次就是监察官的任职条件非常严格,要有文化素养,所以必须科举出身,而且要有清廉的品格,敢于不畏权势,弹劾权要,还有地方行政官的办事经验。明朝时,监察官要经过两任知县才能担任。中国古代的监查制度,对于维持国家的纲纪,弹劾贪官污吏,平衡各机关之间的权力,保持官僚队伍的素质,起过积极作用。无论考核还是监察,在当前都很有实际意义。

当前,我们正在进行依法治国,建设社会主义法治中国的伟大事业。这是人们对年来所追求的目标。为了实现这一伟大目标,促进中华民族的伟大复兴。我们需要从悠久而丰富的中国法制史的宝库中寻求可资借鉴的历史经验。"以史为鉴可知兴替",是古人的名言,也是经验的理性总结。回顾历史,法制既然对于古代盛世的开创有着积极推动的作用,那么建设今天的法治国家,自然不应忽视历史的借鉴意义。

第十三讲　构建中国特色的法治话语体系

毋庸赘言,中国古代不可能有近代意义的行政法与民法,但不应由此否认中国古代也有调整行政法律关系与民事法律关系的立法,否则中华法系便不可能是独立的法系,并且影响周边国家一千余年之久。可见,不清除西方中心论残余的消极影响,便不能正确评价中华法制文明和传统法文化,也妨碍了从国情出发自主创新地建设法治中国。

一、从法律起源文献记载看中华法文化先进性

早在华夏族法律起源之前,活跃在长江流

域的"三苗"部落已经出现了财产的私有和阶级的分化与斗争。晋杜预在为《左传·文公十八年》作注时指出:"贪财为饕,贪食为餮,即三苗也","民皆巧诈,无有中于信义。"为了控制矛盾的发展,不至于两败俱伤,"三苗"领袖蚩尤制定了法律。据《尚书·吕刑》记载:"苗民弗用灵,制以刑,惟作五虐之刑曰法。杀戮无辜,爰适淫为劓、刵、椓、黥。"注曰:"三苗之君,习蚩尤之恶……而更制重法,惟作五虐之刑,乃言曰此得法也。"

《尚书》记载描述了私有制所产生的阶级分化与阶级矛盾的状态。"三苗"之君蚩尤摆脱了宗教神灵的羁绊,为了控制矛盾的发展制定了刑罚。典籍中所记述的法律起源的过程和论断与马克思主义的法律起源学说是基本一致的,充分说明了中华法文化的先进性。

不仅如此,"三苗"战败后,黄帝"灭其族而用其刑",也就是在苗民"五虐之刑"的基础上发展为夏、商、周三代通行的"墨、劓、刖、宫、大辟"等五刑系统,一直沿用至汉初。从而说明在中华法制文明早期发展过程中,已经表现出了多元性与统一性的特点。

二、从三种国家治理方案看先哲智慧与理性的法律思维

1. 礼乐政刑综合治理的国家治理方案

公元前 11 世纪周灭商后,统治者面临如何治理国家,应对险恶的形势和建立未来的功业。杰出的政治家思想家周公设计了礼乐主宰下的"礼乐政刑,综合为治"的国家治理方案。礼是确认贵贱尊卑等级秩序的行为规范,以确保王室独尊的政治地位和王臣公、公臣大夫、大夫臣士的权力结构;乐是与礼配合的音乐,有庙堂之乐、宫廷之乐、诸侯大夫之乐和庶民之乐,孔子说:"移风易俗莫善于乐",说明乐的主要功能是移风易俗;政是设官分职建立政权机构,《尚书·立政》列举了周朝职官的名称与职掌;刑主要指立法建制,周初制定了"九刑",《左传·

文公十八年》有"在《九刑》不忘"的记载。"九刑"是九等刑罚,也可视为刑书九篇。对于礼乐政刑的相互关系和效用,《史记·乐书》做出了解释:"故礼以导其志,乐以和其声,政以壹其行,刑以防其奸。礼乐刑政,其极一也,所以同民心而出治道也……礼节民心,乐和民声,政以行之,刑以防之。礼乐刑政四达而不悖,则王道备矣。"礼乐政刑综合治理的国家治理方案,造就了西周数百年稳定的统治,对后世影响深远。

2. 以法治国的国家治理方案

春秋时期生产工具的进步,带动了生产关系的变化。原有的土地国有制度逐步为新开垦的私田所取代。生产关系的变化又推动了上层建筑的变化。曾经是天下共主的周王室衰微了,诸侯不朝,王命不行;诸侯之间篡弑不绝,僭号称王、僭号称公,层出不穷。周公制定的礼乐崩坏了。

在社会大动荡的严峻形势下,儒墨道法各派的思想家都在思考着如何控制局面,营造理想的国家制度。仅以儒法二家为例:儒家创始人孔子提倡仁政,以"天下归仁"为终极目标,以克己复礼为达到这一目标的手段。在政治上主张"为政以德"。孔子之后的孟子、荀子也都主张以德礼来重整世道人心,用刑罚来辅弼教化,最终使"天下归仁"。

与儒学并称"显学"的法家学派提出以法治国的新的国家治理方案。早期法家管仲说:"威不两措,政不二门,以法治国则举措而已。"法家不仅是言者,而且是行者。在他们执政的齐、楚、魏、秦各国,都进行了以"法治"为目标的社会改革与法制变革。如魏国李悝制定《法经》,以推动和保障"尽地力之教"的社会改革,终使魏国富强。秦国商鞅颁行一系列法令,引领改革的方向,规范改革的内容,扫荡改革的阻力,巩固改革的成果,奠定了秦灭六国的基础。

后期法家韩非传承早期法家的法治思想,并且设计了他理想中的以法治国:"境内之民,其言谈者必轨于法,动作者归之于功,为勇者尽之于军。是故无事则国富,有事则兵强。"他还在总结历史经验的基础上,提出"国无常强,无常弱。奉法者强则国强,奉法者弱则国弱"。

奉行以法治国主张的法家,活跃于政治舞台达数百年之久。

3. 外儒内法德主刑辅的国家治理方案

西汉建立后,鉴于秦朝法繁刑暴招致二世而亡的教训,遂以儒家学说为统治思想,实行"霸王道杂之",外儒内法、德主刑辅的国家治理方案。

至唐朝进一步发展为"德礼为政教之本,刑罚为政教之用",并将两者互补互用的关系比喻为"昏晓阳秋"自然现象的永恒不变。唐以后的历史一直沿着以德化民、以法治国的轨迹运行到清末。

以上三种国家治理方案的设计,充分显示了古圣先哲智慧和理性的法律思维。每一种国家治理方案都有它存在的必然性和合理性,都与特定的时代背景相契合,而且是在特定的思想理论指导下完成的,都具有历史借鉴意义。

三、从民为邦本论述看中国古代民本思想

《尚书·五子之歌》中提出"皇祖有训,民可近,不可下,民惟邦本,本固邦宁"。由此奠定了中国古代民本思想的基石。西汉贾谊从总结秦亡的教训中提出了国以民为本的命题,他说,"闻之于政也,民无不为本也。国以为本,君以为本,吏以为本……此之谓民无不为本也"。为了贯彻民为邦本的主张,首在于得民心。管子说:"政之所行,在顺民心;政之所废,在逆民心。"孟子说:"桀纣之失天下也,失其民也;失其民者,失其心也。得天下有道:得其民,斯得天下矣;得其民有道:得其心,斯得民矣。"他还提出了一个千古不朽的命题:"民为贵,社稷次之,君为轻。"唐太宗李世民鉴于隋亡的历史教训,认为"为君之道,必须先存百姓",并说"朕每日坐朝,欲出一言,即思此一言于百姓有利益否?所以不敢多言"。

为了得民心以使本固邦宁,中国古代的思想家们提出了"爱民则安,富民则强"的观点。荀子说:"故君人者,爱民而安。"成书于战国时

代的《六韬·文韬国务》说:"善为国者,驭民如父母之爱子,如兄之爱弟。见其饥寒则为之忧,见其劳苦则为之悲。赏罚如加于身,赋敛如取己物。此爱民之道也。"

但爱民并不是空发议论,而在于利民、惠民、富民。孔子说:"百姓足,君孰与不足? 百姓不足,君孰与足?"即强调只有百姓富裕才能使国家富强。孟子也以富民作为养民之要着,他说:"是故明君制民之产,必使仰足以事父母,俯足以蓄妻子,乐岁终身饱,凶年免于死亡。"为了富民养民,历代也在立法建制上予以保障。如保护自然生态平衡,使民获得良好的生存环境;田土均之,使民获得生产手段;轻徭薄赋,使民有可能进行扩大再生产。在民衣食满足之后,负责教之,便提上了议事日程。孔子在回答冉有"既富矣,又何加焉"的提问时,明确回答说:"教之"。主张"善政"的孟子认为"善政"与"善教"不可分,"善教"有利于得民心,是弘扬"善政"的重要手段,他说:"仁言不如仁声之入人深也,善政不如善教之得民也。善政,民畏之;善教,民爱之。善政得民财,善教得民心。"他同时主张:"教之不改而后诛之。"荀子也说:"不教而诛,则刑繁而邪不胜。"所谓明刑弼教也就是彰显法律的规范内容,使民远恶迁善,避免犯罪。

从以上约略谈到的中国古代民本思想几个方面,已经可以看出民本思想的内容是何等的丰富。中华民族的历史经历五千年而从未中断,中华文化的辉煌成就,都雄辩地证明了人民的伟大贡献。古圣先贤关于民本的思想论述许多是有现实意义的,值得认真总结。

四、从古代法治思维与法学著作
看中华法文化价值

管子提出的"以法治国",是法家思想最高的综合,也是世界上最早的法治呐喊。此后,法为"治国之具"便成为历代统治者的共识。无论是汉族的统一政权,还是少数民族的地方政权,立国之始都积极立

法。北魏孝文帝"凡立法有疑义,亲临决之,后世称焉"。

在司法方面,法家主张援法断罪。至晋朝刘颂提出"律法断罪,皆当以法律令正文;若无正文,依附名例断之;其正文名例所不及,皆勿论"。此义明确表达了罪刑法定的认识,是否已形成法律条文,由于《晋律》已佚,不得而知。但从北周和唐朝关于律法断罪的法律规定中,可以推测晋律已将刘颂的建议法律化了。特别是《唐律疏议》做出的"诸断罪,皆须具引律令格式正文,违者,笞三十"被此后历代传承,是中国古代的罪刑法定原则。它与西方资产阶级革命时期提出的罪刑法定主义基本原则是一致的,但却早于西方1000多年。

唐朝,魏征曾将国家、皇帝、法律三者之间的关系做了形象的比喻,国家是一匹奔马,骑手是皇帝,皇帝手中的鞭子就是法律。这个比喻说明在专制制度下,法治的实施受到了君主的制约。

在法治思想的影响下,也产生了具有特殊形式和特殊发展规律的法学。中国古代典籍中没有近代意义上的"法学"一词,但不能就此否定中国古代特有的"法学"的存在。辉煌百代的伟大中华法系,怎么可能没有法学的支撑?汉唐以来规范详密、制度完备的中国法律传统,怎么可能没有法学为其论证和指导?

中国古代法学,在漫长的发展过程中可以分为先秦和秦汉以后两个时期。

先秦时期的法学出自诸子百家,多为抽象地论述法律,类似于今天的"法理学"或"法哲学"。但即使是法家也没有形成集中的法学著作。然而在他们关于法的片段论述中,仍然爆出了可贵的思想火花和警世恒言的价值。如(1)"以私害法,其乱甚于无法"。慎到说:"法之功,莫大使私不行……今立法而行私,是私与法争,其乱甚于无法。"(2)"法之不行,自上犯之"。此语出自商鞅,他在变法时受到以太子为首的旧贵族的抵制,有感而发。在专制制度下,法之行与不行只能取决于上。(3)吏民知法,互不相侵。商鞅说,"吏明知民知法令也,故吏不敢以非法遇民,民不敢犯法以干法官也"。(4)"奉法者强则国强,奉法者弱则国弱"。此语出自韩非,是他从春秋以来诸国的兴衰中得出的结论。

秦汉以后中国古代法学进入注释法学时期,《睡虎地秦墓竹简》中的《法律答问》就是官定的释律之作。例如它对秦律中何为"乏徭",何为"逋事",解释如下:"当徭,吏、典已令之,即亡弗会,为'逋事';已阅及敦(屯)车食若行到徭所乃亡,即为'乏徭'。"由于秦实行"以法为教,以吏为师"的政策,所以只有官方释律而无私家注律。

两汉法律儒家化的潮流,使得经学大儒开始注律,并得到官府的认可,出现了聚徒讲授、子孙世守其业的现象,达到了律学发展史上的第一次高峰。

汉以后魏晋律学家也多为经学大师,律学虽仍为经学的附庸,但已出现"科学注律"的倾向。

唐朝注律由官府执掌,《唐律》的"疏议"就是官方注律的主要成果。它在推原律义、考镜源流、实例释律方面,都进行了言简意赅的阐释,成为后世注律的典范,是律学史上的第二次高峰。

宋朝律学重点在司法实践,出现了《名公书判清明集》《棠阴比事》《折狱龟鉴》《洗冤集录》等律学著作,是宋代应用律学的代表。

明清时期出于加强司法的需要和弥补官吏法律知识的阙如,允许私家注律,出现了众多有影响的律学家。如,王樵、王肯堂父子,雷梦麟,沈之奇,王明德,吴坛,黄六鸿,汪辉祖,薛允升,沈家本等人。其写作的风格和门类各有千秋。

以清律学为例,第一,是司法应用类律学。其代表作为王明德所著《读律佩觿》,其他如《例案全集》《刑案汇览》《学案初模》《驳案新编》《洗冤录详义》等。

第二,是辑注、考证类律学。辑注类以沈之奇《大清律辑注》为代表,考证类以吴坛《大清律例通考》为代表。

第三,是通俗类律学。以蔡逢年、蔡嵩年兄弟所撰《律例便览》为代表,此外还有《明法指掌》《大清律例歌诀》等。

第四,是律例比较类律学。其代表作为薛允升的《唐明律合编》,

此书借贬明律隐喻清律之失,这在他为沈家本《刺字集》所作的"序"中明白表示:"今律沿明之旧,而款目更多,究亦未能画一。为欲救正其失而不能也,用是时歉于怀。"

第五,是判牍类。此类著作或以文辞优美见长,或以法、理、情三者兼顾而为时人所称道,因此流传颇广。主要如《徐公谳词》《樊山判牍》《吴中判牍》等。

第六,是学治类律学。代表作为黄六鸿撰《福惠全书》,此书备受为官者推崇。

清朝注律官私并举,队伍庞大,而且门类齐全,群书竞献,绵延近二百年之久,是律学史上的第三次高峰。

律学著作因着眼于司法实际的需要,因此其理论与思想的深度不如先秦的古典法学。但因所注释的律文多为刑法典,因此注释中也表达了刑法学、司法学甚至历史法学方面的学术见解。

总括上述可见,中华法制文明是早熟的,中华法文化的底蕴是深厚的,在治国理政上的经验是丰富的,显示了中华民族先哲们高超的政治智慧与理性的法律思维。我们要从这座宏伟的智库中继受宝贵的遗产,为拓展自主创新的法治之路服务。

第十四讲　中国法制的近代化

　　中国法制近代化是中国近代社会政治、经济、文化等发展变迁的必然结果,是为了挽救民族危机,改变落后的法制状态而采取的一项重大措施。它以西方法律文化为理论基础,以西方民主法制为目标,因此所制定的法律有些脱离实际而无法实施。

　　鸦片战争以后,殖民主义者的侵略给中华民族带来了深重的灾难,但与此同时也结束了清政府奉行的对外封闭政策和法文化的单向输出状态,有助于先进的中国人对传统法文化进行反思和对西方法制文明作出客观的评价与选择,以推进中国法制的进步。

　　西方法文化在中国的传播,使中国人看到

了传统法文化的不合于时,也看到了西方法制文明所展现出的时代先进性。根据文化交流择优而从的规律,近代中国必然要以先进的西方法制文明作为其法制改革的参照物,进而实现向近代法制的转型。这种从传统法制向现代法制的转变,就是通常所说的法制近代化。本讲从中国法制近代化的历史缘由、理论先导、西方化形态以及历史借鉴等四个方面谈谈粗浅的认识。

一、中国法制近代化的历史必然性及特殊动因

任何社会、任何时代的法律发展都有其深刻的社会内涵。正如马克思主义经典作家所表述的,法律"是没有自己历史的",[①]在社会发展的每一个阶段上,都必然会有与其相适应的法律形式。对于法律的发展只有通过了解这一进程的历史背景,才能有深刻的准确的解释。

中国法制的近代化,只有当社会的政治、经济和文化发生了根本性的变革,即从传统社会向近代社会转变之时,才是可能的。就中国法制近代化的发生原因而言,其中既有人类社会法制发展所经历的一般规律,同时又有中国近代社会所特有的社会动因。

(一)中国法制近代化的历史必然性

中华法制文明经过 4000 多年的发展过程,不仅形成了独树一帜的鲜明特色,而且积淀了丰富的文化内涵和坚实的人文底蕴,它滋润着古老的中华帝国和相邻的国家和地区,在相当长的时间里居于世界法制文明的前列。但是,在中国法律漫长的历史发展过程中,只有纵向的传承,没有横向的比较、吸收,中国与周边国家的法律交流,实际是法律的单向输出。在这方面,统治者严格遵循"夷夏之防"和"以夏变夷"的传统,尤其是清朝坚持奉行闭关锁国的政策,使得以农为本的自然经济结

---

① 参见《马克思恩格斯全集》第 3 卷,人民出版社 1960 年版。

构,继续占统治地位;政治与文化的双重高压仍在桎梏着人们的思想与行为;统治集团中傲慢自大的心理和顽固保守的政治态势,依然很少改动。

如果说维持与外界的隔绝状态是保存中国固有的经济、政治、文化结构的必要条件,那么在西方殖民主义国家以炮火轰开闭关锁国的国门以后,在已经无法按传统方式统治下去的形势下,变法改制、启动和推进法制近代化进程,便成为无法回避的选择。因而可以说,中国法制近代化是近代社会的产物,它是在引进西方法文化的同时,批判与吸收传统法文化的矛盾冲突中逐步推进的。它不是某个权威的设计,也不是来自政治权力的强制,而是符合社会发展进步要求的历史性运动。

首先,各种政治体制的设计促进了中国法制近代化的探索。自鸦片战争以后,国内的政治局面发生了巨大变化,专制主义的统治方式受到很大冲击。但是,封建统治者并不甘心改变传统的统治方式,力图继续维持"天不变道亦不变"的状态。在近代中国一百多年的民主与专制的较量中,先后出现了维新派的君主立宪和民主派的民主共和,可以说以超浓缩的形式再现了西方近代政治体制发展史几百年来所经历的历程。政治体制上激烈变革,构成了中国法制近代化的前提。

在民主制不断战胜专制主义的过程中,不同的阶级、阶层、政治集团,为了摆脱危机、重振国威,以及规范社会、稳定秩序,在设计政治体制方案的同时,也从不同的角度探索了法制改革的设想,提出了各自的解决方案。虽然基于社会群体利益的不同而有所差异,但在如何吸收西方先进的法制文明中的精华部分,以建立一个既具有现代科学性、又符合中国特定的民风国情的法律制度,则是其共同的。

其次,自然经济向商品经济的转型为中国法制的近代化提供了物质基础。法律是社会关系与需要的真实反馈,在中国数千年的传统法律中,由于重公权、轻私权,以致在契约、职业、商业法制领域缺乏创建。这是和中国传统法律建立在自然经济基础之上、以土地为根基、"重农抑商"的农业生产模式相适应的。中国传统法律对于民事法律关系的调整，或者运用国家制定法中零散的民事法律条款，或者采取刑事手段，或者以礼俗、宗族法为依据。在这样的历史背景下，私权观念的发展受到了严重的阻碍。

与中国相比，西方国家在中世纪就已经兴起了独立的工商城市。当工业文明以不可阻挡之势向现代社会逼进之时，西方资产阶级顺应时代的需求，在法律中规定了大量契约、物权、债权、信贷、破产、海商等方面的民商规则。可见，西方近代的法制文明一开始就与城市工商业结下了不解之缘。法律赖以存在的经济基础的根本性变化，必然带来对于新的法律的广泛需求，以及法文化的交流与互动。同样，在19世纪末的中国，为了实现救亡图存、富国强兵这一摆在中国人面前的艰巨任务，有识之士提出了"实业救国""商业富民"的方略。在洋务运动中还产生了官府独办、官商合办、官督商办、民商独办等不同方式的实业救国方式。商业活动的发展，向法律提出了新的要求，如：确立民商事主体的平等身份、保护商业行为等等。也正因为如此，清末变法修律是以商事法律的制定为起点的。由此可见，正是基于自然经济向商品经济的转型，才有可能建立与商品经济相适应的法律观念、法律思想、法律模式和法律体系。可以说，中国法制的近代化的经济动力是不可以忽视的。

第三，传统法文化所处的不变亦变的境地支持着中国法制的近代化。中国传统法制与西方近代法制有着明显的时代落差。在落差中抛弃落后，吸收先进是一种文明进化的规律或本能。鸦片战争以后，西方的资产阶级法文化通过各种渠道输入到中国，震撼着维系几千年的中国传统法制。西方法文化中的正义、自由、权利、平等、法治、分权制衡、主体意识、权利本位、注重人格、罪刑法定等等，逐渐成为中国人寻求的价值目标和中国法文化急于充实和修正的部分。面对强大的西方法文化的冲击与挑战，中国传统的法文化处于一种不变亦变的境地，中国法制的近代化正是被一种异己的法文化所推动的。

（二）中国法制近代化的特殊动因

中国法制的近代化，除了来自政治、经济和文化等社会基本结构变迁所形成的历史必然性以外，还有其特定国情所形成的特殊动因。

首先，从中国社会内部来看，鸦片战争前后，人口的增长和经济结构的变化已使传统法制无法满足调整社会关系的需要。中国传统法制赖以存在的基础是小农经济以及建立在这种经济结构之上的乡土社会。人口的数量不大，而且很少流动性，法律基本上可以维持社会秩序的稳定。然而历史发展到清代，中国社会发生了巨大的变化。其一是人口迅速增加，至鸦片战争前夕，已达4亿左右。随着人口的迅速增长，社会关系变得复杂化，与"户婚田土钱债"相关的民事纠纷所占的比重逐渐加大，这就要求作为社会关系调整器的法律作出回应。其二是自然经济向商品经济转型，从而导致经济关系的巨大变化。"自五口通商以后门户洞开，海陆商埠，逐年增辟，加以交通之进步，机械之勃兴，而吾国之经济遂息息与世界与各国相通，昔之荒野僻壤，可变为最重要之都市，昔之家给人多，多变为不平均之发展。"中国社会商品经济的发展及其所引起的社会关系的变革，使得整个社会内部充满动荡与不安。表现在法律上，就是诉讼频仍和积案剧增。而在积案中，民事案件逐渐上升，占据了大多数。

可见人口的增长，经济结构的变化所产生的一系列问题都要求法律作出回应，这成为中国法律向近代转型的内部动因。

其次，从中国近代社会所面临的外部压力来看，收回列强攫取的领事裁判权成为中国启动法制近代化的外部动因。鸦片战争以后，中国面临着历史上"千年未有之变局"，中华民族处于亡国灭种的威胁当中。正因为如此，中国近代史上一切重大的变革、重大的政治活动都和救亡图存联系在一起，法制近代化同样是围绕这条主线展开的。

在长期封闭环境下生活的中国人，他们在鸦片战争后的最初反思，只是器物不如人而已。随着视野的开阔，逐渐认识到西方国家之所以强大,主要不在于器物层面,而在于制度层面。所以要富国强兵,不但要学西方之用,还要学西方之体,即采用西方的政体与法律制度,才能自救、自存、自强。但是西方国家法制的近代化,无论途径、方式、方法与价值取向与中国都有很大的不同。西方资产阶级革命胜利以后,在启蒙思想家关于民主、法治、三权分立学说的指导下,通过国家立法形式确认已有的制度和规范,在法律近代化过程中始终是围绕如何处理权力与权利的关系以实现最大限度的民主与法治。这种价值取向显然与争取救亡图存的中国是完全不同的,这是由国情决定的。

以领事裁判权为例,中国政府自古以来便严格维护司法主权,《唐律疏议》所规定的"诸化外人,同类自相犯者,各依本俗法:异类相犯者,以法律论"的处理涉外案件原则,影响极为深远。但至鸦片战争后,英美强加给中国的领事裁判权践踏了中国的司法主权,由领事裁判权又派生出列强在租界地区"会审公廨"的审判权,出现了"外人不受中国之刑章,而华人反受外人之裁判"的怪现象。西方列强之所以向清政府要求领事裁判权的理由之一是中国法律制度落后、野蛮,与西方国家法律的基本精神及制度相悖离。在西方人眼中,中国法律坏仅是极为专断的和极为腐败的……而且它的体系在许多方面与欧洲人公平或正义的观念不相容";"以此为借口,他们决定不再服从这个的刑事管辖"。

司法主权的丧失是主权沦丧的表现之一,因此爱国的官僚、士大夫为收回领事裁判权、维护国家主权的完整而奔走呼号。1902年中英签订了《马凯条约》,该条约第12条规定:"中国深欲整顿本国律例,以期与各国律例改同一律,英国允愿尽力协助以成此举。一俟查悉中国律例情形及其审断办法及一切相关事宜皆臻妥善,英国即允弃其治外法权。"①其后美国、日本、葡萄牙也做出类似的表示。由此而激发了朝野上下修律与改革司法的热潮,可见收回领事裁判权是中国法制近代化的最重要的诱因。

---

① 《光绪朝东华录》,光绪二十八年八月。

二、西方先进法文化对中国法制
近代化的理论先导作用

如前所述,法制近代化是一个从传统法制向近代法制的转变过程。在这个过程中,西方法文化的介绍和引进,起着十分关键和重要的作用。

中国是一个地处东北亚大陆的资源丰富的国家,自给自足的小农经济结构造成了经济上的封闭性,决定了古代中国是一个封闭型的保守国家,这种封闭和保守是中国专制主义存在2000余年并且愈演愈烈的重要基础。中国古代的法律也同整个文化一样,很少受到外来因素的影响,因而具有一种独立性,这种独立性也可以说是孤立性。就这样,法制文明发达很早的中国,却与世界上先进的国家日益拉开了距离。当西欧和北美已经完成了文艺复兴、资产阶级革命,建立起一套全新的近代法律制度时,中国法律却仍在中世纪的法律范围中踌躇不前。直到19世纪中叶西方殖民主义者用炮火轰开中国闭关自守的大门以后,中国法文化的封闭状态才开始被打破。

在中国近代史上第一个提倡"睁眼看世界",了解和引进西方文化的封疆大吏是林则徐。他在广州查禁鸦片期间,为了知己知彼,"日日使人刺探西事,翻译西书,又购其新闻纸"。1836年慕洛著《世界地理大全》刚在伦敦出版,林则徐即委人译成汉文,并以此为基础编成《四洲志》,他还组织翻译瑞士人瓦特尔编的《万国公法》。鸦片战争后当他被发往伊犁"效力赎罪"的途中,还委托好友魏源完成《海国图志》的编纂。林则徐的作为表明他不愧为站在历史潮流前面的先驱者。

鸦片战争以后来华的西方传教士,也扮演着打破中国法文化封闭状态的先锋队的角色。他们不仅在中国传播宗教,也传播欧洲的古典科学技术。还创办报刊、翻译西方书籍,介绍西方法律思想家的著作。1887年由英国苏格兰长老会教士韦廉臣创立于上海的广学会便翻译出版了介绍伏尔泰、卢梭、孟德斯鸠等人的学说及法律改革思想;宣传人权、平等、法治观念,这在中国要求进步、要求认识外部世界、向西方寻求救国真理的知识分子中间,产生了很大的共鸣,为中国的变法维新运动提供了理论先导。

特别值得提出的是国外归来的中国人对西方法文化的介绍对中国法制的近代化也产生了理论先导的作用。如王韬,他于1867年至1870年间游历了英、法、俄等国,1879年又游历日本。这段经历对于他的改良政治与法制思想的形成具有重要意义。王韬的深刻之处不仅在于他看到了中西方之间的差距,而且进一步考察西方国家强盛的真正原因,他的思考已经深入到法制领域中去了。此外,派往国外的留学生和驻外使节对晚清法制近代化的推动也是不可忽视的。其中以维新派严复等人的贡献较为典型。

严复(1853—1921)于光绪三年(1877)被派往英国留学。在英期间,严复虽然学习驾驶,但却留意英国的社会制度和资产阶级的社会学说,赞赏英国的君主立宪政体和法律制度。为了救亡图存,严复运用资产阶级的庸俗进化论、天赋人权等学说,来阐发变法图强的主张。光绪二十一年(1895)他发表了《原强》《辟韩》《救亡决论》《论事变之亟》等文章,呼吁变法。还翻译了赫胥黎的《天演论》"物竞天择,适者生存"的进化论观点,警醒国人救亡图存,成为当时鼓吹变法维新的重要理论根据。百日维新失败后,严复更加致力于翻译工作,先后翻译出亚当·斯密的《原富》,孟德斯鸠的《法意》,穆勒的《名学》《群己权界论》以及斯宾塞的《群学肄言》等著作,使中国的知识界从阅读浅陋的《锴致汇编》《政法类典》等书,进而接触到西方资产阶级社会科学的名著,将学习西学推向系统化和更高的层次。

作为19世纪末中国的理论家,严复一方面运用资产阶级启蒙思想家关于天赋人权、主权在民等理论为武器,抨击封建专制制度,宣传自由是天赋的人权;另一方面,力图借助新学反对旧学,排除变法维新的阻力。严复在翻译孟德斯鸠所著《法意》的按语中,提出了以下重要的思想:(1)宣传三权分立,主张司法机关应与行政机关分离,独立地进行审判。他说:"嘶谓三权分立,而刑权之法庭无上者,法官裁判曲直时,非国中他权所得侵害而已。"(2)提倡民权,强调应依法保护天赋人权,尤其是人的自由权。他认为西法优于中法的秘密就在于此。(3)建立新法。他说,自秦以来,中国2000年的法律是"为上而立"的,是专制帝王用来"驱迫束缚其臣民",使臣民"恐怖慑服"的"防奸"手段。他强调,应该为民立法。这样的法律才合乎"天理人情",才是"治国之法",才可以提高民的智、德、力,才能够使君民"上下所为,皆有所束"。(4)法律一经制定,必须切实执行,"法之既立,虽天子不可以不循也"。(5)建立新的法律体系,他赞同孟德斯鸠所说,法律是"治国之经制",新的法律体系应包括宪法、民法、刑法、国际法等。

在世界的法律发展史上,由于战争、征服而带来的法文化横向移植的例证比比皆是。古罗马帝国受到北方日耳曼民族的入侵,日耳曼的"蛮族习惯法"也随之输入,而成为罗马法系的传统之一。在鸦片战争前的中国,其法律仍然是完整的封建法律。清朝统治集团内部一些具有时代感的开明人士,也深感清朝法律的陈腐,但是清朝统治集团的顽固守旧,以及整个国家的衰落腐败,使它本身不可能进行任何自我改革。1840年的鸦片战争对于晚清时代的中国是不幸的,给中华民族带来了长时期的灾难,但是这次战争破坏了万马齐喑的沉闷气氛,把中国推向不变亦变的境地,特别是经过多种渠道输入了西方的法文化,使得中国的法制改革得到新的理论导向,从而有可能超越旧窠臼,走向近代化的道路。

三、中国法制近代化进程中的西方化形态

从近代中国法制发展的历史进程考察,由于法德等大陆法系国家的西方法制逐渐成为近代中国法制改革的参照物,因而使中国的法制近代化呈现出西方化的表象。但是,从人类法制近代化的全过程来看,

任何国家和民族都不可能始终以外来的法文化标准为本国法制发展的导向。因此,研究中国法制近代化的全过程,需要廓清法制近代化与西方化的关系。

首先,中国法制近代化是一个长期发展的历史过程,不能将其中某个阶段呈现出的特征抽象为法制近代化全部历史进程的本质概括。如前所述,法制近代化是一个由传统法制向近代法制的转型过程,是在法律领域的一场历史巨变。代表传统法制的势力不会甘心于其既得利益的丧失,这就会使法制近代化进程中出现一个长期的乃至反复的新旧势力之间此消彼长的斗争;同时,法制近代化始终会受到社会经济、政治和思想文化发展的影响,这种影响和制约因素的多样化和发展水平决定了法制近代化既是一个复杂、迂回曲折的发展过程,也必然呈现出阶段性的特点。所以研究任何一个国家的法制近代化时,必须从其社会和法制发展的总体趋势和本质特点来把握,不能以偏概全,用某个阶段的特点替代整个进程的总体型态。譬如,晚清时期中国法制近代化几乎等同于西方化,但我们不能以此为理由就将中国法制近代化的整个过程等同于西方化。

其次,中国法制近代化的外源性特征决定了这一历史进程之始不可避免地呈现出一定程度的西方化形态。现代化理论将世界各国的近代化道路划分成两个类别,即内源的近代化和外源的近代化。如果说西欧国家法制的近代化是内源性道路的典型,那么中国法制的近代化则属于外源性道路的类型。由于古代中国的调控机制呈现出重教化、轻刑罚;重公权、轻私权;重家族、轻个人;重伦理、轻是非;重和谐、轻讼争等特点,这样的法律价值取向与近代法制的标志性因素——如宪政、法治、权利、司法独立、律师制度等——是背道而驰的。因此,按照法制近代化的理论逻辑,要实现中国法制的近代化,就必须按照近代法制的基本标准来开展本国的法制改革;而由于本国传统法文化中近代法制文明要素的阙如或发育不够成熟,也就只能从已基本实现法制近代化并有成功经验的西方社会中引入。这是中国法制近代化之始呈现出一定程度的西方化的根本原因。

以晚清修律为例，由于晚清修律是在列强环逼、内外交困的情势下开展的，首要的目标就是收回治外法权，即所谓"首先收回治外法权，实变法自强之枢纽"，其根本的目标则是富国强兵。但无论是收回治外法权还是富国强兵，采用西法以补中法的变法路线都是必然的选择。无论是清政府"参酌各国法律""务期中外通行"的变法谕令，还是沈家本"折冲樽俎，模范列强"①的修律主张，或张之洞"采用西法"，"嘶以为富强之谋"②的变法路线，所表达的都是同样的西方化的法制近代化路线。

这样的路线必然表现在修律的实际成果当中。以民法为例，1911年完成的《大清民律草案》不仅采纳了当时最先进的潘德克顿法典编纂体例，还采用了来自大陆法系的权利能力、行为能力、亲权、债权、所有权等民法概念，引进了诚实信用、契约自由、过失责任等近代民法的基本原则，建立了法人、时效等西方民法的主要制度，真正贯彻了法典制定者所提出的"注重世界最普通之法则，原本后出最精确之法理，求最适合中国民情之法，期于改进上最有利益之法"的编纂指导思想。再以刑法为例，1911年制定完成并予以颁布的《大清新刑律》，采用了西方资产阶级刑法的总则与分则两编的体例，引进了近代资产阶级的罪刑法定、死刑唯一等刑法原则，吸收了诸如未遂、共犯、自首、累犯、刑事责任能力、行刑权等西方刑法概念，并仿照西方刑事法制建立了正当防卫、紧急避险、缓刑、假释及主刑和从刑相协调的刑种体制等刑法制度。总之，经由沈家本、伍廷芳、俞廉三等人的不懈努力，终于在中国建立起近代的法律体系和制度，从而开启了中国法制近代化的征程。

晚清政府以西方化为主导方向的修律活动，为中国以后阶段的法制近代化提供了丰富的经验和教训。经验就是，必须按照近现代法制

---

① 《奏请编定现行刑律以立推行新律基础折》，载《清末筹备立宪档案史料》，中华书局1979年版，第852页。
② 《遵旨筹议变法谨拟整顿中法十二条折》，载《张文襄公全集奏稿五十三》。

文明的基本标准来开展本国的法制建设,追求法制的先进性,只有这样才能走上法制近代化的道路;教训则是,在采纳西方先进法制文明因素的同时,必须对本国的法律传统持尊重的态度,并且在尽可能的情况下,将其中符合国情、民情的积极因素纳入到新建立的法律体系之中,为先进的法律制度提供深厚的社会土壤和文化支持。

再次,中国法制近代化的发展必然会超脱西方化的藩篱,实现中华法制文明的伟大复兴。如前所述,中国的法制改革之所以显现出一定程度的西方化形态,源于其总体上的外源性。但是,承认总体上的外源性并不意味着否定中国社会内部存在着对法制近代化进程起着推进甚至在某些层面的决定性作用的多种因素。在19世纪下半叶西方资本主义法制文明传入中国之前,中国传统法文化虽然仍然以自然经济、专制政体和宗法关系为其经济、政治和社会基础,但自从明清以来,中国社会已经出现了资本主义的萌芽。经济生活日益活跃,各种经济交往主体地位的平等性日见增强,作为主要财产的土地流转加速,交易手段的契约种类日趋复杂;在思想领域也出现了顾炎武、黄宗羲及王夫之等对君主专制主义进行批判的启蒙思想家,形成了对传统理学持批判态度的戴震、汪中、阮元等哲学派别;在社会生活中雇工人、贱民的身份开始上升,工商业者的身份自由逐渐加强,"工商皆本""农商皆本"的意识开始萌发。这种社会发展趋势在晚清时期得到进一步加强。至西方资本主义经济势力入侵以后,中国封建自然经济走向解体。西方法律思想和制度文明进入中国士大夫的视野之内,极大地改变了封建官僚和爱国人士的政治观念。一些对西方法制文明抱有认同态度的官僚——如张之洞、沈家本——进入了地方乃至中央权力的核心。这一切都为晚清政府开展修律进而启动中国法制近代化提供了内在的条件。随着法制的不断发展,近代中国社会自身发展所形成的经济商品化以及政治文明和思想开放对中国法制近代化发挥了越来越显著的推动作用。所以,总的来说,中国法制近代化是一个西方化的外源性趋于减弱、内源性特征逐步显现的历史进程。

最后,中国传统法制虽然缺乏诸如宪政、法治、权利等近现代法制文明的因素,但不能因此而忽视乃至否认中国传统法文化中存在着对近代法制文明有着积极意义的合理内核。以近代刑法中的罪刑法定原则为例,虽然直到沈家本主持修订的《大清新刑律》中才正式以成文法的形式明确规定下来,但这一体现民主性精华的法制文明要素早在公元3世纪西晋时就得到三公尚书刘颂的强调,他曾提出,"律法断罪,皆当以法律令正文,若无正文,依附名例断之,其正文名例所不及,皆不论"《唐律疏议》则将援法断罪的原则用法律条文的形式予以固定下来,"诸断狱皆须具引律令格式正文"。这个中国古代法制文明的最有价值的部分,赢得了世界的高度评价。日本著名的法制史学者仁井田指出:"与欧洲近代刑法理论(罪刑法定主义)类似的观点,中国在一千多年前的3世纪就已原则地叙述过,而且还完善地体现到了法规之中。"其他的如礼法互补、德治与法治并存、以法为教、综合为治、制定法与判例法互相配合等,不仅具有对中国社会的适应性,也散发出时代先进性的光芒。它们不仅是传统的,也是近代的。注重发掘这些散发着人类法制文明光芒的法律遗产,是我们开展近代化法制建设的精神财富。

总之,中国的法制近代化从西方法制文明中吸取先进性的因素,表现出一定的西方化形态是必要的,在晚清启动这一历史进程时尤为如此。但是法制近代化的根本在于法制的本土化,只有立足于本国的国情和民情,尊重本民族的法律传统,注重发掘其中先进性的因素并将其纳入到新建立起的法律制度之中,才能超脱法制近代化进程中西方化的藩篱,实现法制本土化的近代化法制建设目标。

四、中国法制近代化的历史借鉴

无论是从人类法制文明的历史趋势去推演,还是从中国近代社会所面临的内外挑战来考察,中国法制的近代化都是一个不以人的意志为转移的客观历史进程。尽管有晚清政府内部顽固派对变法修律的抵制和北洋政府公开打出"尊孔"和"复古"旗帜①的倒行逆施,但中国法制的近代化还是在不断前进。当我们回顾这段历史,探寻这一不可逆转的法制发展历程中的规律之时,以下几点是值得借鉴的:

第一,中国法制近代化只能在开放的社会环境中进行。如前所述,法制近代化是一个由传统法制向近代法制转变的历史过程,作为总体上属于外源性近代化模式的中国,要想完成近代化这一历史进程,所要经历的就不仅是政治领域中的改革,它还涉及文化的和思想领域的变革,这种变革的广度和深度也是以往中国古代的变法所不及的,因为法制近代化所包含的不仅关系到法律制度的改革,更涉及法律价值观的改变、法律思维方式的转换,甚至关乎本国的法律传统,所以,非有强大的推进力是难以启动这一历史战车的。特别是中国社会长期处于一种封闭的文化体系之中,在漫长的历史发展过程中,中国法律只有纵向的传承,而没有横向的比较、吸收,加上统治者严格遵循"夷夏之防"的传统,对"以夷变夏"保持着高度的警觉,清朝统治者所坚持的闭关锁国的政策,更使得统治集团中形成了傲慢自大的民族心理和顽固保守的政治态度。在这样一种政治体制和社会氛围中,清朝法制是不可能从内部超越封建法制的藩篱,主动踏上法制近代化的历史征程的。

鸦片战争爆发以后,为了挽救民族危亡,实现富国强兵的梦想,爱国的仁人志士开始尝试着用新的思维方式去观察,探求救亡图存的强国之路。从闭关锁国到"参考古今,博稽中外",仿照大陆法系确立新的法律体系和司法体制,中国法制终于迈上了近代化的道路。在这个发展历程中,最为重要的是开放的社会环境。因为法制的近代化是一个横向交流的过程。首先必须有外来法文化的输入,否则无从了解外

---

① 如1914年颁布实施的《暂行新刑律补充条例》就是以袁世凯提出的"以礼教号召天下,重典协服人心"为指导思想的,因而加强了对伦常、礼教秩序的维护,进一步明确了尊卑长幼亲疏男女的等级身份在定罪量刑中的重要性;1915年法律编纂委员会完成的《刑法第一次修正案》也将"礼俗立法"确定为立法宗旨。

来法制文明的总体样态,进而比较和鉴别中外法制文明的合理性,为法制近代化提供参照物。同样,开放的社会环境使人们逐渐形成对中外法制文明的平等心态,既不妄自尊大,也不妄自菲薄,冷静地以先进性和社会适应性的标准进行选择,实现两种法制文明的融合。例如,孙中山先生早期是西方法制文明的崇拜者,但是辛亥革命的失败,使他不仅看到了西方法制文明的缺陷,[①]看到了外来法文化与中国经济状况、文化观念和社会民情之间的不协调性,也看到了中国传统法制文明的合理性。他的五权宪法理论就是融合了西方的三权分立思想和中国传统的科举选官制度及监察制度而形成的。由此可见,没有开放的社会环境,便不会有西方法制文明的引进,也不会有中西法文化的交流、比较和法律制度建设上的尝试,也就不会理性地思考和选择中国法制近代化的道路。

第二,中国法制近代化与政治体制的近代化紧密相关。法制近代化不是一个孤立的历史发展现象,它与政治、经济和思想观念的近代化紧密相连。特别是政治体制的近代化对于法制近代化有着十分重要的影响,或者说,法制近代化离不开政治体制近代化的推进和巩固,这已经被历史的经验所证实。例如法国,尽管近代法制的萌芽早在中世纪时就已经显现出来,但只有当资产阶级革命取得了胜利,资产阶级掌握了政权,才产生了诸如《法国民法典》《法国刑法典》等著名的成文法典,使法制近代化的成果得以巩固。

在通过内源性道路而建成近代化法制的欧美国家中,政治体制的作用主要表现为对其法制近代化的成果予以确认和巩固;但对于中国这样一个不发达的国家,要想迅速实现法制的近代化,就必须获得政治体制对这一历史进程启动的推进和保证作用。

---

① 比如代议制被西方人看作是最先进的宪政制度,但孙中山却看到了其中的流弊,他认为"富人因为有了那样多的财产,便垄断国家大事,无恶不作。穷人因为没有生活,便不得不去做富人的牛马奴隶"(《孙中山全集》第 1 卷,中华书局 1986 年版,第 23 页)。由此可见,西方法制文明的先进性也是相对的。

如前所述,中国的法制近代化是在列强环逼的形势下开展的,在这样的形势下,要想救亡图存乃至实现中华民族复兴的改革,必须有一个强有力的政治体制发挥组织和动员作用。这个政治体制显然不能是固守传统的。1900年以后,以慈禧为首的清政府已无法照旧统治下去了,被迫于1901年1月下诏变法,宣称"世有万古不易之常经,无一成罔变之治法",承认"法久则弊,法弊则更"的变法思维的合理性。以后又宣称"时处今日,惟有及时详晰甄核,仿行宪政……以立国家万年有道之基",从而正式揭开了变法新政的序幕。在随后开展的预备立宪期间,清政府对中央官制进行了改革,建立了咨议局和资政院,召开了咨议局和资政院的常年会,颁布了《钦定宪法大纲》和《重大信条十九条》。尽管这种政治体制的改良在广度和深度上还很有限,但它意味着传统的以皇权神圣为理论基础的君主专制主义政治体制开始变化。就法制而言,这一政治体制上的变革是至关重要的。它不仅为晚清修律提供了组织保证,而且也为修律活动提供了合理性论证基础,沈家本就宣称修律为"预备立宪之要著"。可见,晚清修律的开展,中国法制近代化进程的启动,前提条件就是政治体制的近代化。而与此形成鲜明对照的1898年的戊戌维新,在103天的时间里,光绪皇帝颁布了110条之多的法令,内容涉及政治、经济、军事和文化教育等各个方面,但由于整个政治体制仍旧处于保守顽固势力的控制之中,这些法令实际是一纸空文。正如西方学者所评论的,"维新运动的失败说明了一个事实,即它不仅仅暴露了中国的政治制度对于全面改革的惊人无能,而且也反映出政治领导是多么没有能力使制度恢复生气和经受中国危机时代所必需的自我改造"。百日维新之所以未能启动中国法制近代化,其主要原因在于缺乏政治体制的支持。

第三,中国法制近代化必须注重理论的先导作用。伟大的实践总是需要科学理论的指导。由于法制近代化是人类社会在法律领域发生的一场巨大变革,它不仅导致法律制度的转换,还会引起法律观念的更新和法律思维方式的转变,这场变革的深远性是人类历史上所有的法律改革所没有的,其复杂性和涉及范围的广度也是以前的法律改革所未曾遇到的。因此必须有科学的理论对这一伟大的法律改革运动进行论证,进而提供理论指导,使法制近代化得以实现既定的目标。尤其是在中国这样以外源性道路开始法制近代化的国家,在其法制建设过程中,法制理论的作用更为突出。中国法制近代化是在面临着西方法制文明挑战的情境下开始的,这样的社会背景就意味着法制近代化将会在中华民族与帝国主义;封建主义与资本主义;中国传统法制文明与西方法制文明等多重而且异常复杂的矛盾冲突中披荆行进。这就需要一套正确认识这些矛盾并能提供正确解决方案的科学理论,既能对法制近代化的目标进行论证,又能指导法制近代化道路的探索。事实上,如果没有晚清以来康有为、梁启超、严复、孙中山、章太炎等人所宣传和运用的资产阶级政治法律理论,西方法制文明是不可能进入晚清统治者的视野的,也就不会引导晚清修律朝向近代化方向发展。

即便是在中华民国政府的近代化法制建设过程中,理论的先导性作用也是非常突出的,只不过这时的理论不完全是对西方法制理论的介绍和解释,而是结合了中国当时的社会发展和法制状况而提升的。譬如在制定《中华民国民法》过程中,立法者从社会本位、民族本位和国家本位的立法理论出发,强调法律制度应当以保障社会公共利益为基础,并以此为理论基础,对西方资产阶级的三大私法原则进行了限制,使新的立法理论更具有中国特色,更适合当时中国民事法律关系发展的现实情形。

第四,中国法制的近代化与发挥掌握新思想的人的作用密不可分。法制近代化既是指法律制度的近代化,也包括法律观念的近代化,这两个方面都离不开掌握新思想的人的作用。现代性的法律制度需要掌握新思想的精英人物来论证和设计,需要他们去运用和执行。中外法制建设的实践已经证明,制度的先进性必须伴以先进的观念为思想支持。只有广大民众拥有先进的法律观念,先进的制度才有可能得到人们的自觉遵守,制度规范的效益才能得到最大的发挥。而在培养民众先进的法律观念方面,掌握新思想的人的作用异常重要,因为民众先进法律观念的培养和灌输需要他们来进行宣传和以自己的行动影响社会大众,借以确立人们对新制度的信任和信仰。

从中国的实际看,掌握新思想的人不仅设计和执行先进的制度以及宣传新的先进法律观念和发动民众树立对新的法律制度的信任,而且还发现旧的法律制度和观念的不合理之处,介绍并引进先进的法律制度和观念,论证这些先进的法律制度和观念与中国社会现实国情和民情的适应性,减小新旧制度之间的取代和融合所带来的社会震动,以最小的代价推动法制近代化的前进。

正是意识到中国法制的发展需要众多的掌握新思想的人物发挥这种调适作用,所以对法律人才的培养始终是中国近代法制建设的重要环节。在晚清修律过程中,主持者除了将重点放在删改旧法、制定新法之外,还特别重视用新的先进的法律理论和技术来教育和培养法律人才。为此,经过沈家本等人的积极努力,不仅建立了法律学堂,还派员出国考察进修,聘请外国法学家来中国讲学,用先进的法律知识和观念来武装中国法制建设的后备力量,在这一期间经由法律学堂所培养的近千名法律专门人才,成为中华民国政府继续推进法制近代化历程的骨干力量。

第五,中国法制近代化过程中必须处理好法律移植与法律本土化之间的关系。对于一个以外源性道路开始法制近代化的国家来说,实现从传统法制向现代法制的转变,其中最便捷也是必需的环节就是法律移植。中国法制的近代化进程就是从法律移植开始的,而且在以后的法律发展过程中,法律移植依然在法制建设中占据了较大的比重,发挥了重要的作用。晚清时期,新修之律或者全部用西方的法律来补充现有法律中所缺乏的内容,或者用源于西方的法律来取代现有法律中落后的或与时代不相适宜的部分。前者的典型是商法,后者的典型是刑法。经过全方位的法律移植,晚清政府仿照大陆法系建立了较为完整的近代法律体系,基本确定了中国法制近代化的基本走向,确立了中国近代法制的总体架构。其后的民国政府则继续沿着晚清时期开创的通过法律移植的方式改革传统法制,建立新的法制模式。

应该说,法律移植迅速弥补了中国近代法律制度上的空缺,可以尽快改变在制度层面上中国法律落后与保守的尴尬局面,消除了中国在处理新社会关系之时因存在法律漏洞而束手无策的不利局面,也为在民众中传播新的法律观念提供了文本依据。从这个意义上说,法律移植对于中国法制近代化发挥了不断推进的作用。但我们还应当看到,法律移植对于法制近代化的贡献是有一定限度的。因为法律移植只是一种引进外来的法律制度并将其成文化,或依据引进的文本而设立某些组织的法制建设活动。要想使其完全发挥对法制近代化的促进作用,还有一个最为关键的问题,就是如何将引进的法律制度和原则与本国现有的制度和原则相融合,共同发挥整体效应的问题。这个问题的背后就是如何实现法律移植与法律本土化之间协调关系的问题。

法律的本土化,不仅是指要使引进的法律与中国的现实国情和民情相协调,更主要的应当是在保持引进的法律本身的先进性的前提下,将其改造或设计成适合中国现实社会需要的形式,以获得最大限度的社会调整效能,并在此基础上生长出新的制度和原则。这在中外法律史上不乏成功的范例,如源于法兰克王国的咨审调查技术被诺曼人引进英格兰以后,便发展演变成了陪审制度。当然,中国法制近代化进程中也有失败的尝试。其中较为典型的就是晚清时期仓促制定的《破产律》。清政府为了适应稳定经济秩序的需要,在没有充分考虑到中国现实国情的情形下,贸然仿照日本的相关法律而制定了《破产律》。但由于当时的中国经济运行中还没有建立起与《破产律》相应的企业运行机制,颁行不久就因上海钱业大亨之请而暂缓施行,次年,农工商部又奏请重新统筹编纂,遂使该法实际上被束之高阁,成为虚文。其结果不仅造成了极大的浪费,而且影响了法律的稳定性,损害了法律的权威。

正反两面的经验和教训告诉我们,被移植来的西方法制文明因素,只有扎入中国的文化土壤,得以积淀下来,进而成为本民族法文化的一部分,才是成功的移植。

　　我国今天的法制建设已经融入了法制现代化的历史行程。抚今追昔,回顾中国法制发展的这段特殊历史进程,不禁感慨系之。尽管中国的法制近代化外受帝国主义的排挤和干扰,内有顽固守旧派的抵制和阻挠,但勇敢的中国人怀着救国救民、实现中华民族复兴的神圣使命感,披荆斩棘,矢志不移地推进着这个伟大的历史进程,使传统的中华法制文明与西方先进的法制文明实现了双向、互动的交流和融合,使中华法制文明开始了近代转型,从而为中华法系的复兴奠定了坚实的基础。

第十五讲　中华法制文明的几个问题

中华法制文明是中华民族摆脱野蛮、走向社会进步的重要标志，是中华民族在悠久的法制实践中所创造的积极成果，体现了中华民族智慧、理性与伟大的创造精神。与世界著名的文明古国相比较，中华法制文明是唯一没有中断的，使它具有系统性、完整性、特殊性与典型性。中华法制文明对周边国家立法建制影响的时间之长、内容之深广，均为世界所少见。

一、中华法制文明的多元性与统一性

很长时间以来，受到历史学、考古学以及相关科学发展水平的局限，认为黄河流域的中原地区雨量丰沛、气候温和、土质松软,有利于原始农业的发展,以至在公元前 21 世纪左右的夏朝,便跨进了文明的门槛,成为中华法制文明的唯一摇篮。

但是,近年来考古学的发现,证明了中华文明的起源是多元的,除中原地区外,还有长江流域和燕辽地区的文化源头。特别是长江流域的地理环境,也造就了发达的以种植水稻为主的农业经济,长江流域走向文明的时间实际早于中原地区。就法制文明而言,其源头既不限于中原地区,也不限于华夏族。活动在长江流域的三苗(亦称有苗、苗氏),很早便出现了财产的私有制和激烈的阶级分化。杜预在为《左氏春秋》文公十八年作注时指出:"贪财为饕,贪食为餮,即三苗也。""民皆巧诈,无有中于信义。"为了压制被剥削者的反抗,出现了最早的刑罚。所谓"苗民弗用灵,制以刑,惟作五虐之刑,曰法。杀戮无辜,爰始淫为劓、刵、椓、黥"。① 注曰:三苗之君,"习蚩尤之恶,……而更制重法,惟作五虐之刑,乃言曰此得法也"。可见三苗早于中原华夏族,已经初步形成了五虐之刑,而三苗之祖蚩尤则是创建法制的始祖,三苗之君只是发展了蚩尤所制之刑。

三苗经过与黄帝族的长期战争,终于被黄帝、炎帝的联军所败。战败的苗民或被驱于"三危"边远地区,或被降为奴隶。至于苗民所制之刑,则为华夏族所援用,所谓"灭其族而用其刑"。正是在苗民劓、刵、椓、黥刑罚基础上,"帝舜三年,命咎陶作刑",② 由此而出现了"昏、墨、贼、杀,皋陶之刑也",③ 并进一步发展为夏商周三代通行的"墨、劓、刵、宫、辟"等五刑系统,一直沿用至汉初。

《尚书·吕刑》的记载,不仅说明了中华法制文明起源的多元性,而且也说明了中华法制文明的缔造者,并非华夏族一族之功,而是多民族的共同贡献。如果说黄帝是人文初祖,蚩尤也应该是当之无愧的人

---

① 《尚书·吕刑》。
② 《竹书纪年》。
③ 《左传·昭公十四年》。

文初祖。

中华法制文明的多元性,不限于起源时期,也贯穿于整个古代社会。它是开放的、相互吸收的,这也正是中华法制文明的本色与生命力之所在。譬如,南北朝时期北朝少数民族为主体的政权,其立法以汉魏为宗,但又有所发展。太和五年颁布的《太和律》,可以说是这个时期游牧民族法文化与农耕民族法文化大融和的产物。至于鲜卑后裔建立的北齐王朝,其在法制上的贡献具有承前启后的历史地位。程树德先生评论说:"南北朝诸律,北优于南,而北朝尤以齐律为最。"《北齐律》所创立的体系、刑制、罪名与隋唐律的传承关系十分明显。"盖唐律与齐律,篇目虽有分合,而沿其十二篇之旧;刑名虽有增损,而沿其五等之旧;十恶名称,虽有歧出,而沿其重罪十条之旧。"①正是由于各民族坚持不懈地进行法制的创造和法文化的交流,才有隋唐时期中华法系的成熟与定型。

宋朝统治期间,契丹族、党项族、女真族先后崛起,建立了辽、西夏、金等地方政权,分别制定了既吸收中原地区汉族法律文化,又具有各民族特色的辽《重熙新定条例》、金《泰和律义》、西夏《天盛改旧新定律令》等。辽金律已佚,唯有西夏国天盛年间制定的《天盛改旧新定律令》保存完好。《天盛改旧新定律令》是中国历史上第一部用少数民族文字印行的法典,其详细程度为现存中古法律之最。

至元代,在蒙古族的统治下,天下又合而为一。元朝统治的疆域空前辽阔,其法制独具特色,目前存留的《大元通制条格》既是中华法制史上一部重要的法典,又是蒙古族法制文明所达到的高度的代表。

1644年清军入关以后,清朝统治者将"参汉酌金"的立法路线推向全国,以大明律典为范例迅速完成了早期的立法建制。同时,根据辽阔疆域内多民族的复杂情况,采取不同的政策,形成了统一多民族的专制主义中央集权的法律体系和司法制度。随着汉满法文化交流的深化,

---

① 程树德:《九朝律考》。

至乾隆五年修订的《大清律例》，除极少部分确认满族权益的特殊规定外，实质上已经成为与唐、明律相同的正统封建法典。

综上可见，自从中华民族进入文明时起，在中华大地上便孕育了以汉族为主体的众多的民族。尽管它们在不同的时代，由于文化、经济、政治发展的差别而处于不同的历史地位，对于缔造中华法制文明所起的作用也有所不同，但无论如何，中华法制文明是各族人民共同缔造的，凝聚了各族人民的法律智慧，是各民族的法律文化与法制经验相互交流与吸收的结果。

中华法制文明的多元性，不仅表现为在其演进的过程中各民族法文化的融合与发展，也表现为儒墨道法诸子百家各种学说的相互影响与吸收。但是法制文明的多元性并没有影响中原汉族法制文明的统一性与主体性。

自夏朝建立以后，中原地区迅速发展成物质文明、精神文明、法制文明最发达的中心地区。经过夏商周三代一千余年的统治，巩固了中原地区汉族的主体地位。汉族先进的法文化表现出巨大而长久的凝聚力、融合力和同化力。各族的法文化成就最终都融入了以汉族为主体的，以儒家思想为指导的法制文明中去，成为构成中华法制文明的重要因子。尽管中国古代存在过华夏文化中心论的华夷之辨，尽管各族血缘上有异，地域上有别，但并没有妨碍自秦汉以来中华民族便已形成为稳定的共同体。正像百川汇入大海一样，数千年来，中华各族经过不断的迁徙、杂居、通婚、互市，在文化上互相交流，在血统上互相渗透，民族畛域逐渐消弭，统一的民族精神不断凸现。这种民族精神，超越了一种一族的界限。正是这种超越一种一族的民族精神的磅礴大气，正是各民族在文化同源的背景下的多样性发展，才形成了绚烂多彩的中华文明，才凝聚成厚重的"中华魂"。

唐朝统治期间，统治者对少数民族的法律和习俗持认同态度，《唐律疏议》在处理化外人相犯时提出这样的原则："诸化外人，同类自相犯者，各依本俗法，异类相犯者，以法律论。"由此开创了在统一多民族国家中,不同的民族在特定条件下可以适用本民族法律的先河。这条规定也从一个侧面反映了各族法律的发展状况,以及在互相交流中不断得到演进的历史事实。这条影响后世深远的法律原则,雄辩地说明了中华法制文明多元性与统一性的结合。

清朝为了统治辽阔的疆域,一方面确认各族的习惯法、民间法以及因俗、因地制宜所立之法在该民族地域内的法律效力。另一方面,为了巩固统一多民族国家,也采取了坚决措施保证国家的最高立法权属于朝廷,确定刑部与理藩院握有对少数民族地区的最高的司法管辖权和裁判权,以确保其法制的主体地位。

综上可见,法制文明的多元没有动摇中原汉族法制文明主体的地位,也没有冲淡它们各自彪炳史册的价值,只是给它不断地注入了新鲜的法制元素,使它更加丰富多彩。中华法制文明之所以绵亘数千年,纵向传承而从未中断,其原因之一,就是由于得到源头活水的不断滋润。

需要指出:中华法制文明的多元性,是指中华民族内部而言,不含外来因素的影响。由于中国处于东北亚大陆,周边为高山和大海所屏障,这在远古时期的交通条件下,是不可克服的巨大障碍,以至相毗邻的印度和巴比伦虽皆为文明古国,却从未影响过中华法制文明的发展。中华民族也从未影响这两个文明古国的法制文明的建设。地理环境上的内外隔绝,又为经济上的独立性所加强。作为中华民族主要栖息地的长江、黄河流域,所经营的稻、粟、黍等原始农业又完全可以维持自给自足的生存需要,而无须向外谋发展。不仅如此,秦汉以降,中国的法制文明在古代亚洲最具强势,自汉唐迄至明清前期法文化都是输出的,而不是输入的。不仅在东方居于先列,在世界也居于强势。日本、高丽、越南等国的中世纪都纳入中华法系的大法苑中。

总之,中华法制文明是本土的、原生的,是在中华大地上经过不断地发展而最后形成的。这种本土性、原生性决定了它独有的一些特点。如宗法血缘关系的强大约束力,礼的调整功能的广泛与深入,法律义务与亲情义务的统一,天人合一的法律价值观等等,都符合中国的国情,都是本土性的,也都具有典型性。

二、中华法制文明是理性的结晶,
从未受到宗教的控制

中华法制文明是中华民族智慧与理性的结晶,体现了中华民族的创造力和法文化的积累,其理性化的突出表现是在其漫长的发展过程中,从没有受到宗教的控制。

夏商时期,以"天""天命"相号召的原始宗教,对于政治力量的整合,以及维护统治活动的合法性,的确起了重要的作用。

"有夏多罪,天命殛之。夏氏有罪,予畏上帝,不敢不正。……夏德若兹,命朕必往。尔尚辅予一人,致天之罚。"①

"天命玄鸟,降而生商……古帝命武汤,正域彼四方……方命厥后,……受命不殆,……殷受命咸宜。"②

商朝统治者虽然敬天尊神,但把对天、神的崇拜,与对王室祖先的崇拜联系在一起,鼓吹天帝是王的祖宗神,王是天帝的嫡系子孙,使神权和王权合二为一,神权被世俗化了。商王还通过控制和掌握占卜,借用神的意志来体现自己的意志,赋予政治决策一种神圣的特征,以利于群众的接受。所谓"杂占者,纪百事之象,候善恶之征。易曰:'占事知来。'众占非一,而梦为大,故周有其官。而计款式熊罴虺蛇旟旐众鱼之梦,着明大从之占,以考吉凶,盖参卜筮"③。

商王还经常以施行"天罚"进行威胁,或为现实中的刑法镇压制造舆论。可见商朝的天道观是为王所垄断并为王权的专制统治服务的,是和广大群众相脱离的,不是群众信仰的宗教。

---

① 《尚书·汤誓》。
② 《诗经·商颂·玄鸟》。
③ 《汉书·艺文志》。

商朝灭亡以后,继商而起的周朝统治者,针锋相对地提出"天命靡常",①"天不可信",②只有拥有"懿德""正德"之君,才能"甸有四方"。所谓"皇天无亲,惟德是辅","周之代商"就是"以德配天"的结果,从而将敬德与敬天联系起来。由此天的神秘色彩被进一步冲淡。

不仅如此,商的灭亡还使周统治者深切认识到小民的价值,强调"天畏棐忱,民情大可见"③"人无于水监,当于民监"④,把"保民"提到首要地位。敬德、明德、保民、慎罚,标志着周统治者的天道观更多地向着人事倾斜,天与人进一步合一,尽管仍以天罚来镇抚商遗民,但已经显露了民为邦本的统治端倪。

春秋战国时期,"礼崩乐坏"的社会大变动,凸显了民心向背对于国家兴衰所起的决定性作用,"国将兴,听于民,将亡,听于神"⑤。至子产执政时,提出"天道远,人道迩,非所及也,何以知之?"⑥的著名论断,把人从以德配天的思维方式中解脱出来,激发了人的理性自觉。

孔子不仅"不语怪力乱神",⑦而且明确表示"敬鬼神而远之",⑧"未能事人,焉能事鬼","未知生,焉知死"⑨,显示了孔子所注重的是对现实社会的人伦关怀,而不是对彼岸世界"终极关怀"的宗教性质的探究。

秦始皇统一六国之后,迷信神仙方术,以求长生不老,但那是他个人的信仰,是远离社会与群众的。真正意义上的宗教,是起自汉代的道教和自印度输入的佛教。东汉末年,天下大乱,割据战争,连年不绝。上自帝王,下至百姓,无论地位和生命都缺乏保障,整个社会渴望得到

---

① 《诗经·大雅·文王》。
② 《尚书·君奭》。
③ 《尚书·康诰》。
④ 《尚书·酒诰》。
⑤ 《左传·庄公三十二年》。
⑥ 《左传·昭公十八年》。
⑦ 《论语·述而》。
⑧ 《论语·雍也》。
⑨ 《论语·先进》。

一种精神上的安慰和寄托，在此背景下，中国传统文化中的宗教因素重新活跃和发展起来，形成了以古代宗教和民间巫术以及神仙传说、方士方术为渊源的、以老庄哲学和秦汉道家学说为指导思想的、具有组织系统的道教。道教是土生土长的一种宗教，从汉代起经过了漫长的发展过程，终于成为全国性的宗教，虽然在不同的历史时期对统治者的思想影响有强有弱，甚者也间及施政的方式与方法，但从未对国家的立法与司法起过主导的支配作用。

佛教也是如此。两汉之际佛教经由西域自印度传入中国，至东晋开始盛行。南朝时，皇帝及大批官员皈依佛教，显示了佛教在中华文化环境中的地位。

然而无论道教还是佛教，都是巩固专制主义政治统治的重要工具。南朝宋文帝明确表示："六经典文，本在济俗为治耳；必求性灵真奥，岂得不以佛经为指南耶？……若使率土之滨皆纯此化，则吾坐致太平，夫复何事！"[1]当政治与宗教维持相对平稳的关系时，政权对佛教、道教均给予支持和保护，佛教与道教也对政权表示拥戴。其教义中的无为而治、和善成功、慈悲为怀、来世解脱等，都有利于现实的政治统治。但如宗教的势力膨胀威胁到政治统治时，统治者立即采取坚决打击措施。唐代安史之乱时期，国家摇役日重，民众多借寺院为逃避之所，寺院乘均田制度破坏之机，扩充庄园，避免赋税，兼放高利贷多方牟利，而与国家的利益急遽冲突，故从唐敬宗、文宗以来，渐有毁灭佛教的意图。武宗会昌二年（842），至会昌五年八月，大肆灭佛，"天下所拆寺四千六百余所，……拆召提、兰若四万余所，收膏腴上田数千万顷，收奴婢显两税户十五万人"[2]。佛教由此转向衰落。

清康熙年间，经过西方传教士的布道，中国的基督教徒已达 1 万人之多，[3]但是清朝严禁外国传教士干预中国的社会政治生活，不久爆发

---

① 《弘明集》卷 1，《何尚之答宋帝赞扬佛教事》。
② 《旧唐书·武宗本纪》卷 18。
③ 参见顾长声：《传教士与近代中国》，上海人民出版社 2004 年版，第 6 页。

的"礼仪之争"充分说明了这一点。所谓"礼仪之争",是康熙初年教皇与康熙皇帝之间关于华人基督徒祭礼方式的争论。教皇要求康熙皇帝下令禁止基督徒祭祀孔子。康熙皇帝断然拒绝,并御笔朱批,正式禁止基督教传教活动:"西洋人等小人,如何言得中国之大理?况西洋人等,无一人通汉书者,说言议论,令人可笑者多。今见来臣告知,竟是和尚道士,异端小教相同,似此乱言者莫过如此。以后不必西洋人在中国行教,禁止可也,免得多事。"①

如前所述,在中国历史上,佛教和道教虽然在不同时期不同程度上影响着统治集团的思想行为和政策导向。但自从儒家思想的统治地位确立以后,儒家文化及其施政原则,始终是中国古代政治的根本,从没有动摇过。而佛教与道教却都没有真正进入到政治领域,也没有成为一种与政治有关的意识形态,更没有出现过类似西方的政教合一的局面。

西欧封建时期,教会掌握着极大的立法权,教会法是西欧封建法律体系中的重要组成部分。在东方古印度,大部分立法权长期掌握在婆罗门手中,国王所掌握的立法空间是十分狭窄的。

在司法方面,西方由教会组织的宗教法庭,拥有独立而广泛的司法权,宗教法庭可以不经国家司法机关而对异教徒进行审判和处决。在古印度,司法权很大程度上掌握在婆罗门手中,即使国王亲自审理案件,也必须有三个德高望重、知识渊博的婆罗门参加陪审。

由于中华法制文明的发展远离宗教的控制,因此它是立足现世的,无论立法与司法都表现出高度的智慧与理性思维。以立法为例,早在公元前 11 世纪便形成了"刑罚世轻世重"的立法原则。其后经过法家"法与时转"的论证和实际经验的积累,形成了因时立法、因地立法、因势立法、因俗立法等一系列立法原则,指导着中国法律的制定与发展,

---

① 故宫博物院编:《康熙与罗马使节关系文书》,影印本。转引自谢选骏:《基督教与中国文化——有关宗教、科学、政治文化的一个分析》,载《圣经新语·下编》,中国卓越出版公司 1989 年版。

并通过监察机制监督立法权的行使。此外律学家们进行的源流考证、字义疏解，也都有利于立法的规范化，最终才出现了为世界所称道的唐宋明清各朝的法典。

三、体现中华法制文明的基本内涵

（一）人本主义——中华法制文明的基点

夏商时期，天命被视为权力的来源，所谓"有殷受天命"。① 在这种天道观的影响下，"殷人尊神，率民以事神，先鬼而后礼"。② 然而无论天地的庇护或天命的认许都没有能阻止商朝的崩溃，终于在阵前倒戈的一派反抗声中被小邦周所推翻。这一历史事实使继起的西周统治者，从"天命靡常"③中发现民情即民心的向背对于维持政权统治的重要作用，因而提出了"人无于水监，当于民监"④的卓越命题。人的地位提高了，天的地位下降了，民心的价值得到了重视，神鬼的价值遭到了冷淡。中国古代人本主义就是从西周重视人情民心，鼓吹"民之所欲，天必从之"⑤的历史背景中发端的。

春秋战国时期"礼崩乐坏"的社会大变动，进一步彰显了民心向背对于国家兴衰所起的决定性作用，所谓"国将兴，听于民；将亡，听于神"。⑥

先秦时期的重民思想，经过儒家的提炼与升华，终于演绎成以人为本的价值理论，其成熟的形态和标志就是儒家思想体系中"仁学"的创立，它是中国传统文化由神本位向人本位过渡的重要里程碑。

---

① 《尚书·召诰》。
② 《礼记·表记》。
③ 《诗经·大雅·文王》。
④ 《尚书·酒诰》。
⑤ 《尚书·泰誓》。
⑥ 《左传·庄公三十二年》。

儒家人本主义重视人的价值和尊严,所谓"天地之性人为贵",①而且立足现世,以积极务实的态度关注人生。孔子所说"仁者,人也",揭示了人所具有的仁的道德本性。因此,只有关注人自身的道德修养,才能充分体现人的价值。孟子说:"诚者,天之道也。""思诚者,人之道也。"②宋儒张载说:"性与天道合一存乎诚。"③正是在这个意义上,形成了人道即天道的"天人合德"的和谐关系。正是人本主义的哲学基础,使中华法制文明达到真正文明的境界,其在法律上的体现主要是:

1. 敬德保民,注重教化

周初从殷"不敬厥德,乃早坠厥命"④的结局中吸取了教训,提出了明德慎罚的方略。强调敬德,主张以德施刑,借以保民。由此而形成了一系列慎刑的法律原则,如区别用刑,罪疑从赦等。如果说德的功能在于导民、化民,所谓"教之以孝悌,使民慈爱;教之以仁顺,使民敬让……三者既备,则王道成矣"⑤,那么刑也非一味刑杀,而内含明刑弼教之意,西周时的"嘉石"之制,明初颁布的《律令直解》和设立申明亭等,都力图将人们的犯罪意图消灭在萌芽状态。尚书所说"告尔祥刑",即善于用刑,可期于无刑,故谓之祥刑。孔子对德礼与刑罚的关系以及重德礼轻刑罚的社会效果作出了精辟的论述,他说:"导之以政,齐之以刑,民免而无耻;导之以德,齐之以礼,有耻且格。"⑥

2. 宽仁慎型,重视人命

孔子创立以"爱人"为核心的仁学体系之后,孟子将"仁"的精神引进政治思想领域,形成了系统的"仁政"理论,成为后世统治者施政的理想目标。历代开明的统治者都以"爱民厚俗"⑦相标榜。汉文帝之废

---

① 《孝经·圣治》。
② 《孟子·离娄上》。
③ 《正蒙·诚明》。
④ 《汉书·董仲舒传》。
⑤ 《周书·刑法志》。
⑥ 《论语·为政》。
⑦ 《新唐书·刑法志》。

除肉刑、北魏孝文帝之废除"门房之诛",都借以宣扬"民命尤重",①宽仁慎刑。唐初,《贞观律》减《隋律》中死罪条款92条。死刑犯于执行前须经三复审、五复审的程序。明清时会审、秋审制度就是隋唐复审程序的制度化法律化。对于死刑的决定权从隋初便控制于皇帝之手。"诸州死罪不得便决,悉移大理案奏,事尽然后上省奏裁。"②

重视人命,固然与人本主义的思想攸关,但更重要的是人命关天,处理不当会引起社会的动荡不安,酿成巨变,故而立法建制审慎处置。

3. 矜恤老幼妇残

早在西周时便制定了"耄(八十、九十曰耄)与悼(七年曰悼)虽有罪,不加刑焉"③的刑事政策,汉惠帝时"民年七十以上,若不满十岁,有罪当刑者,皆完之"。④ 汉平帝时,"妇女非身犯法,及男子年八十以上,七岁以下,家非坐不道,诏所名捕,它皆勿得系"。⑤

上述矜恤老幼妇残的法律规定,经由魏晋律学家的归纳与总结,至唐朝已经定型。唐律规定:"诸年七十以上,十五以下及废疾……收赎。""八十以上,十岁以下及笃疾,犯反、逆、杀人应死者,上请。盗及伤人者,亦收赎。""九十以上,七岁以下,虽有死罪,不加刑。"⑥"妇人犯流者,亦留住,流二千里决杖六十,一等加二十,俱役三年。""年七十以上,十五以下及废疾者被判流刑,只流遣到服役之处,而不居作。"⑦"诸妇人犯死罪,怀孕,当决者,听产后一百日乃行刑。"⑧

中国古代对老幼妇残等社会弱势群体恤刑的法律规定是一贯的,反映了扶助老幼妇残的民族精神,体现了刑法中的人道主义原则。这

---

① 《魏书·高祖纪》。
② 《隋书·刑法志》。
③ 《礼记·曲礼上》。
④ 《汉书·惠帝纪》。
⑤ 《汉书·平帝纪》。
⑥ 《唐律疏议·名例》,"老小及疾有犯"。
⑦ 《唐律疏议·名例》,"老小及疾有犯"。
⑧ 《唐律疏议·断狱》,"夫人怀孕犯死罪"。

些传统的、历史悠久的法律规定,是世界法制史上所少有的,也是中华法制文明的具体表现。

(二)中和——中华法制文明的价值取向

《礼记·中庸》:"喜怒哀乐之未发,谓之中,发而皆中节,谓之和,中也者,天下之大本也,和也者,天下之达道也,致中和,天地位焉,万物育焉。"可见,在儒家经典中,中和是最高的道德标准,《尚书·大禹谟》所云"允执厥中"之"中",亦即中正之道务使人的思想感情容纳于社会伦理道德的规范之中,既不偏不倚不乖戾,又无过无不及。达到"致中和"的境界就会产生"天地位焉,万物育焉"的神秘效果。

由于法是"齐天下之动,至公大定之制也"①,因此中和表现在法制上含有执法公平、准确、宽猛合于法度之意。《尚书·康诰》所云"慎罚",就是不得"滥罚无罪,杀无辜",以使刑罚得中。周公还提出司寇苏公,作为刑罚得中的榜样:"司寇苏公,式敬尔由狱,以长我王国,兹式有慎,以列用中罚。"②《荀子·王制篇》说:"故公平者,职之衡也,中和者,听之绳也。"杨倞注曰:"中和,谓宽猛得中也。"所谓"听"泛指处理政事、执法断案需有准绳。中国古代思想家多以度量衡器来比喻法的客观、公正、公平,并作为法致中和的考量标准。管子说:"尺寸也,绳墨也,规矩也,衡石也,斗斛也,角量也,谓之法。"又说:"法律政令者,吏民规矩绳墨也"。③

为使法"致中和",儒家认为必先兴礼乐,孔子说:"礼乐不兴,则刑罚不中,刑罚不中,则民无所措手足。"④又说:"政宽则民慢,慢则纠之以猛;猛则民残,残则施之以宽,宽以济猛,猛以济宽,政是以和。"⑤可

---

① 《左传·昭公二十年》。
② 《尚书·立政》。
③ 《管子·七法》。
④ 《论语·子路》。
⑤ 《左传·昭公二十年》。

见仁乐教化与仁政是法"致中和"的前提。汉时董仲舒还运用阴阳五行之说,阐明刑罚不中所带来的后果:"刑罚不中,则生邪气,邪气积于下,怨恶蓄于上,上下不和,则阴阳缪戾而妖孽生矣,此灾异所缘而起也。"①

中国古代宽猛相济之法是为"中典",多适用于平安守成之国。《周礼·秋官·大司寇》说:"掌建邦之三典:一曰刑新国用轻典;二曰刑平国用中典;三曰刑乱国用重典。"《文选》南梁陆佐公石阙铭亦有"谋协上策,刑从中典"的记载。

中国古代"中和"是"良法"的概称,"致中和"是法制建设所追求的目标,思想家们有关法"致中和"的一些论断,反映了中国古代法理学的水平,是中华法文化宝库中的瑰宝,是中华法制文明的基点。以法"致中和"为价值取向的中国古代法制,有许多历久长新的建树,如因时因事因俗因地而立法,务使切合实际。此外,对执法断狱的制度建构,司法官的责任要求以及权力制衡的监察法制也都是法"致中和"的结果。

(三)和谐——中华法制文明的基本诉求

"和",古乐器名,《尔雅·释乐》:"大笙谓之巢,小者谓之和。"另据《礼记·乐记》,声音柔美为和,所谓"其声和以柔"。"谐"指调和,《尚书·舜典》:"八音克谐,无相夺伦。""和""谐"连用,指音调和谐配合适当。《左传·襄公十一年》:"八年之中,九合诸侯,如乐之和,无所不谐。"《晋书·挚虞传》:"施之金石,则音韵和谐。"古代思想家和政治家们常以和谐比喻社会的祥和、稳定和国家有序,并以建立和谐社会为奋斗目标。在建立和谐社会过程中,法制起着重要的作用,以至对和谐的诉求,成了中华法制文明特质的反映。

根据中国古代血缘地缘关系牢固的联结纽带,因此,发生争讼常以

---

① 《汉书·董仲舒传》。

调处息讼,达到息事宁人、和谐相处的目的。孔子曾经郑重宣布:"听讼,吾犹人也,必也使无讼乎。"①孔门弟子有子也说:"礼之用,和为贵,先王之道斯为美。"②说明儒家所追求的是一个没有纷争的和谐社会。儒家典籍中所讴歌的尧舜之世就是这样的理想社会。根据《史记·五帝本纪》,舜时"历山之农者侵畔,河滨之渔者争坻"。为此舜亲耕于历山,亲渔于雷泽,以自己的言传身教,使"历山之人皆让畔","雷泽之人皆让居"。③ 据《史记·周本纪》,周文王治理周国,"笃仁、敬老、慈少、礼下贤者",流风所及,境内"耕者皆让畔,民俗皆让长""民和睦,颂声兴"。诸侯有争执,都来周国"决平"。④

在构建和谐社会的过程中,法制起着重要的杠杆作用。唐时贞观年间,厉行法制,人有所犯,一断于法。由此,"官吏多清谨,制驭王公妃主之家,大姓豪猾之伍,皆畏威屏迹,无敢侵欺细人"。⑤ 出现了"天下贴然","人人自安"的局面。⑥

民间发生的轻微刑事案件和田土户婚等民事案件,自汉以来,便推崇调处之路。唐以后,调处制度逐渐制度化,调处的方式分为州县调处与民间调处,前者是在州县官主持下的调处,是诉讼内的调处,带有一定的强制性,后者是诉讼外调处,如宗族调处,乡邻调处。调处的依据是国法、家规、礼俗等。调处的广泛适用是国家安定的需要,是发展农业生产的需要,也是维护伦理亲情宗法社会的需要,而且可以减少诉讼当事人的讼累,这是民间接受调处的重要原因。通过调处,使得民间纠纷基本得到合理的解决。如同《牧令书》所说:"乡党耳目之下,必得其情,州县案牍之间,未必尽得其情,是以在民所处,较在官所断为更公允矣。"推行调处制度,调动了各种社会力量,调处的形式又灵活多样,确

---

① 《论语·颜渊》。
② 《史记·仲尼弟子列传》。
③ 《史记·五帝本纪》。
④ 《史记·周本纪》。
⑤ 《贞观政要》卷1。
⑥ 《贞观政要》卷6。

实起到了和谐争讼的作用。但封建时代的调处为求结案常常忽视调查事实真相,以分清责任,而又常常借势压服一方,损害了当事人的正当权益。

运用法制构建和谐社会是多方面的,譬如唐时贞观盛世的出现是和均田减税的立法分不开的。按唐初均田法,"诸丁男给永业田二十亩,口分田八十亩,寡妻妾各给口分田三十亩。先有永业者,通充口分之数。黄、小、中、丁男女及老男、笃疾、废疾、寡妻妾当户者,各给永业田二十亩,口分田二十亩"。永业田可以传子孙,口分田,本人死后还官,工商业者,永业、口分田各减半给之。特别是笃疾、废疾者,给田四十亩。在均田制的基础上,改革税法,实行租庸调法,规定:凡授田者,每丁每年向国家纳粟二石或稻三斛,为"租",亦即田赋。每年每丁服劳役二十天,闰年加两天,如不服役,可用绢或布代替,一天折绢三尺,或布三尺七寸五分,为"庸",亦即百姓对国家应负的劳役。每年纳绢或绫、绢二丈,加丝绵三两,不产绢之地交纳布二丈五尺和麻三斤,为"调",亦即国家对家庭手工业产品的征课,实为户口税。

均田法调整了土地关系,使农民获得了一定的土地,奠定了唐初和谐社会的物质基础,辅以减税法的实施,使民安于室、农耕于田,既减轻了农民的赋役负担,又抑制了贫富差距的扩大。没有这个物质基础,唐朝的和谐社会是建立不起来的。

在实施均田法确保农民生产生活权之后,法律通过确认伦常间的权利义务关系,维护父慈、子孝、长幼有序、男女有别的秩序,保持作为社会细胞的家庭的稳定与和谐,使社会的再生产有了可靠的组织保证,尽管这种和谐关系常常是以牺牲个体的权利地位获得的。

除此之外,法律在明确贵族官僚法定权利的同时,也注意调整官民关系,如依法惩治官吏法外权利的侵夺;通过监察机关防止官僚权力的滥用;禁止官府署置过限,以减轻百姓负担等等。由于官民关系是影响国家稳定的最重要的社会关系,官民关系处理得当是人与人和谐相处的重要环节,唐初盛世就是由此而得来的。史书说:其时"商旅野次,无复盗贼,囹圄常空,马牛布野,外户不闭。又频致丰稔,米斗三、四钱。行旅自京师至于岭表,自山东至于沧海,皆不赍粮,取给于路。入山东村落,行客经过者,必厚加供待,或发时有赠遗"①。史书的记载难免有溢美的成分,但终究须有史影可循,何况古人写史最珍重的是信史,史而无信,为史德所诟病。

最后,在人际和谐的基础上探求人与自然的和谐。儒家提出的"天地之大德曰生",②天地"以生为道",③表明作为个体的人,是和生生不息的自然界联系在一起,形成彼此和谐的共同体。儒家还通过"天人合德"的论述,进一步阐明人与自然和谐的伦理道德基础。宋儒张载强调"儒者则因明致诚,因诚致明,故天人合一"④。他所说"究天人之际,穷古今之变"就在于如何建立天与人的和谐关系。

为了保持人与自然的和谐关系,古代统治者常常宣布则天行政、则天立法、则天行刑,并根据天象示警来调整国家政策;根据春、夏、秋、冬四时的变化,施行庆、赏、刑、罚。"庆为春、赏为夏、罚为秋、刑为冬,庆赏刑罚之不可不具也,如春夏秋冬之不可不备也。"⑤

在中国古代为了保持人与自然的和谐,还进行了环境立法。如《云梦秦简·田律》所载"春二月,毋敢伐材木山林及雍(壅)堤水。不夏月,毋敢夜草为灰,取生荔、麛□(卵)□,毋□□□□□□毒鱼鳖,置阱罔(网),到七月而纵之"。秦简田律是保护自然环境的早期立法,对后世有着深远的影响。保护自然环境是人与自然和谐相处的重要条件;破坏自然环境违背人副天数,天人同构的规律,必然要受天——自然界的惩罚。

---

① 《贞观政要》卷1。
② 《周易·系辞下》。
③ 《二程集·遗书》。
④ 《正蒙·诚明》。
⑤ 《春秋繁露·四时之副》。

(四)援法断罪——中华法制文明的象征

春秋战国时期社会的大变动使固有的体制礼崩乐坏,法治思想逐渐成熟,成为治国理政的重要手段,标志着中华法制文明进入了一个新的阶段。管子说:"威不两错,政不二门,以法治国,则举措而已。"①最早提出以法治国的观念。商鞅在秦国变法时以斩钉截铁的语言宣布:"言不中法者,不听也;行不中法者,不高也;事不中法者,不为也。"②以此来树立法治的权威。邓析更尖锐地提出立法而又行私是亡国之由:"夫治之法莫大于私不行,……今也立法而行私,与法争,其乱也甚于无法。""喜而便赏,不必当功,怒而便诛,不必值罪,不慎喜怒,赏诛从其意而欲委任臣下,故亡国相继,弑君不绝。"③韩非则从国家兴衰的角度论证了法治的重要性,他说:"故治民无赏,唯法为治。"④"国无常强,无常弱,奉法者强则国强,奉法者弱则国弱。"⑤在他理想的"法治国"中,"刑过不避大夫,赏善不遗匹夫""法之所加,智者弗能辞,勇者弗敢争"⑥。

综括先秦诸子百家的法治理论,雄辩地说明了它所达到的高度是世界法文化宝库中稀有的珍贵篇章。这种法治理论经过不断的制度化、法律化,形成了援法断罪、罪刑法定的悠久传统。

早在晋朝便肯定"律法断罪,皆当以法律令正文,若无正文,依附名例断之,其正文名例所不及,皆不论"⑦的主张。北周章帝宣下州郡的诏制九条中,"一曰决狱科罪,皆准律文,……三曰以杖决罪,悉令依法"⑧。隋唐时期,封建的经济、政治、文化都达到兴盛阶段,法制也臻

---

① 《管子·明法》。
② 《商君书·君臣》。
③ 《邓析子·转辞》。
④ 《韩非子·心度》。
⑤ 《韩非子·有度》。
⑥ 《韩非子·有度》。
⑦ 《晋书·刑法志》。
⑧ 《周书》卷七《宣帝纪》。

于定型。隋初,关于"诸曹决事,皆令其写律文断之"①的规定,是对晋律援法定罪的新发展,"自是诸曹决事,皆令具写律文断之"。

唐律在此基础上进一步规定:"诸断狱,皆须具引律文格式正文,违者笞三十。"②这条规定反映了封建法律所具有的权威,严肃了司法官的司法责任,维护了封建的法制秩序。《唐律疏议·断狱》虽然也明载:"事有时宜,故人主权断。"但"制敕量条处分,不为永格者,不得引为后比"。这对于人主权断的无限适用,未尝不是一种限制。

明朝"断罪引律令"之文沿袭唐旧,其中"凡律自颁降日为始,若犯在以前者,并依新律拟断"的规定是不见于唐律的,它表明统治者更注意于法律的统一适用,避免新旧律轻重互异造成执行上的参差。此外,明律"凡律令该载不尽事理,若断罪而无正条者,引律比附,应加应减,定拟罪名,转达刑部拟定奏闻,若辄断决,致罪有出入者,以故失论",也与唐律举重明轻,举轻明重有所不同。

清朝在依法断狱的法律规定上,援引明律,但增加小注,使律义更加明晰。同时,由于清代"例"的法律地位特殊而与明律有所不同,《大清律例·断罪引律令》律文具体如下:"凡(官司)断罪,皆须具引律例。违者,(如不具引)笞三十。若(律有)数事共(一)条,(官司)止引所犯(本)罪者,听(所犯之罪止合一事,听其摘引一事以断之)。其特旨断罪,临时处治不为定律者,不得引比为律。若辄引(比)致(断)罪有出入者,以故失论。(故行引比者,以故出入人全罪及所增减坐之;失于引比者,以失出入人罪减等坐之)。"

此外,清律还沿承明律"决罚不如法"的律文,但增加小注如下:"凡官司决人不如法(如应笞而用杖)者,笞四十,因而致死者,杖一百。(当该官吏)均征埋葬银一十两(给付死者之家)。行杖之人,各减一等(不追银)。其行杖之人若决不及肤者,依验所决(不及肤)之数抵罪,

---

① 《隋书·刑法志》。
② 《唐律疏议·断狱》。

（或由主使，或由行杖）并罪坐所由。若受财（而决不如法，决不及肤）者，计赃以枉法从重论。若监临（有司、管军）之官，因公事（主令下手者）于人虚怯去处非法殴打，及亲自以大杖或金刃、手足殴人至折伤以上者，减凡斗伤罪二等。致死者，杖一百、徒三年，追埋葬银一十两。其所使下手之人，各减一等，并罪坐所由。（如由监临坐监临，由下手坐下手，若非公事，以故勘平人论）若（官司决罚人，监临责打人）于人臀、腿受刑去处依法决打，邂逅致死，及（决打之后）自尽者，各勿论。"

综括上述，援法定罪，罪刑法定是中国法律发展的悠久传统，它象征着中华民族法制文明的发展程度，是中国法律传统中的民主性因素。比起西方为反对侵害个人权利与自由而提出的罪刑法定主义早了十几个世纪。但是在封建专制制度下援法定罪、罪刑法定只是正面的法律规定，而皇帝擅断则是不可避免的，这种矛盾性恰恰说明了中国古代"罪刑法定"的性质及其在实施中的局限性。

（五）综合为治——中华法制文明的治国理念

中国古代在总结治国、理政、御民经验的基础上，很早便形成综合为治的理念，成为中华法制文明的重要内容。《礼记·乐记》最早而且较为全面地阐述了这一卓越的理念："礼以导其志，乐以和其声，政以一其行，刑以防其奸。礼乐刑政，其极一也，所以同民心而出治道也。""礼"主要是贵贱尊卑的秩序，"乐"涉及陶冶情操的精神文明，它的发展变化与国家的盛衰密切相关，"治世之音安以乐，其政和。乱世之音怨以怒，其政乖。亡国之音哀以思，其民困。声音之道，与政通矣"[1]。"刑"指五刑之律三千条的刑典。"政"为设官分职建立政权机构。

礼、乐、刑、政以礼为统帅，相互联系，紧密配合，各自发挥不同的功能，维护着国家的统治。礼与乐的关系为："乐者为同，礼者为异，同则

---

[1] 《礼记·乐记》。

相亲,异则相敬。"①"乐自中出,礼自外作。"②礼乐配合就可以达到"暴民不作,诸侯宾服,兵革不试,五刑不用,百姓无患,天子不怒"③的和谐状态。礼与刑的关系,如同后世论者所言:"礼禁未然之前,法施已然之后。"④"礼之所去,刑之所取,失礼则入刑,相为表里者也。"⑤礼与政的关系,孔子说:"为政先礼,礼其政之本欤!"⑥礼可以固国家,定社稷,使国家政治有正轨可循。

以上可见,礼、乐、刑、政是一个运动着的整体,它的变化牵动着整个国家机器的运转,影响着国家的治乱兴衰。随着历史的发展,乐并于礼,礼、乐、刑、政演化为"德礼为本、刑罚为用"的本用关系,继续发挥着综合为治的重要作用,体现了古人卓越的管理国家的艺术和高超的政治法律思想,显示了中华法制文明的价值所在。其中也表现了道德对法制的支撑,《唐律疏议》以礼为中心,以维护君主专制,尊卑贵贱长幼之别为着眼点,阐明了律文的礼义内容,论证了律文的道德价值,表现了中国古代的社情、国情,以及浓厚的文化底蕴。可以说以纲常为核心的道德体系至唐代已经稳固地建立起来了。它从正面规范了人们的思想与行为,确认了伦常等级之间的权利义务关系。它生于本土,因而被广泛接受,遵行道德的自觉性,大于守法的自觉性。因此统一的道德体系的建立,体现了"治天下者以人为本"的理念,在一定程度上化解了矛盾冲突,巩固了血缘地缘关系的纽带,支撑了法治的秩序,更从一个重要的侧面反映了中华法制特有的文明。道德虽然不具备法律那样的强制性,但可以移民心于隐微,它所具有的止恶与劝善的功能同样具有凛人的权威,而且协调了法、理、情三者的关系,减少了法律运行的阻力,有助于增强社会成员的亲和力。在中国古代史上礼治、德治、法治

---

① 《礼记·乐记》。
② 《礼记·乐记》。
③ 《礼记·乐记》。
④ 《大戴礼·礼察篇》。
⑤ 《后汉书》卷46,《陈宠传》。
⑥ 《礼记·哀公问》。

三者互补互用、协调统一,是中华法系的特点之一。没有统一的道德体系的支撑,不会有稳定的从未中断的中华法制文明的历史发展。

四、中华法制文明的转型

1840年鸦片战争以后,在侵略者炮火的轰击下国门大开,传统的蕴含丰富、绚丽多彩的中华法制文明,由于社会根基的动摇遭遇了前所未有的危机。在这个过程中,西学东渐,西方法制文明对中华法制文明进行了猛烈的冲击和挑战。中华法制文明在救亡图存、师夷长技以制夷的艰难磨炼中逐渐发生了转型。

洋务运动期间,主张中体西用的洋务派提出"稍变成法"引进西法,反对墨守成法的保守风气。

戊戌变法时期,维新派不仅提倡设议院、开国会、建立君主立宪政体,还主张改革旧法制,建立仿西方的法律体系。康有为说:"今之法例,虽云承列圣之旧,实皆六朝、唐、宋、元、明之弊政也,……故当今世而主守旧法者,不独不通古今之治法,亦失列圣治世之意也。"①他在《上清帝第六书》中进而提出:"今宜采罗马及英、美、德、法、日本之律,重定施行,……其民法、民律、商法、市则、舶则、讼律、军律、国际公法,西人皆极详明,既不能闭关绝市,则通商交际,势不能不概予通行。然既无律法,吏民无所率从,必致更滋百弊。且各种新法,皆我所夙无,而事势所宜,可补我所未备,故宜有专司,采定各律以定率从。"然而康有为的主张由于戊戌变法失败而流产。直至20世纪初期晚清修律,才最终打破了中国固有的法律体系,建立了仿西方六法的法律体系;传统的中华法制文明解体了,让位给西方法制文明。

中国近代法制文明是中国近代社会的产物,也是引进西方法文化、沿着西方法制近代化的路径行进的结果。这个渐进的、真实的发展过

---

① 《上清帝第一书》,载《康有为政论集》(上册)。

程,不是某个权威的设计,也不是来自政治权力的强制,而有其特定条件下的必然性。虽然不可避免地存在着简单的拿来主义,以及形式与内容、思想与实际之间的矛盾,但都反映了一种历史的必然。它所激发的不仅是制度层面的变化,而且有着丰富的思想内涵。它所起到的号召力与凝聚力,显示了中华民族的新文化素质和新法律意识的提高。这是近代法制文明最终取代封建法制文明的最深厚的群众基础。

鸦片战争之前的中国是一个封闭型的国家,整个国家的调控机制呈现出重公权、轻私权;重人治,轻法治;重国家,轻个人;重伦理,轻是非等特点。这样的法律价值取向与近现代法制的标志性因素——宪政、共和、法治、权利、司法独立、律师制度等等是格格不入的、相互抵触的,因此要实现中国法律的近代转型就必须积极引入西方近现代法制文明的制度、原则和成功经验。

中国法制的近代转型是由传统法制文明向近代法制文明的转型,是法制领域的一场历史性巨变。从此,中国法律的发展摆脱了孤立的状态,融入世界法律发展的潮流当中。由于中华法制文明的转型是被动的,是服务于救亡图存的历史主线的,因此在转型过程中缺乏理性地对待中华法制文明中的民主性因素;同时也缺乏理性地分析西方法制与中国国情的适应性。因此中华法制虽然走向近代化了,但缺乏自主性与创新性。如果说前人还无暇进行必要的反省,那么这个历史性的任务就落在了我们的肩上。

在日益频繁的世界法文化的交流中,中华法制文明如何走自己的路,坚持学习、继承与创新,力求重新卓尔不群地立于世界先进之林,是值得认真地反思与总结的。只有立足于本国的国情和民情,尊重本民族的创造与法律传统,注重发掘其中民主性的因素,并将其纳入新建立的法律制度之中,才能超脱中国法律近代转型过程中的西方化藩篱,实现更加宏伟的、深刻的法制近代化的建设目标。

中华法制文明曾经是中华民族的光荣与骄傲,从中应该获得民族的自信心与自豪感,用以创造更具有活力的崭新的中华法制文明。任何国家和民族,都不可能始终以外来的法文化标准为本国法制发展的导向,特别是近三十年改革开放的历史提示我们,中国法制的未来,终究还是要走自己的自主创新的路,建设具有中国特色的社会主义的法制文明,这是历史发展的使然,是中国特色的社会主义法制建设的使然,是中华民族伟大复兴的使然,尽管还需要一个较长的发展过程,但这个辉煌的前景已经崭露在我们的眼前,我们的历史使命就是促使它的早日实现。

责任编辑:赵圣涛
封面设计:王欢欢
责任校对:吕　飞

图书在版编目(CIP)数据

中国法制史十五讲/张晋藩 著. —北京:人民出版社,2017.10
ISBN 978－7－01－018422－7

Ⅰ.①中… Ⅱ.①张… Ⅲ.①法制史－中国 Ⅳ.①D929

中国版本图书馆 CIP 数据核字(2017)第 259169 号

中国法制史十五讲
ZHONGGUO FAZHISHI SHIWUJIANG

张晋藩　著

人民出版社 出版发行
(100706　北京市东城区隆福寺街 99 号)

北京中科印刷有限公司印刷　新华书店经销

2017 年 10 月第 1 版　2017 年 10 月北京第 1 次印刷
开本:710 毫米×1000 毫米 1/16　印张:17.25
字数:290 千字

ISBN 978－7－01－018422－7　定价:59.00 元

邮购地址 100706　北京市东城区隆福寺街 99 号
人民东方图书销售中心　电话 (010)65250042　65289539